O Traidor Vermelho

Título original:
Red Traitor

Tradução:
Miguel Mata

Revisão:
André Morgado

Capa:
FBA

Imagem de capa:
Moscovo, URSS, maio de 1960: um míssil SS4 Sandal carregado na parte de trás de um transportador, enquanto passa pelo Kremlin durante o desfile militar anual do Dia de Maio das Forças Armadas da União Soviética
© Popperfoto / Getty Images

Biblioteca Nacional de Portugal – Catalogação na Publicação

MATHEWS, OWEN

O TRAIDOR VERMELHO
ISBN 978-989-9124-09-7

CDU 821.111-31"20"

Paginação:
João Jegundo

Impressão:
Forma Certa
para
Minotauro
julho de 2022

MINOTAURO, uma chancela de Edições Almedina, S.A.
Avenida Emídio Navarro, 81, 3D
3000-151 Coimbra
e-mail: editoras@grupoalmedina.net

Owen Matthews

O Traidor Vermelho

Tradução de Miguel Mata

Para Xenia, Nikita e Teddy

Índice

Nota do Tradutor 11

Prólogo 13

PARTE UM – OS MORTOS INQUIETOS 25

PARTE DOIS – SATÃ NUMA LATA 55

PARTE TRÊS – NINGUÉM FOI PUNIDO 99

PARTE QUATRO – O ADVERSÁRIO PRINCIPAL 145

PARTE CINCO – A CAÇA AO B-59 203

PARTE SEIS – POSTOS DE COMBATE 271

PARTE SETE – A VERDADE SOLITÁRIA 319

Nota do Autor 361

Bibliografia Recomendada 375

Agradecimentos 377

Nota do Tradutor

Uma parte considerável do enredo da presente obra decorre num submarino soviético e num contratorpedeiro americano. As especificidades das interações formais entre os militares, da gíria naval e dos termos técnicos apresentaram-se-me como obstáculos inultrapassáveis. Por conseguinte, a tradução do livro não teria sido possível sem a generosa e preciosa assessoria dos Exmos. Senhores comandante Graça Barreiro e comandante Costa Canas, da Marinha Portuguesa, aos quais deixo os meus sinceros e reconhecidos agradecimentos.

O espaço interior de um submarino é um mundo difícil de compreender. Para todos os efeitos, é o interior de uma máquina que tem de ser mantida permanentemente em funcionamento por homens que vivem numa exiguidade claustrofóbica. Para uma melhor visualização das cenas que decorrem no submarino, sugiro ao leitor uma visita guiada que me foi extremamente útil: Blair Shaw, «A Cold War Warrior: A Walkthrough of a Foxtrot Class Submarine», *in* https://www.navygeneralboard.com/a-cold-war-warrior-a-walkthrough-of-a-foxtrot-class-submarine/.

MIGUEL MATA

Prólogo

ARKHIPOV

Base Naval de Severomorsk, Quartel-general da Esquadra do Norte da Ordem Bandeira Vermelha da URSS
Madrugada, 4 de julho de 1962

Respira. Respira, Vasily. O capitão-de-mar-e-guerra Vasily Arkhipov emerge do pesadelo como um nadador prestes a afogar-se que se esforça por chegar à superfície. Arfa e força-se a abrir os olhos. A luz pálida do verão ártico entra pelas cortinas finas. Arkhipov fecha e abre as mãos, estão rígidas de agarrarem o lençol húmido que lhe envolve o corpo.

Arkhipov inala devagar. Nenhum fedor a submarino. Nenhum pivete a homens sujos nem a tabaco forte. Nenhum gosto ao chá adocicado da Marinha. Nenhum cheiro forte a solda, vedante, óleo quente ou aos refrigerantes das baterias e do reator a entupir--lhe o nariz. Nenhum veneno invisível no ar.

Arkhipov inclina-se, pega no relógio, semicerra os olhos para se focar no mostrador luminoso e segue o ponteiro dos minutos até às 05h15. Faz exatamente um ano e uma hora desde o acidente com o reator.

Passou uma eternidade desde esse horror vagamente recordado. Mas, às vezes — em quase todas as noites em que Arkhipov não quer tomar os comprimidos para «desligar» que os médicos lhe deram —, ele ainda está no meio do acidente: o tempo dobra-se sobre si próprio e envolve-o como uma alga.

Nunca parece um pesadelo. Não. Arkhipov tem a sensação de acordar num mundo paralelo, mas totalmente real, localizado algures no outro lado do sono. Um lugar de pânico e gritos. Um lugar familiar de caos, vapor quente e medo, preso num ciclo interminável como um disco riscado. No mundo real de Arkhipov, os mortos são invisíveis, mas ele sabe que não estão ausentes. Os mortos inquietos estão sempre presentes, sempre encerrados no seu sofrimento, sempre prontos para aparecerem e fazerem as suas exigências.

A sala de controlo das máquinas do submarino K-19 da Esquadra do Norte tinha um relógio eletrónico. Não tiquetaqueava, ronronava, e os ponteiros deslizavam suavemente sobre os minutos e as horas, quarto após quarto. O sonho de Arkhipov começa sempre no último momento de calma. O silêncio fantasmagórico do K-19, o seu cheiro futurista. O odor metálico dos instrumentos novos nos seus lisos armários de aço verde, cheios de mostradores que cintilam como mil olhos. E o silêncio. Em vez do ruído surdo de um motor a *diesel*, que causava dores de cabeça, o reator nuclear do K-19, novinho em folha, emitia um som monótono baixo, profundo e poderoso. O submarino de mísseis mais recente da Marinha soviética navegava, a noventa metros abaixo da superfície do Atlântico Norte, de forma tão suave e silenciosa como uma nave espacial.

Arkhipov gostaria de parar o ponteiro dos minutos com a sua força mental. Ele sabe sempre o que está para acontecer, mas não consegue falar, avisar os seus camaradas quando eles ocupam sonolentamente os seus postos no princípio do fatídico quarto da alba de 4 de julho de 1961.

À frente do posto do comandante, há um painel de instrumentos inexpressivos. Arkhipov senta-se na cadeira de cabedal do comandante. É o oficial do quarto da alba, o comandante do submarino enquanto os seus superiores dormem. Uma honra e uma responsabilidade tremendas, como o comissário político não se cansa de lhe dizer. À sua frente, com o seu imaculado fato-macaco de engenheiro, o tenente Postev, que controla a propulsão, está afundado no seu posto, a combater o sono.

Arkhipov quer gritar a Postev que esteja atento. Acorda! Mas o seu eu não abre a boca no sonho.

Arkhipov sabe que, daí a algumas horas, o jovem Postev vai ter o rosto em carne viva, com a pele a cair como se estivesse escaldada. O tenente estará aos gritos, e Arkhipov tentará manietá-lo enquanto os médicos cortam a borracha espessa do seu fato térmico para lhe injetarem morfina.

Acorda!

O sonho entra numa rotina familiar. A luz do intercomunicador da sala de controlo do reator continua a piscar. Vermelho. É urgente. Arkhipov pega no telefone do painel das comunicações e carrega num interruptor.

— Senhor comandante? É melhor vir depressa.

A voz do sargento de serviço denota um pânico crescente.

Arkhipov e Postev correm para a sala de controlo do reator. A escada é banhada de vermelho pelas luzes de emergência emanadas do outro lado da escotilha. Yuri Postev agacha-se e fica com o rosto a centímetros de um mostrador que diz Pressão do Refrigerante do Reator. O ponteiro vibra violentamente, quase no zero. Arkhipov vê o ponteiro encostar-se à cavilha e parar.

Ouve-se um cláxon. Arkhipov sente um aperto doentio nos intestinos.

— Merda! — diz Postev, olhando para outro painel. É estritamente proibido praguejar a bordo, em especial, no caso dos oficiais.

Postev olha para trás e diz a Arkhipov:

— Ficámos sem pressão no refrigerante. As duas bombas de refrigerante não estão a funcionar.

Antes de Arkhipov conseguir responder, o painel de controlo explode com luzes vermelhas de alerta. Um grande painel situado por cima dos controlos começa a piscar, iluminando as palavras Mecanismo de Ativação das Barras de Controlo (MABC). O reator está a desligar-se automaticamente. Um após outro, alguns indicadores ficam verdes.

— Funcionou? — pergunta Arkhipov. O tenente não responde, passa de um instrumento para o outro e vai praguejando.

— Postev! O reator está desligado?

O jovem oficial endireita-se, pálido, e aponta para um grande mostrador com as palavras Temperatura do Núcleo.

— Barras inseridas. Reator controlado. Mas veja, senhor comandante.

A temperatura do reator está a aumentar a olhos vistos.

— É o calor residual. O núcleo vai trabalhar em baixa potência durante umas cem horas, até se esgotar. Sem refrigerante, derrete-se. E abre um buraco no casco.

— Quanto tempo?

Nos quatro minutos desde que Arkhipov chegou à sala de controlo do reator, o ponteiro passou dos 250 °C para os 325 °C, e está a avançar depressa.

— Não sei, senhor comandante. Umas horas.

Arkhipov corre para o convés de comando. Tenta manter a voz alta e firme, mas vê o seu medo refletido nos olhos dos homens que se viram para ele, o oficial mais graduado na ponte.

E os olhos ficam fixados nele. Para sempre.

No seu sono agitado, Arkhipov não para de dar voltas. Os olhos tremem-lhe debaixo das pálpebras e as mãos agarram os lençóis como se ele estivesse a tentar desesperadamente fugir. Mas o lençol enrola-se cada vez mais à sua volta, como se fosse uma mortalha.

MOROZOV

Lago dos Pioneiros, centro de Moscovo
Madrugada, 4 de julho de 1962

Para além das janelas do apartamento do coronel Oleg Morozov, a superfície do Lago dos Pioneiros espraia-se como um espelho negro. Por cima dos telhados, um cinzento nacarado começa a iluminar o céu oriental, mas ao nível da água permanece a escuridão, perturbada apenas pelo farol ciclópico do primeiro elétrico do dia a descer a Rua Malaya Bronnaya. Nos prédios que rodeiam o parque, acendem-se uma ou duas luzes.

O casaco do uniforme de Morozov está pendurado numa cadeira. Na secretária, virada para a janela, estão um candeeiro de metal com foices e martelos gravados, uma revista *Novy Mir* e uma pilha de relatórios com o timbre do Ministério da Defesa. Ao lado, estão um cartucho de artilharia serrado cheio de beatas e um isqueiro de aço estampado a gasolina da Wehrmacht. Uma bandeja de prata, por baixo do candeeiro, contém um rolinho de papel do tamanho de uma mortalha coberto por uma escrita datilografada minúscula, quase indecifrável.

No sofá, por baixo de um candeeiro inclinado, Morozov, debruçado para a frente, tira apontamentos de um livro que tem no colo. A sua intensa concentração apenas é interrompida pelo barulho ocasional do elevador do prédio e por um leve som proveniente do quarto, que o faz parar e pôr-se à escuta. Por fim, fecha o livro e relê os apontamentos.

Morozov pragueja baixinho, atravessa a sala, faz uma bola com o papel e coloca-o no cinzeiro. De seguida, acende o isqueiro e queima os apontamentos e o papelinho.

Depois de os papéis se transformarem em cinzas, Morozov inclina-se sobre a secretária e abre a janela, inundando a sala com o ar fresco da alvorada. Morozov traja uma camisa e as calças do uniforme, e a brisa da madrugada entra fresca e limpa no estúdio cheio de fumo. Mas ele senta-se, indiferente à corrente de ar que agita a papelada em cima da secretária, e fica a ver sair pela janela o fumo do cigarro aceso que tem na mão. Por fim, veste o casaco, que ainda lhe assenta bem nos ombros musculosos, mas tem de inspirar para o abotoar na barriga. No vestíbulo, Morozov pega num par de botas e numa gabardina. Depois, fecha silenciosamente a porta do apartamento para não acordar a família.

Morozov atravessa o lago sozinho. Ou quase sozinho. Um almeida varre o passeio com uma vassoura de ramos de bétula gastos. Na esquina da Rua Yermolayevsky, um velhote passeia um *terrier* com pelo de arame. A cabina telefónica da esquina está vazia.

O coronel pega no pesado auscultador de baquelite, enfia a moeda de dois copeques na ranhura e liga. O telefone toca e toca.

— Sim? — responde uma voz sonolenta de mulher. — Diga.

Morozov hesita, ficando a ouvir a respiração suave no outro lado da linha.

— Daria Vladimirovna? Peço desculpa por telefonar tão cedo, mas queria apanhá-la antes de sair para o trabalho.

— Deve ser engano, aqui não há nenhuma Daria Vladimirovna.

— Peço desculpa, cidadã.

Morozov desliga e regressa apressadamente a casa, antes que a mulher e a filha acordem.

O homem do cão continua a andar no seu passo penoso, mas em vez de dar mais uma volta ao lago, segue a direito para a Circular do Jardim. Quando ele se aproxima de um sedã *Volga*, um homem corpulento sai do lugar ao lado do condutor para ele entrar, e alguém pega na trela do cão. O velhote senta-se e o motorista passa-lhe respeitosamente o auscultador de um radiotelefone.

— Senhor, os Ouvidos. Estão a postos.

O homem diz que sim com um grunhido e fala para o auscultador.

— Estás-me a ouvir, rapaz? Preciso de uma gravação da cabina telefónica da esquina da Malaya Bronnaya e da Yermolayevsky. O telefonema foi feito hoje, às 05h48. Leva-a ao meu gabinete. Meia hora.

A cerca de meio quilómetro, no outro lado da cidade, na cave do Departamento Telegráfico Central, na Rua Gorky, um jovem tenente do KGB rasga uma folha de um bloco de notas, percorre a passo rápido um corredor subterrâneo e entra numa sala com o teto baixo cheia de gravadores de fita magnética com duas bobinas ativados por sinal. Alguns estão a funcionar. O tenente encontra o gravador certo, carrega no interruptor para parar e marca o ponto com um lápis de cera branca. De seguida, carrega no botão para rebobinar e espera até que a fita magnética corra totalmente para trás, até a ponta sair. O tenente pega na bobina e sai da sala a correr.

KUZNETSOV
Base Aérea de Sagua la Grande, Cuba
Madrugada, 4 de julho de 1962

A brisa marítima acorda o major do KGB Vadim Kuznetsov, trazendo consigo o cheiro putrefacto e doce do matagal arrancado. As árvores da selva sibilam como a rebentação marítima, e a cacofonia dos insetos iniciou um coro matinal ensurdecedor. Kuznetsov dá um pontapé no lençol de algodão encharcado de suor, procura o termo debaixo da cama e bebe avidamente o frio chá de limão.

Está em Cuba há nove meses, mas ainda não conseguiu habituar-se ao calor enjoativo e à indecente fecundidade do lugar. E também não conseguiu habituar-se ao rum. Ao contrário da vodca, o rum não sabe a algo mau para a saúde. Quando se engole, dá uma sensação quente e doce que não alerta para a vingança matinal. Doce, mas perigoso. Tal como Cuba, diz ele sarcasticamente. Quase todas as noites.

Kuznetsov estica o braço para desligar a chiante ventoinha do teto e volta a deitar-se na tarimba. O prédio do KGB foi recentemente construído com painéis de cimento prefabricados e montados tão ao acaso como qualquer estrutura dos subúrbios de Moscovo. O mobiliário é romeno, supostamente uma oferta da Securitate, a polícia do Estado, aos seus irmãos socialistas das Caraíbas. O pinho vermelho já apresenta rachas por causa da humidade. Na base inteira, só há um aparelho de ar condicionado, um *Carrier* enorme, na antiga mansão de um plantador da época de Baptista que agora é a messe e o bar dos oficiais.

O bar. Kuznetsov passa a mão suada pelo rosto e pela barba. A noite passada. Quem é que teve a ideia da festa de despedida? Não foi ele. De certeza que foi um dos coronéis da Força Aérea Cubana. Kuznetsov lembra-se de guitarras, de toscas canções revolucionárias cubanas tocadas num gira-discos, de uma neblina de fumo de charuto, de um novo grupo de criadas suspeitosamente bonitas. Como sempre. Será que ele... dançou? As raparigas locais são de acesso proibido a Kuznetsov e aos seus camaradas oficiais do KGB. Por isso, ele bebeu de mais. Como sempre. E, se calhar, dançou. Um bocadinho. Só para mostrar solidariedade fraterna.

Kuznetsov já fez a mala, está junto da porta. Um dia de viagem num saltitante sedã *Volga* deixa-o em Havana a tempo de apanhar o voo da noite. Amanhã, por esta hora, depois de escalas em Madrid e talvez em Frankfurt, ele estará em Moscovo. Quando chegou a Cuba, Kuznetsov ficou admirado com as saudades que tinha da sua terra. Sentiu falta da solidariedade moscovita, do ritmo acelerado da cidade, da soturna ausência de cor e de histrionia. Mas, agora, está admirado por não querer nada regressar, nem para duas semanas de consultas com os seus chefes na Lubyanka. Kuznetsov lembra-se de uma canção disparatada que ouviu as tripulações aéreas soviéticas a cantar: «É bom lá, onde não estamos.»

Kuznetsov pega no relógio, um volumoso cronógrafo *Raketa* que ganhou numa aposta a um piloto de MiG embriagado. O escritório do comandante está prestes a abrir. É altura de ele ir buscar os relatórios que datilografou diligentemente na semana passada para os seus patrões de Moscovo, que estão guardados no cofre à prova de incêndio no escritório do seu chefe.

Kuznetsov desiste de voltar a adormecer, levanta-se e veste-se. Ele orgulha-se particularmente do fato tropical bege de algodão que comprou numa loja em segunda mão em Havana, feito por Haspel, em Nova Orleães. Os seus camaradas do KGB gozaram com ele dizendo que o fato lhe dava um ar de explorador capitalista. Não era de todo apropriado para os corredores do Comité da Segurança do Estado, em Moscovo. Vão-se foder. Kuznetsov gosta de ser ver com o seu fato suave. Ele *gosta* de parecer um estrangeiro. Enquanto abotoa a camisa, Kuznetsov olha para a base recém-construída. Quando ele chegou, no inverno passado, o local era um mar de troncos de árvores desenraizadas, lama e sulcos que albergavam cobras desalojadas e irritadas. Agora, o terreno está aplanado e cheio de estradas de asfalto e de barracas e hangares prefabricados.

A meia distância, ligeiramente acima da linha das árvores, vê-se o contorno de uma estação de radar pintada de camuflado, com a antena apontada como uma orelha para o norte das Caraíbas — e a uns meros 150 km de distância, ficam os Estados Unidos da América.

VASIN
Marginal Frunze, Moscovo
Madrugada, 4 de julho de 1962

Vasin acorda ressacado, com o pescoço a doer de um escaldão e o rosto esfolado pela almofada do sofá. Foi a sua mulher, Vera, que escolheu o vistoso sofá-cama fabricado na Alemanha Oriental — era o mais novo e o mais caro disponível. Mas o hirsuto peluche de náilon tortura Vasin todas as noites.

A voz de Vera — na nota alta de sarcasmo que ela reserva para o acordar — chama da cozinha.

— Sashaaaa? Tens uma chamada. O *kontora*.

O *kontora* — literalmente, o escritório. Não é uma alcunha muito respeitável para o KGB. Vera segue o marido com os olhos enquanto ele cambaleia pelo corredor aos encontrões às paredes.

Um momento — diz ela para o auscultador. O camarada coronel vem já. Tem estado *muito ocupado* esta manhã.

Vasin estende a mão para pegar no auscultador, mas ela deposita-o em cima do balcão e passa por Vasin com um empurrão rumo à casa de banho, pedantemente agarrada ao roupão de seda chinesa.

— Fala Vasin.

É a secretária mais venenosa do seu chefe, o general Orlov, e, com um tom de formalidade gélida, convoca Vasin para uma reunião inesperada na Lubyanka. Vasin gagueja que sim, olha para o relógio da cozinha e pragueja muito baixinho. Quarenta minutos. No novo e elegante fogão, arde a fogo lento num tacho um pequeno-almoço nada apetitoso: papa de trigo-sarraceno esturricada. Não há tempo. Ele precisa urgentemente de se barbear e de tomar um duche. Mas assim que pensa nisso, Vasin ouve Vera trancar ruidosamente a porta da casa de banho e abrir a torneira, como que comandada pelas suas ondas cerebrais.

— Vera? Posso entrar um segundo?

Silêncio. Vasin bate à porta com irritação.

— Tenho de me arranjar para o trabalho.

A água para de correr. Vera destranca a porta, olha com indignação para o marido, passa teatralmente por ele rumo ao quarto e bate com a porta.

O novo e elegante apartamento dos Vasins — três divisões na Marginal Frunze — dá para uma alameda e para o rio Moscovo. É o palco da tragicomédia familiar de Vasin, com variações patéticas, todas as manhãs e todas as noites. Há nove meses, ele regressou de uma missão coberto de glória, e o *kontora* reorganizou-lhe a vida para refletir o seu novo estatuto de animal de estimação predileto do general Orlov: um novo apartamento, um novo carro, uma promoção e, com um floreado de vudu, uma nova mulher. Mais ou menos. Depois do regresso de Vasin, Vera transformou-se noutra pessoa. Ou mais exatamente, ela trata o marido como se *ele* se tivesse transformado noutra pessoa. Uma pessoa importante. Uma pessoa perigosa para ela. O tenente-coronel Aleksandr Ilyich Vasin, do Comité da Segurança do Estado, é um homem para ser respeitado — e mantido à distância.

Vasin e Vera entraram espontaneamente numa espécie de teatralidade doméstica. Falam como que para um público invisível — isto é, nas poucas vezes que falam. A circunspeção respeitosa inicial de Vera foi rapidamente substituída por uma insolência melancólica e ferida. A vida deles transformou-se numa mímica de censura.

Nikita, o filho de Vasin, de catorze anos, também foi atraído para a órbita da nova e misteriosa eminência do pai. Foi matriculado no Artek, o campo de elite dos Jovens Pioneiro, e os colegas de escola olham-no com um novo respeito. Nikita também trata o pai de maneira diferente, a sua timidez habitual transformou-se numa reverência nervosa. E o novo respeito mostrado pelos colegas e pelos professores tornou o pobre garoto ainda mais tímido.

De dia ou de noite — em casa, no carrito disforme que veio com a promoção, na recém-construída dacha de madeira na aldeia de Vnukovo —, não há um momento em que Vasin não esteja rodeado de sinais do poder do tenente-general Yury Orlov. Vasin sente-se como uma libelinha num frasco.

PARTE UM

OS MORTOS INQUIETOS

Quer gostem, quer não, a história está do nosso lado.

— NIKITA KHRUSHCHEV, PRESIDENTE DO CONSELHO DE MINISTROS DA URSS, 1956

1

Quartel-general do KGB, Moscovo
4 de julho de 1962

A luz estival entrava obliquamente pelas pesadas cortinas de tule do gabinete do general Orlov. O calor era sufocante e tresandava a cera para soalhos. Vasin olhou para os seus colegas sentados à mesa, que também tinham sido convocados abruptamente. Pushkov, o veterano *rezident** que se tinha celebrizado ao organizar o envenenamento de nacionalistas ucranianos e de outros colaboracionistas depois da guerra, em Paris e Berlim. Ignatenko, o anafado homem das comunicações com marcas permanentes nas têmporas flácidas por passar horas e horas de auscultadores. A equipa de elite de caçadores de espiões de Vasin, a derreter-se nas cadeiras como um gelado num passeio quente.

Todos em silêncio.

Pushkov, com irreverência, tirou um dossiê fino marcado ULTRASSECRETO de um monte de papéis à sua frente e começou a abanar-se. O chefe entrou de rompante, a fazer barulho, todo corado e irritado, como se eles o tivessem feito esperar e não o contrário. Orlov sentou-se à cabeceira.

— O Schultz tem uma coisa para nós — grunhiu Orlov, sem rodeios. Ignorando os presentes, centrou a sua atenção nos papéis que tinha trazido e começou a lê-los com uma atenção agressiva.

Vasin era capaz de ter adivinhado. Boris Ignatyevich Schultz, o número um da sua equipa e seu antigo instrutor na escola do KGB. E o melhor em vigilância. Depois de meses sem resultados, era típico de Schultz conseguir algo no seu turno da noite. E era

* Espião que opera no estrangeiro durante longos períodos. (*N. do T.*)

muitíssimo típico de Schultz falar diretamente com o chefe do Departamento de Casos Especiais — Orlov — em vez de informar Vasin, o seu superior hierárquico direto.

Schultz era um magricelas curvado com um rosto cadavérico e um bigode elegantemente aparado. Quando entrou na sala de reuniões e viu os colegas, estremeceu, como se estivesse no meio de um grupo de candidatos a espiões muito pouco prometedores. Atrás dele, entrou um jovem sargento com um enorme gravador nos braços. Enquanto o rapaz ligava o aparelho, o esgalgado Schultz sentou-se ao lado de Orlov e dobrou-se sobre si próprio como um telescópio.

— Cabina telefónica na esquina da Malaya Bronnaya. — A voz de Schultz era aflautada, mas autoritária. — Hoje, pouco antes das seis da manhã. Ouçam.

Schultz ligou o gravador. Ouviu-se um ronrom eletrónico, e depois os cliques da ligação do número e do estabelecimento do contacto.

— Sim?... Diga.

— Daria Vladimirovna? Peço desculpa por telefonar tão cedo, mas queria apanhá-la antes de sair para o trabalho.

A voz do coronel Oleg Morozov era inconfundível.

— Deve ser engano, aqui não há nenhuma Daria Vladimirovna.

— Peço desculpa, cidadã.

Schultz desligou o aparelho e fez uma careta que talvez fosse um sorriso. Vasin sentiu a sua pulsação acelerar.

— O Morozov não fez mais nenhum telefonema, Boris Ignatyevich? Para outro número?

— Não telefonou a mais ninguém, coronel Vasin. — Schultz olhou para o seu antigo aluno com um pequeno sinal de aprovação, dizendo-lhe com o olhar que talvez ele não fosse completamente idiota. Vasin prosseguiu.

— O alvo levanta-se de madrugada para fazer um único telefonema para um número errado a partir de uma cabina. Um número para o qual nunca telefonou de casa, presumo? Um número...

— Quem atendeu? — perguntou Orlov, interrompendo Vasin. — Temos a morada? Já foi detida?

Schultz fez beicinho.

— Camarada general. O número é da Rua Dmitry Ulyanov, n.º 42. É o Hotel Ulan Bator. A linha está instalada na zona de descargas da cozinha. Mas... — Schultz, com a confiança invencível dos idosos, levantou a mão antes de Orlov o conseguir interromper. — Às seis da manhã, aquilo está cheio de pessoal das entregas. Segundo o guarda-noturno, entre as cinco e meia e as seis e meia, chegaram pelo menos oito camiões, todos com motorista e pelo menos um carregador. Muito pessoal da cozinha e da administração do hotel passou pela área. Não conseguimos encontrar ninguém que tivesse visto alguém ao telefone.

— Um contacto indetetável. Um intermediário. — Orlov entrelaçou os dedos e fletiu os ombros como que a preparar-se para um combate de boxe. — E isso significa o quê? Diz-nos, Schultz, por favor.

— Apanhámo-lo, general. Morozov contactou os seus controladores da CIA. Ativou-se. Ou está a reconhecer um contacto. Nos últimos nove meses de vigilância em Moscovo, ele não deu um passo em falso. Partimos do princípio de que Morozov tem ordens para só agir se tiver alguma informação importante para transmitir. Por isso, agora...

— Agora vamos fazer *o quê*? Coronel? — Orlov virou-se abruptamente para Vasin. Os membros da equipa seguiram obedientemente o general e olharam para Vasin à espera de uma resposta.

— Agora prendemo-lo, general. — Vasin endireitou-se na cadeira.

— Não, Vasin.

Pois. Vasin já sabia. As respostas às perguntas retóricas do chefe nunca estavam corretas.

— Peço desculpa, general. Primeiro, temos de descobrir com quem é que ele está a trabalhar.

— Correto, coronel Vasin. Quando se arranca uma erva daninha, é pela raiz, não é pelas folhas.

Nas forças de segurança da gloriosa Pátria Soviética, tudo deve estar ligado a qualquer coisa. Dentro de um espião, deve estar a pista para outro espião, como numa matriosca.

Orlov ficou sozinho com Vasin, mas não se levantou. O general olhou severamente para o seu protegido como um fungo maléfico — os olhinhos dançavam com um gozo mal contido.

— Agradece a Deus Todo-poderoso e louva-O. — A voz de Orlov era um silvo profundo e enfático. Vasin lembrou-se de que o general tinha estudado num seminário e manteve-se inexpressivo. — O *Diretor* tem andado a perguntar pelo PLUTÃO.

PLUTÃO. O suposto traidor no coração do aparelho de segurança soviético. A obsessão de Orlov e o pesadelo diário de Vasin. No fim da sua última missão, na cidade nuclear secreta de Arzamas-16, Vasin tinha inventado um espião americano. O caso fora uma trapalhada e Vasin tinha sido obrigado a contornar — quebrar — muitas regras para travar um fanático desnorteado obcecado com um holocausto nuclear. Vasin não sentia remorsos, mas para safar a pele transformara o lunático num espião americano. Fora tão fácil atribuir um pecado inventado a um morto. Mais, Vasin safara-se com glória: tornara-se o novo caça-espiões de topo dos Casos Especiais.

Mas depois de o relatório de Vasin ter sido arquivado, a sua fantasia transformara-se num facto oficial. E os espiões — reais ou não — precisam de um controlador. Por isso é que o general Orlov tinha escolhido Vasin para apanhar o PLUTÃO. Ligar um espião imaginário a um espião verdadeiro: era este o enigma irresolúvel que Orlov tinha oferecido ao seu novo favorito: vá, Vasin, junta o raio dos pontos. Por conseguinte, Vasin andava havia nove meses a perseguir o fantasma, a correr atrás de rumores, à espreita do mínimo indício de que o coronel Oleg Morozov fosse efetivamente o lendário PLUTÃO.

— Ou seja, posso finalmente dizer ao Diretor que fizemos progressos. A descoberta do PLUTÃO vai levar-nos ao elo seguinte. Vamos descobrir as informações que ele anda a passar aos ianques. Vamos descobrir quem é que lhe passa as informações. Mas o mais importante é que vamos descobrir quem é o *krysha* do Morozov. Compreendes, Vasin?

Krysha — literalmente, o teto. Calão dos criminosos para «protetor». Vasin sentiu uma vertigem. Sim. Ele compreendia exatamente o que Orlov queria dizer. Ou antes, de *quem* é que ele estava a falar: o elo seguinte da corrente da traição, que na imaginação de Orlov apontava sempre para cima, para os escalões cimeiros do poder soviético.

— O *protetor* de Morozov, general? — Vasin tinha a boca seca. — Um oficial superior a quem ele possa estar pessoalmente ligado?

— Exatamente, Vasin. Talvez o Morozov seja amigo de família de alguém. Talvez vá a churrascadas na dacha de um figurão qualquer. Talvez vá à caça com os mandachuvas. Já deste com alguém assim desde que andas a vigiar habilmente o Morozov?

Os olhos de Orlov pareciam brocas. Sim, eles sabiam ambos quem é que Orlov tinha em mente. O velho amigalhaço do coronel Morozov, que o acolhia na sua dacha e nas suas caçadas: o general Ivan Serov, chefe da Direção Central de Informações do Estado-Maior-General do Exército Vermelho dos Operários e Camponeses, mais conhecida por GRU, a grande rival institucional do KGB. Serov, o grande rival burocrático de Orlov — e por razões que escapavam totalmente a Vasin, o inimigo pessoal de Orlov.

Vasin percebeu claramente a lógica do seu chefe. Usar Morozov para enlamear o seu protetor, Serov. Talvez com uma lama fatal. Que vitória para Orlov, se ele conseguisse fisgar o chefe do serviço rival.

Poucos meses antes, Vasin tinha visto um novo filme americano — numa sessão à porta fechada para os oficiais do *kontora* —, passado no século XIX, acerca de um capitão naval louco que perseguia uma baleia branca pelos mares do globo. Orlov era o capitão, os Casos Especiais eram o seu navio, e o infeliz imediato, destinado a seguir a obsessão do capitão até ao fim do mundo, era Vasin.

— De facto, *observámos* esse tipo de associação, general. Como sabe. — A voz de Vasin era um sussurro. — Pensa que o camarada general Serov pode estar envolvido nas atividades do traidor Morozov?

— Se não está, estará a cobrir o amigo? São duas possibilidades plausíveis. Mas o nosso trabalho não admite pontas soltas. Descobre um culpado, Vasin.

Vasin encheu-se de coragem para falar sob o olhar tórrido de Orlov.

— Quer dizer — *culpar* o general Serov?

Vasin julgou que o seu chefe ia inchar e rebentar como um cogumelo a libertar os esporos. Mas não. Orlov, sempre imprevisível, recostou-se na cadeira e levantou as palmas das mãos com um riso abafado.

— Seguimos as provas, obviamente. As provas dos nossos olhos e ouvidos. As provas da eventual confissão do Morozov. Vasin. Tens duas pontas soltas para atar, uma no princípio da história do Morozov e a outra no fim. Isto começou tudo com a tua história do traidor de Arzamas...

Algo no interior de Vasin contraía-se sempre que Orlov dizia que o espião de Arzamas era a história «dele», o caso «dele». Às vezes, Vasin ficava na dúvida se o velho réptil desconfiava de que a acusação de espionagem tinha sido inventada. Mas o chefe prosseguiu suavemente, contando os pontos que tinha na mão.

— Por sua vez, isso levou à procura do controlador do teu espião. Logo que apanharmos o Morozov e provarmos que ele é o PLUTÃO, descobrimos quem está a seguir. A quem é que ele está ligado. Para cima, para baixo, para o lado.

Orlov levantou-se, foi até à outra extremidade da mesa e pôs uma mão confiante no ombro de Vasin. O general falou baixinho e suavemente ao ouvido de Vasin.

— Meu Sasha. Duas pontas soltas, um homem. Por amor de Deus, Vasin. Dei-te gente de qualidade. É altura de encerrar este maldito caso. E depressa.

2

Ministério da Defesa, Moscovo
12 de julho de 1962

O capitão-de-mar-e-guerra Vasily Arkhipov estava sentado sozinho numa mesa da cafetaria do Ministério da Defesa. Tinha a pasta em cima da mesa, ao lado de uma chávena de café cubano a arrefecer. Arkhipov pôs as mãos em cima da pasta. Mal tremiam. Ele expirou profundamente.

Arkhipov viu o seu velho camarada ao fundo da sala. Timofey Zviagin também trajava a farda de capitão-de-mar-e-guerra, mas, ao contrário do bronzeado Arkhipov, estava pálido como um cadáver e não tinha um único pelo na cabeça nem no rosto. Arkhipov levantou-se e os dois homens abraçaram-se com força.

— Irmão! Como estás tu, Tima?

— Já estive melhor.

— O que dizem os médicos?

Zviagin encolheu os ombros e encarou o amigo durante um longo momento.

— Garantiram-me que está em remissão. Mas, pelo seguro, continuam a encher-me de veneno.

Arkhipov via todas as noites o amigo nos seus sonhos. Timofey, de pé no seu posto, à entrada do compartimento do reator do K-19, a derreter-se sob o calor escaldante do vapor, com o seu fato-macaco de engenheiro manchado de gordura e com o rosto em fogo sob a luz de emergência vermelha. O fedor da solda, o miasma sufocante da fuga do refrigerante do reator. A voz dominadora de Zviagin para pôr fim às altercações de homens em pânico que aguardavam em fila a sua vez de soldarem o sistema de refrigeração de emergência. Firmes, camaradas, firmes.

— Estás com bom ar, Tima.

— Nunca soubeste mentir, Vasily. Estou com um ar de merda. Então o que te traz ao bordel dos nossos burocratas?

— Junta de avaliação.

— Em Moscovo, e não no quartel-general da Esquadra do Norte? Deve ser de nível máximo. Como correu?

— Almirantes. Glotov. Komarov. Uns mandachuvas do Ministério da Defesa. Um general das Forças de Mísseis Estratégicas.

— Parece que estás na calha para um grande comando, amigo. Algo secreto. Parabéns.

— Cospe três vezes.

Zviagin virou-se para trás e fez três vezes o som de uma cuspidela — proteção contra o mau-olhado. Os oficiais superiores da Marinha soviética não deixavam de ser marinheiros supersticiosos como uma camponesa.

— Mas estás contente, não estás, Vasily? Um comando todo jeitoso pode ser um recomeço. Não é nada que um veterano e herói do desastre do K-19 não mereça, pois não?

— O herói do K-19 és tu, Tima. Tu é que devias ter recebido o comando.

— Não gozes com um inválido. Mas queres muito voltar ao mar, certo?

Arkhipov encolheu os ombros e ficou a olhar para as mãos em silêncio enquanto o seu antigo camarada o mirava com um olhar penetrante.

— Vasily, quando estou à secretária, lá em cima, ouço coisas. Leio coisas. Não vais ser destacado para um nuclear, se é isso que te preocupa. Garanto. Depois do acidente... depois do K-19, eles estão a vistoriar todos os submarinos nucleares. Estão todos confinados às bases. Até estão a reconstruir os reatores dos mais novos, os da classe Projeto 658. Disseram-me que um dia, até o nosso velho K-19 vai ficar operacional. Mas não é para já. Relaxa. Até ao próximo ano, pelo menos, os únicos autorizados para patrulhas de longo curso são os velhos submarinos a *diesel*-elétricos. Acredita em quem sabe. Não precisas de te preocupar com... Lembras-te do que aquele cozinheiro uzbeque maluco chamou ao reator? «Satã numa lata.»

Arkhipov sorriu de lado. É claro que se lembrava do cozinheiro. O médico do K-19 tinha-lhe injetado uma dose gigantesca de

Valium no braço para o calar, mas o homem não parara de gritar durante o acidente. Num submarino em dificuldades a mil milhas de distância no Atlântico Norte, o pânico podia ser tão fatal como o afundamento para a cota de implosão.

— Tanto me faz, com ou sem Satã, um submarino é um submarino.

O amigo de Arkhipov acenou com a cabeça com sarcasmo.

— É como digo, Vasily, tu não sabes mentir. Disseste que a junta incluiu um general das Forças de Mísseis Estratégicas?

— Sim. A que propósito?

— Falaram nalguma arma especial para a tua nova missão?

— Arma especial?

Timofey bufou.

— Talvez seja só um boato. Ainda não tenho nada para te dizer. Queres um conhaque? O médico diz que não devo, mas que se foda, não é?

Arkhipov viu a careca de Zviagin dirigir-se ao balcão da cafetaria. Olhou de novo para as mãos. Estavam mais firmes.

3

Lago dos Pioneiros, Moscovo
12 de julho de 1962

Morozov saiu do seu prédio às oito e meia, ao encontro do crescente calor matinal de Moscovo. Levava o casaco ao ombro e um saco de compras de lona na mão. Morozov ignorou o velhote que estava a dar de comer aos patos ao pé do lago e dirigiu-se a passos largos para a estação de metro da Mayakovskaya. Uma mulher jovem que estava a verificar a maquilhagem na montra de uma padaria viu-o, deu um último toque no cabelo e começou a andar à frente de Morozov. Trinta metros atrás, seguia um estudante esgalgado.

Na estação da Belorusskaya, Morozov subiu rapidamente as escadas que conduziam ao amplo corredor que ligava os cais da Linha Circular. Os dois vigias, seguindo as regras do *kontora*, enquadraram o alvo. Morozov entrou num metro destinado a ocidente, saiu na estação da Kievskaya e rumou à ligação com a linha Arbatsko-Pokrovskaya. O subtenente do KGB Mikhail Lyubimov, acabadinho de sair da Academia Dzerzhinsky, tinha bem presente a formação ministrada por Schultz, e começou a ficar nervoso. A segunda mudança de metros tornava arriscada a vigilância de proximidade — era mais provável que o alvo reparasse no mesmo rosto em dois metros sucessivos. Lyubimov arriscou olhar para o fundo da carruagem, para a sua parceira, Tatiana Dulatova, que se tinha posicionado no canto. Lyubimov estava demasiado longe para atrair a atenção de Tatiana. Tinha sido um erro pôr uma rapariga bonita à frente. Dava demasiado nas vistas. A equipa já sabia que o bode velho do Morozov tinha olho para as mulheres.

As portas abriram-se na estação da Arbatskaya e Morozov saiu à frente de ambos. Tanya, desesperada para se manter à frente do alvo, começou a correr e a empurrar as pessoas, pedindo desculpa. Outro erro. Lyubimov amaldiçoou a sua parceira, esforçando-se por não perder de vista a careca de Morozov, trinta metros à frente, enquanto a multidão abrandava para subir as escadas.

— Mantenham o olhar nas pessoas que sobem a escada quando chegam à vossa linha de visão — tinha ensinado o velho Schultz. — Não vão ver através das cabeças das pessoas que estão mesmo à vossa frente, por muito que olhem. Olhos exclusivamente fixados...?

— Nas escadas, camarada coronel — tinha respondido a turma.

Mas Lyubimov não tinha os olhos nas escadas. Estavam fixados na barreira de metal que separava os fluxos de passageiros, à procura de um sítio para passar por baixo e ultrapassar a fila. E foi assim que ficou cara a cara com o alvo, que estava a regressar ao cais. Morozov tinha passado por baixo da barreira, vestido o casaco do uniforme e posto o chapéu, e mudara de direção. Um truque básico, mas eficaz.

Tanya já estaria no cimo das escadas. Lyubimov estava por conta própria. Perder o alvo ou ser detetado? Um risco calculado e perigoso. Teria de esperar até Morozov desaparecer para passar atleticamente por cima da barreira de aço e correr atrás dele. Mas o puto teve sorte. Morozov tinha perdido um metro. A sombra jovem de Lyubimov entrou quase ao lado dele no metro seguinte. Lyubimov manteve-se atrás do alvo de regresso à Kievskaya e depois até à Oktyabrskaya. No total, quatro mudanças de metro. Lyubimov tinha despido o casaco e posto um chapéu de verão de forma a tapar-lhe o rosto, rezando para que o coronel não o tivesse detetado. O jovem agente sentiu um arrepio vertiginoso e enjoativo. Era a sua primeira perseguição a sério.

— Os quiosques de jornais são vossos amigos — entoara Schultz com a sua voz fina e chorosa. Quando se pretendia verificar se estávamos a ser seguidos. Muitos quiosques localizavam-se à frente de estações do metro, e as suas janelas oblíquas ofereciam um panorama de quem saía. E como não podia deixar de ser, Morozov demorou-se na saída da Oktyabrskaya. Fingiu folhear umas revistas durante cinco minutos, obrigando Lyubimov a tomar uma posição arriscada em plena vista, numa paragem de troleicarro. O cabrão manhoso do Morozov sabia os truques todos do manual de contravigilância do KGB. Mas Lyubimov lembrou-se de que o manual tinha sido escrito pelo seu instrutor, Schultz.

O jovem agente seguiu a uma distância segura atrás de Morozov, que rumou ao café Shokoladnitsa, no canto da Praça Kaluzhskaya. Como sempre, o café estava apinhado e havia uma bicha de gente para entrar. Morozov passou despreocupadamente pela fila, olhou para o salão cheio de mesas e avançou pelo meio dos comensais ao encontro de uma mulher jovem de cabelo escuro e espantosamente bela sentada numa mesa do canto. Ela trajava o uniforme verde-azeitona de tenente do Exército e levantou-se quando Morozov se aproximou. Não fizeram continência, não se abraçaram nem apertaram as mãos. A linguagem corporal parecia formal. Quando Morozov iniciou o longo processo de atrair a atenção de um criado, Lyubimov dirigiu-se a uma cabina telefónica. O seu cartão vermelho do KGB bastou para cortar a conversa do ocupante, que desapareceu aterrorizado. A chamada para o número de emergência dos Casos Especiais foi atendida ao primeiro toque.

— PLUTÃO fez contacto. Solicito equipa de vigilância reforçada. Fotógrafo. Dois carros. Urgência. Repito, urgência máxima.

4

Quartel-general do KGB, Moscovo
12 de julho de 1962

O relatório da vigilância aterrou na secretária de Vasin duas horas depois. Vasin teve de admitir que Schultz tinha formado bem o miúdo, Lyubimov. E o velho tinha chegado ao local com um carro equipado com rádio oito minutos depois do telefonema do seu pupilo. Quando Morozov e a sua companheira saíram do café — separadamente, notou Vasin — para o ar poluído do cruzamento cheio de trânsito, tinham à sua espera uma equipa do *kontora* do tamanho de um coro operático.

Vasin pegou numa foto ampliada e granulosa da cabeça da mulher, metida entre as notas de Lyubimov, e olhou para o rapaz à espera de uma explicação.

— Ela trabalha na Alameda Gogolevsky, n.º 13, edifício três? Que é isso?

— É um edifício do Ministério da Defesa, coronel. Faz parte do Estado-Maior. Julgamos que foi adaptado recentemente. Era um departamento da Direção de Abastecimento do Exército. Mas tiraram a placa antiga com o nome da instituição que estava na porta.

— Um departamento do *Aquário*? — Vasin usou a gíria mais recente para a GRU, aludindo ao quartel-general das informações militares soviéticas, construído recentemente com fachadas de vidro no subúrbio moscovita de Yasenevo, que parecia um aquário gigantesco.

— Não temos a certeza, coronel.

— Eu vejo isso. Infiltramos alguém para observar o local. Entretanto... — Vasin olhou para o relógio. — Tens uma equipa para seguir a mulher até casa?

Lyubimov acenou com a cabeça. Eles sabiam que o *kontora* identificaria facilmente a companheira de Morozov logo que ela metesse a chave na porta de qualquer habitação em Moscovo.

Vasin mandou retirar o jovem oficial e pegou no telefone para marcar uma reunião urgente com Orlov. Finalmente, um bocadinho de sorte. Depois de meses de se comportar como o cidadão soviético ideal, Morozov estava finalmente a agir como um espião.

5

Ministério da Defesa, Moscovo
15 de julho de 1962

O Ministério da Defesa, tal como a Lubyanka, albergava inúmeras cafetarias, cada uma das quais era um significante de códigos complexos de estatuto e acesso. O homem de Orlov dentro do Aquário tinha escolhido a maior e a mais rasca, localizada na cave.

Vasin tinha perguntado a Orlov:

— Como vou conhecer o major Tokarev?

— É inconfundível. Um veterano da cavalaria. Bigode. Sem mãos.

Era quase hora de almoço e a cavernosa sala de refeições encheu-se de grupos de homens fardados e de algumas secretárias aperaltadas, com as malinhas de mão e os lenços como salpicos coloridos num mundo uniformemente caqui e masculino. O homem estava a aproximar-se da terceira idade e tinha um antiquado bigode de cavaleiro. Vasin fez um gesto discreto com a chávena e o velho oficial estendeu uma mão com uma luva preta. Vasin levantou-se e, quando apertou a mão, descobriu que era uma dura prótese de plástico numa posição meio aberta. A outra mão de Tokarev também era de plástico.

Sem mãos.

— Smolensk, 1943. Tentei atirar uma granada de mão alemã para fora de uma trincheira, mas não fui suficientemente rápido. Toda a gente quer perguntar, por isso, poupo-lhes o embaraço. Não precisa de dizer nada.

Tokarev sentou-se e meteu as mãos debaixo da mesa. Tinha o rosto cheio de velhas cicatrizes castanho-claras provocadas por estilhaços, como salpicos de barro.

— O general Orlov manda cumprimentos.

— É claro que sim. Retribuo, a dobrar.

— São velhos amigos?

— Mais ou menos. No seu tempo, salvou-me o coiro. Fui capturado nos arredores de Mozhaisk, em 41, fugi e acabei nas mãos da SMERSH — a unidade «Morte aos Espiões»* do NKVD, criada para desentocar agentes fascistas. Orlov decidiu que eu não era um deles. É uma história comprida. Recambiou-me para a frente de combate. Ajudou-me a dar uma mãozinha ao esforço de guerra — aliás, a dar duas mãozinhas. Bom trabalho, coronel. Passado um minuto, já sabe tudo o que há a saber sobre mim.

Vasin ignorou o sarcasmo do velho e acenou com a cabeça. Orlov recambiou-te para a frente de combate fisgado no anzol dele. Vasin sabia o que era.

— Suponho que lhe ficou grato.

— Eu devia ser um inocente. Orlov disse que o senhor precisa de ajuda.

Vasin olhou em redor.

— Vamos falar aqui?

— É terreno neutro. No Aquário, iria fazer-se notar, e eu far-me-ia notar no *kontora*.

— Preciso de encontrar uma mulher.

— *Cherchez la femme*.

— Muito engraçado. É uma colega sua. Espanhola. Os pormenores estão aqui.

* SMERSH é o acrónimo de *Smert' shpiónam*, «Morte aos Espiões». (*N. do T.*)

Vasin passou um dossiê fino por cima da mesa, mas Tokarev não lhe pegou. Vasin demorou um bocadinho a perceber que ele não podia por causa das próteses. Vasin abriu o dossiê e espalhou duas páginas datilografadas. Tokarev inclinou-se e analisou o documento.

Sofia Rafaelovna Guzman, nascida em 16 de março de 1932, em Barcelona. Residente na URSS desde fevereiro de 1938. Solteira. Morada atual: na Rua Malaya Gruzinskaya, num prédio de apartamentos comunitários para oficiais solteiros pertencente ao Ministério da Defesa. Era o que tinha rendido à equipa de Vasin uma noite a vasculhar os registos da conservatória municipal e os arquivos do *kontora*.

— Diga-me, porque é que precisa de informações sobre esta espanhola, Sofia Rafaelovna?

— É uma operação de contraespionagem.

Tokarev ergueu um sobrolho, que Vasin interpretou como: «Continua...»

— Estamos a vigiar um possível agente inimigo que tem falado com esta rapariga. Precisamos de saber porquê. Precisamos de saber onde é que ela trabalha. O que faz. Ao que tem acesso.

Tokarev pareceu ponderar pedir mais detalhes, mas achou que era melhor não.

— É *isso* o favor de que Orlov precisa? Vou ver o que posso fazer. Escreva.

Vasin pegou num bloco de notas e Tokarev ditou-lhe uma série de números de telefone.

— Nenhum é seguro. Agora escreva os seus para mim. No meu livro de apontamentos. Bolso direito de cima.

Vasin esticou-se e tirou delicadamente um livrinho preto do bolso do casaco de Tokarev. Escreveu os seus números de contacto e voltou a meter o livro no bolso, juntamente com as folhas com os pormenores acerca de Sofia.

— Como é que...?

— Uso um telefone? Me visto? Escrevo? Mijo? Com uma ajudinha dos meus amigos. Espero vir a conhecê-lo melhor. Talvez ainda toque piano para si.

Vasin levantou-se rapidamente, envergonhado. Em vez de tentar apertar a mão, fez uma bizarra meia continência e rumou à saída.

Três dias depois do encontro com Tokarev, Vasin recebeu no escritório uma carta marcada «pessoal». Era uma daquelas cartas sem envelope, mas já com selo que se vendiam aos turistas, com vistas das catedrais medievais de Suzdal. No interior, apenas três linhas:

Caríssimo camarada — sinceras saudações comunistas para si e para o nosso amigo comum! Estou na nossa capital socialista esta semana e espero por si na quarta-feira, entre as 18h00 e as 18h30, na entrada das traseiras do edifício do Ministério da Defesa, na Fruzenskaya. Um firme aperto de mão camaradesco, VT.

6

Marginal Frunze, Moscovo
19 de julho de 1962

Tokarev arrastou-se até ao *Moskvich* de Vasin, empurrou o puxador da porta com um movimento experiente da anca e entrou.

— Tome.

A velha pasta de cabedal que Tokarev segurava nos seus braços de plástico tinha marcas de dentes nas correias. Vasin abriu-a e tirou um dossiê fininho. A capa de cartolina também tinha uma marca de dentes — muito delicada, só num canto, mas inconfundível. Era o equivalente a uma impressão digital de Tokarev.

— Vai ficar a olhar?

Um resumo do dossiê de Sofia Guzman, evidentemente escrito por Tokarev numa gatafunhada bizarra e enorme. Pais: Rafael e María Guzmán, membros do Partido Comunista de Espanha. Criada num orfanato nos arredores de Moscovo depois de chegar à URSS, em 1938, com seis anos. Formada no Instituto Militar de

Línguas Estrangeiras, em Moscovo — a escola de etiqueta da GRU para os operacionais do serviço estrangeiro —, em 1953, com um diploma de Estrela Vermelha. Tradutora no Ministério da Defesa desde essa altura. Fluente em espanhol, francês e russo, mencionada por serviços exemplares em 1960.

— Chegou à URSS sozinha e órfã? Que aconteceu aos pais?

— Os comunistas espanhóis enviavam os filhos para a URSS para os manterem a salvo da guerra civil, a convite do camarada Estaline. Vieram aos milhares. A maior parte regressou a Espanha depois da morte de Estaline.

— Então não era órfã?

Tokarev encolheu os ombros.

— De uma maneira ou outra, acho que agora é.

Vasin virou a página. Uma lista das missões de Sofia Guzman em vários departamentos que lidavam com países de língua espanhola. A última entrada estava datada de havia quase três meses. «22 de abril de 1962: adstrita à Operação Anadyr com segurança Grau III.»

— Que é...

— A Operação Anadyr? Boa pergunta. Numa palavra: Cuba. Em duas palavras: grande e secreta. Devia ter visto as caras deles quando perguntei. Porque pergunta, major? Quem é que anda a falar na Anadyr, major? Percebi a mensagem: não te metas nesta merda. Só lhe sei dizer que, em março, foi atribuído um prédio à Operação Anadyr, perto do Estado-Maior, na Alameda Gogolevsky. Correram com um departamento inteiro para os alojar. E posso dizer-lhe que têm andado a recrutar gente como se fosse a época das colheitas numa quinta coletiva. Centenas de oficiais, pelo menos. Todos os falantes de espanhol do Aquário receberam guia de marcha. E tem tudo que ver com Cuba, Cuba, Cuba. Não sei exatamente o *que* andam a fazer na fraterna Cuba socialista — não me pergunte. Mas se o seu espião anda de volta da Sofia, é porque está interessado na Anadyr. Ou então quer comer uma febra espanhola.

Vasin dobrou os apontamentos e devolveu a pasta a Tokarev. O velho major cumprimentou-o com a cabeça e usou o cotovelo para abrir a porta do carro.

— Tokarev...

— Se eu ouvir mais alguma coisa sobre a Anadyr ou sobre Cuba ou sobre a Sofia, devo dizer-lhe? Sim, repito, não.

A porta fechou-se com um estrondo.

7

Marginal Maurice Thorez, Moscovo
21 de julho de 1962

O terminal dos *ferries*, perto do Teatro Estrada, estava cheio de turistas. Vasin avançou pelo meio de uma multidão de homens bronzeados com chapéus de abas reviradas e de mulheres com vestidos de algodão garridos. Vasin viu Vadim Kuznetsov sentado num muro baixo de granito a abanar-se com irritação com um panamá de abas largas — com o seu luxuoso fato estrangeiro, parecia uma caricatura de um capitalista.

— Vadim! Queres um gelado?

Kuznetsov saltou do muro, limpou o fundo das calças e olhou severamente para Vasin.

— Ah. Meu velho e importante amigo Aleksandr Vasin. Logo quando eu julgava que me faltava excitação na vida, apareces tu, ao telefone! Descobriste que eu estava em Moscovo e onde me encontrar. Só os verdadeiros camaradas se dão a tanto trabalho para desentocarem os seus velhos amigos. Sinto-me honrado.

— Senti a tua falta, Kuznetsov. Tive sorte em apanhar-te aqui, na nossa gloriosa Pátria Socialista, mais nada. Como são os trópicos?

— Os trópicos são... tropicais. Suponho que estás à espera de que eu te agradeça pelo meu destacamento para a fraterna Cuba?

— Meu amigo — tu *mereceste* a comissão.

Kuznetsov revirou os olhos.

— Vasin, alguma vez te disse que não és boa rês?

— Não me lembro, não. Anda, o barco parte daqui a cinco minutos.

— O *barco*?

— Vamos fazer um cruzeiro fluvial. Comprei bilhetes.

— Estás a meter-me num raio duma *barcaça* para eu não poder fugir ao favor abominável que me vais pedir? Acertei?

Ouviu-se a buzina do esguio iate branco. Vasin riu-se e puxou o seu camarada numa corrida para a prancha de embarque.

Sentaram-se no convés superior. Um grupo de operárias da Ásia Central, com lenços nas cabeças, tagarelou excitadamente ao lado deles enquanto o barco entrou na corrente do rio Moscovo e rumou a oriente, em direção ao Kremlin.

— Vais-me contar a tua nova e exótica missão? Estou muito interessado na tua vida glamorosa nas Caraíbas.

Kuznetsov passou a mão pelo cabelo, que começava a escassear, e gemeu.

— Lá vamos nós outra vez. O Programa Quem, O Quê, Porquê, Quando e Onde, apresentado esta noite pelo major Aleksandr Vasin.

— Para ti, companheiro, é tenente-coronel.

— Melhor ainda. Agora até és meu superior. Importas-te de me dares espaço para eu saltar para o rio?

— Não faças isso. Temos de salvar a Pátria.

— Outra vez. Porque é que estou a pensar que me vou arrepender de ter vindo aqui?

— Não vais. Prometo. Então não me queres falar de Cuba. Eu percebo. Mas deixa-me dizer-te porque é que estou a perguntar.

— É para responder só sim ou sim? Olha que eu já estive neste programa.

— Muito engraçado. Escuta. Estou à frente de uma operação de contraespionagem. Pensamos que um oficial superior do Aquário anda a espiar por conta dos ianques. E tem andado a meter o nariz na Operação Anadyr. De facto, pensamos que ele recrutou um agente *dentro* da Operação Anadyr.

Kuznetsov virou-se como que para bloquear as palavras de Vasin com o seu corpo robusto.

— Mãe de *Cristo*. — Quando Kuznetsov se virou finalmente para Vasin, já não havia frivolidade na sua voz, que se tornou um murmúrio premente. — E porque é que não dão o alerta? Por canais oficiais? Que tem isso...

— Que ver contigo? É simples. Não podemos correr o risco de alertar o nosso homem. Não te posso dizer exatamente porquê, mas posso dizer-te que desconfiamos que talvez ele esteja a ser protegido. Por um colega ainda mais graduado do Aquário. Por isso, nada de alertas. Ainda não.

— Não. Não, não, não. Não digas mais nada, vou-me embora.

Vasin pôs um braço firme no braço do seu antigo controlador, impedindo-o de se levantar do banco pintado de branco.

— Ouve. Preciso de saber de alguém em quem confio, um amigo, o que se passa exatamente com a Anadyr. Com Cuba.

— Então, porra, encontra um amigo que te possa dizer. Eu não sou teu amigo.

O olhar de Kuznetsov era hostil.

— Escuta. Vadim, se eu não apanhar este homem, estou destinado a uma mina de urânio em Magadan. E sim — tu *és* meu amigo. Confiaste em mim. Já me ajudaste antes. E agora eu preciso de saber o que é que o nosso espião procura. Que informações está a tentar passar aos americanos. Porque preciso de lhe montar uma armadilha. E não posso fazer isso às cegas. Por favor. Isto não é uma coisa minha. Trata-se da segurança nacional. É oficial.

Kuznetsov ergueu um sobrolho e levantou uma mão para um arranha-céus na Marginal Kotelnicheskaya, que parecia um bolo de casamento.

— Ah! Então isto é uma reunião *oficial*, é isso? No teu novo gabinete móvel?

Vasin olhou para os prédios de apartamentos recém-construídos na margem.

— Vadim. Peço-te. Não me obrigues...

— A fazer isto à maneira difícil? Era isso que ias dizer?

A tez de Kuznetsov escureceu, tinha a fúria estampada no rosto.

— Sim, velho amigo. É isso mesmo. Não te esqueças de que eu trabalho nos Casos Especiais. A unidade que te destacou para Cuba é chefiada por um monstro. Um monstro do caralho, Vadim.

O general Orlov vai desfazer-me. E vai desfazer-te a ti também se eu lhe disser que não cooperaste. Por favor. Ajuda-me. Ajuda-te a ti próprio. Faz do Orlov um amigo.

— Passando-te informações ultrassecretas?

— Nós estamos do mesmo lado, Vadim.

— Estás sempre a dizer-me isso. A última vez foi antes de matares a tiro um coronel da Força Aérea soviética.

— Que era um espião americano. Este é pior.

A mão de Vasin estava a apertar o ombro de Kuznetsov com força, mas ele abriu-a. Kuznetsov expirou profundamente.

— Já percebo porque é que te promoveram, Vasin. Eu tinha-me esquecido de que tu és um cara de cu implacável.

— Eu *trabalho* para um cara de cu implacável, Kuznetsov. Peço-te, como amigo...

— Para com essa treta do «amigo». Está bem. Queres saber o que se passa com Cuba? O governo soviético está a preparar-se para instalar mísseis nucleares em Cuba. Em segredo. Pronto. Contente?

— Quando? Agora?

— Já lá temos milhares de especialistas para prepararem os locais de lançamento. A liderança está em conversações com os cubanos para obter autorização para enviar os mísseis. É por isso que o Raúl Castro vem a Moscovo esta semana. Conheces? É o irmão do Fidel.

— Já ouvi falar no Raúl Castro. Mas porque é que estamos a fazer isto? A enviar mísseis nucleares para Cuba?

— Porquê? Não tenho estatuto para saber isso, Vasin. Sei tanto como tu.

— É para proteger o Castro?

— Talvez. Os ianques já tentaram invadir Cuba, se bem te lembras. Não correu bem. Mandaram um bando de exilados cubanos exaltados que se deixaram massacrar.

— E que achas tu que os americanos vão fazer quando descobrirem os mísseis? Invadir outra vez? Ou algo pior?

A voz de Kuznetsov encheu-se de sarcasmo.

— Bem, suponho que o jovem presidente Kennedy não vai ficar muito contente connosco. Nem com o Fidel. Talvez até acabe por se zangar. Porquê? Estás a pensar contar-lhe?

— E se... o meu espião conta aos americanos? Antes de o prendermos?

Kuznetsov sentou-se no banco e abanou a cabeça.

— Vasin? Para de falar. Não me digas mais nada. Para. Para.

Ficaram sentados em silêncio durante algum tempo. As usbeques tinham-se fartado de atirar bocados de pão às gaivotas e começaram a passear pelo convés em grupinhos tagarelas. Na eclusa do início do Canal Moscovo–Volga, o barco virou a meio do canal e rumou ao Terminal Norte para acostar. Kuznetsov levantou-se e ajustou o seu elegante panamá.

— Vou sair aqui. Mas digo-te uma coisa de graça, Vasin. Se andas realmente atrás de um espião, apanha-o. Já. Não sei que razões tens para adiares, e *não* quero saber, mas não são mais importantes do que a Anadyr. Apanha-o, caralho.

— Só mais um favor, Vadim.

— Que merda de hábito o teu, Sasha. Um favor, mais um favor...

— Preciso de encontrar uma mulher. Trabalha na Operação Anadyr. Um encontro social.

— Mas não para fins sociais.

— Não, Vadim, não é para fins sociais. Tenho de a fisgar. E depressa. Chama-se Sofia Guzman.

8

Kremlin, Moscovo
24 de julho de 1962

O Palácio dos Congressos estava apinhado com a nata da elite militar e política soviética. O novíssimo interior modernista encontrava-se iluminado com candelabros de cristal com dois andares de altura e o salão das receções estava cheio de filas de mesas com toalhas brancas carregadas de luxos importados — bananas, ananases e outros frutos tropicais. Uma fileira de *barmen* misturava um sem-fim de coquetéis de rum e o ar tresandava ao fumo de charutos cubanos Upmann.

Vasin, que tinha mandado fazer um uniforme no alfaiate militar próximo da residência de Orlov, na Avenida Kutuzov, viu-se num dos espelhos que iam do chão ao teto. Estava uma merda. Eram a camisa moderna e a gravata de clipe que tinham substituído o casaco com o colarinho alto, calças simples em vez de calças de montar e botas altas, e uma jaqueta com lapelas demasiado grandes. Vasin parecia um burocrata patético. E, ao contrário de quase todos os outros presentes no salão, Vasin não tinha medalhas ao peito.

Vasin viu Kuznetsov enfiado numa farda demasiado apertada, mas quando lhe acenou, o seu velho amigo limitou-se a olhar e a fazer um sinal com a cabeça na direção do bufete.

Sofia Guzman estava rodeada de um grupo de jovens cubanos. Vasin nunca tinha visto gente com um ar tão saudável e vital. Tinham uma pele de bronze e usavam uniformes de combate impecavelmente passados e lenços vermelhos ao pescoço. Muitos tinham barba numa imitação do seu líder, Fidel Castro, e do irmão, Raúl — que estava obviamente a ser festejado à parte, por Khrushchev. Os cubanos vestidos à civil eram ainda mais incrivelmente glamorosos nos seus elegantes fatos de algodão com ombros largos e lapelas com insígnias revolucionárias vermelhas. Em comparação, os soviéticos, mesmo com os seus esplêndidos uniformes de cerimónia, pareciam demasiado vestidos, gordos e pálidos. Meu Deus, pensou Vasin, precisamos mesmo de apanhar mais sol.

Sofia estava a conversar num espanhol gutural em cinco direções diferentes. Os seus admiradores passavam-lhe bebidas e comida. Um coronel das Forças Armadas Revolucionárias Cubanas roubou atrevidamente uma orquídea de uma mesa e meteu-lha atrás da orelha à guisa de namorico. Até o verde sem graça do uniforme do Exército soviético parecia glamoroso na figura bem-feita de Sofia.

Não havia outro remédio. Vasin tonificou-se com um trago de rum tirado da bandeja de um criado que ia a passar e abriu caminho pela multidão até ao círculo em torno de Sofia. Vasin meteu-se entre dois jovens oficiais cubanos e atraiu a atenção de Sofia por uma fração de segundo, mas foi envolvido por um braço musculoso.

— Compadre! À amizade entre as nações! — Um cubano embriagado pregou-lhe uma beijoca peluda na bochecha. Sofia deixou de olhar para Vasin e voltou à sua conversa animada.

Vasin só voltou a apanhar Sofia na bicha para a saída, onde cubanas bonitas com blusas militares e boinas pretas estavam a distribuir caixas de charutos aos homens e ramos de cravos às mulheres.

— Tenente! Passei a noite inteira a tentar apanhá-la. Sofia Rafaelovna, correto?

Os olhos negros e duros de Sofia fixaram-se nas estrelas de tenente-coronel de Vasin e nas insígnias da espada e escudo do KGB nas lapelas.

— Correto, tenente-coronel.

— O meu nome é Vasin. Aleksandr. Posso acompanhá-la?

Ela ficou rígida como se estivesse em sentido.

— Que pretende de mim, coronel? E como é que sabe o meu nome?

— Só quero conversar, tenente. Fazer-lhe uma ou duas perguntas.

Sofia pareceu ver alguém atrás de Vasin, e levantou um braço em cumprimento.

— Estou sempre pronta para ajudar as forças da segurança do Estado da nossa grande Pátria Soviética, coronel... Vasin? Tenho a certeza de que sabe onde me encontrar. Através de canais oficiais.

Um homem mais velho, imponente e musculoso, com o uniforme de major-general das Forças Especiais, apareceu ao lado de Sofia. Trajava um uniforme de combate com a gola desabotoada sobre uma camisa às riscas, e uma boina em vez de um boné de oficial. Só um cara de cu das Forças de Operações Especiais da GRU — os Spetsnaz — aparecia numa receção no Kremlin vestido para uma operação de comandos.

— Vamos, camarada tenente?

O general lançou um olhar breve e desdenhoso a Vasin e conduziu Sofia para a mesa onde estavam a distribuir os cravos. Vasin praguejou baixinho. O companheiro de Sofia segurou-lhe cortesmente na porta dupla e ela saiu airosamente de cabeça erguida.

Vasin não tinha dúvidas de que ela iria ser difícil de recrutar. Altiva. Um olhar de aço. Uma posição sólida na GRU, a única instituição da União Soviética onde o KGB não podia interferir na carreira dela. Sem família, logo, difícil de ameaçar. E Vasin tinha de lhe pedir para atuar contra um dos seus — e em nome do *kontora*. Ainda mais difícil.

Para a fisgar, ele necessitaria de pressão. De muita pressão.

9

Base Naval de Severomorsk
25 de julho de 1962

Nem o cheiro a soldadura abafava completamente o fedor profundo e humano do submarino. Arkhipov saiu da escuridão e da confusão do interior pela escotilha a vante para a estreita coberta da proa do seu novo submarino — ou mais exatamente, do navio-almirante da esquadrilha por ele comandada: o B-59, um dos caçadores de submarinos *diesel*-elétricos mais recentes, navios rápidos e fiáveis. E sem reator nuclear para o encher de veneno.

Para além da doca congestionada, as colinas baixas que rodeiam Severomorsk estavam cobertas de efémeras flores silvestres do verão ártico. Arkhipov trajava um fato-macaco de engenheiro desabotoado na cintura, e tinha a pele escaldada do sol. À sua volta, no estreito convés, estava um grupo de engenheiros dos sistemas de armas debruçados sobre papéis e a gritarem ordens aos marinheiros que estavam em baixo.

Estavam na doca a carregar torpedos através de escotilhas na proa e na popa. As escotilhas eram mais curtas do que os torpedos, que tinham de entrar na diagonal para deslizarem para os berços. Era um processo enervante — Timofey, o velho amigo de Arkhipov, tinha dito a brincar que era como enfiar salsichas numa picadora. Uma grua levantou um torpedo T-5, o maior petardo do arsenal soviético. O tubo negro tinha meio metro de largura e quase seis metros de comprimento. Somente as duas hélices de liga metálica reluziram quando o torpedo foi erguido durante os poucos minutos da sua existência no ar e ao sol.

— Comandante!

Arkhipov semicerrou os olhos por causa do sol, que começava a descer. Um homem mais velho com o uniforme de trabalho de contra-almirante acenou do cais.

— Camarada almirante Smirnov! A que devemos esta honra?

Arkhipov desceu a prancha de embarque e apertou calorosamente a mão ao seu antigo superior.

— Vasily. Estás com bom ar. Não te via desde aquela coisa...

— E estou bem de saúde? Parece que sim, segundo os médicos. Por enquanto.

— Nasceste com sorte. Sabes, eu disse-lhes que deviam ter feito ensaios de corrosão extrema nos reatores antes de enviarem gente para o mar.

— Como está o K-19?

— Dizem que está limpo. Reconstruíram as máquinas todas. Não tarda, vai voltar ao ataque.

— Suponho que não se trata de uma visita social?

— Não. Eu quis transmitir-te pessoalmente as tuas ordens. É uma patrulha para exercícios de disparo de torpedos, na semana que vem. Um passeio pelas traseiras. A tua esquadrilha inteira, os quatro submarinos.

— Exercícios com torpedos? Para nos testar a nós ou aos torpedos?

Smirnov tocou com um dedo no peito do seu subalterno.

— Foste sempre um tipo inteligente. O Almirantado precisa de ter a certeza de que as comunicações da tua esquadrilha estão operacionais. Exercícios de grupo. Exercícios de tiro de torpedos a longo alcance. Não querem correr riscos.

— Correr riscos com o quê?

— Com uma arma nova, Vasily. Os crânios da ciência querem reunir-se contigo e com os outros oficiais superiores. Amanhã, no quartel-general da Esquadra do Norte. — Smirnov inclinou-se para a frente e confidenciou: — Eu disse-lhes que tu eras o melhor para a missão, Vasily. Não tenho problemas em dizer-te que houve quem achasse que não. Mas eu disse: «O Arkhipov é o nosso homem. Tem coragem. Tem cabeça. Tem experiência.» Vais sair-te bem.

— Almirante!

Arkhipov pôs-se em sentido e fez continência ao seu antigo chefe, que retribuiu a saudação com um floreado. Ao seguir Smirnov pela escotilha, Arkhipov sentiu um aperto nos intestinos.

Novo torpedo. Longo alcance. Potente. Só podia significar uma coisa. Era um dos novos torpedos *nucleares*.

Afinal, Arkhipov ia para o mar com Satã a bordo.

PARTE DOIS

SATÃ NUMA LATA

Ele deve sentir a sua superioridade sobre o inimigo,
deve conhecer o inimigo melhor do que se conhece a si próprio.
Esta é a garantia da vitória.

— *Instruções Essenciais para Oficiais das Informações,*
SEGUNDA EDIÇÃO, 1958

1

Base Naval de Severomorsk
29 de julho de 1962

O auditório estava abafado por causa do calor emanado pelo enorme projetor. Dos vinte homens presentes, metade trajava a farda azul-escura da Marinha, os outros estavam vestidos à civil. Vasily Arkhipov olhou para os rostos cansados dos seus camaradas, os comandantes da sua esquadrilha e respetivos imediatos, e dois extras.

Savitsky e Manuilov do B-59. Shumkov e Krivitsky do B-130. Dubivko e Gendin do B-36. E o par mais jovem, Ketov e Rilsky do B-4. Arkhipov conhecia-os, com a exceção dos dois jovens, de exercícios de esquadra, do colégio do Estado-Maior e da academia naval. O mundo dos comandantes de submarinos era uma aldeia grande.

— E assim, camaradas oficiais, chegamos ao nosso quinto e último conjunto de tipificações de detonações com base nos testes subaquáticos do protótipo Korall, hoje designado torpedo Tipo 53-58.

O orador, um técnico magricelas com óculos, levantou nervosamente os olhos dos seus apontamentos para verificar se os presentes estavam atentos.

— Podemos ver o filme, professor? Parece que estamos num forno.

A voz do capitão Savitsky foi o grunhido irritado de um homem habituado a comandar. O instrutor — um funcionário do Ministério da Construção de Maquinaria Média — deu o lugar ao seu superior numa confusão de papéis caídos. O homem tinha aparecido à tarde, com malas transportadas por quatro polícias militares. Era alto e de ombros largos, com um porte militar apesar de estar vestido à civil. Não se deu ao trabalho de se apresentar.

— Camaradas comandantes. Vejo que estão cansados. Ou mesmo enfastiados.

O tom severo do homem levou os oficiais a endireitarem-se nas cadeiras.

— Nos últimos três dias, ouviram palestras sobre a formação da esquadrilha. Sobre como se manterem a par das posições uns dos outros quando se prepararem para usar a Arma Especial. Sobre distâncias de segurança mínima e sobre a deteção dos alvos a longa distância. Mas não vos mostraram, camaradas, a capacidade da Arma Especial.

O orador olhou para os presentes um a um.

— Todos vocês dispararam torpedos. O T-15, em particular, obviamente. E qual é a carga explosiva de um torpedo T-5 convencional, camaradas? Quatrocentos quilos de explosivos. E a potência explosiva de um Tipo 53-58 nuclear? Quatro vírgula cinco quilotoneladas, ou seja, quatro mil e quinhentos quilos. É apenas um número. Um número inconcebível. Mas agora, vão ver o que é esta potência explosiva na prática.

Os dois polícias militares que tinham estado a colocar bobinas no projetor fizeram sinal de que estavam prontos.

— Pois bem, Camaradas. 10 de outubro de 1957, ao largo de Novaya Zemlya. O submarino S-144 vai realizar um exercício de disparo de um T-5 nuclear a partir de vinte metros de profundidade, com o alvo a dez quilómetros de distância.

Surgiu no ecrã uma imagem filmada de um avião a voar em círculos lentos. Uma grande baía, com pequenos gelos flutuantes e três submarinos à superfície numa espécie de formação em linha.

— S-20, S-34 e S-19, submarinos abatidos ao efetivo da Marinha. São os alvos do exercício.

— O velhinho S-20! Tive instrução a bordo! — O murmúrio alto de Krivitsky foi de indignação. — Cabrões, usaram-no para tiro ao alvo.

— O submarino que vai disparar não surge na imagem — prosseguiu o orador. — Está obviamente submerso, a uma distância segura dos alvos. Para não comprometer o exercício, foram previamente informados do alcance do torpedo e da posição do alvo...

— Para não atirarem o petardo na direção errada — interrompeu Savitsky, e os oficiais menos graduados riram-se nervosamente.

O orador voltou a ignorar a interrupção e o filme continuou a zunir.

— Em condições de combate, camaradas, é evidente que não vão ter o luxo de um rumo e de uma distância predeterminados. Observem, por favor. A vinte metros de profundidade, o torpedo não é visível a partir da superfície. Mas esperem. Esperem...

A detonação foi completamente inesperada, um círculo branco que se espalhou com uma velocidade infernal pela água, engolfando os três submarinos. O mar pareceu erguer-se como uma erupção vulcânica transformada numa coluna de água. Uma vaga gigantesca colidiu com as margens da baía e ricocheteou com a mesma força para o ponto onde os submarinos tinham estado: dois desapareceram e o terceiro estava capotado e semiafundado.

— *Figa'se...* — murmurou Ketov. — Porra...

Arkhipov olhou para os seus camaradas. A maior parte tinha as mãos na cara e os olhos presos ao ecrã. Apenas Savitsky parecia entusiasmado, com um sorriso sinistro estampado no rosto.

— *Nu chto? Kruto, ryabyata! Ura!* — A voz de Savitsky ecoou pela sala. — Fixe, não é, malta? Hurra!

Do avião que voava em círculos a dois mil metros da água, a Baía Mityushikha parecia uma banheira de criança atravessada por ondas furiosas, e os submarinos tinham sido engolidos como barquinhos de papel.

— Os sensores recuperados do casco do S-20 estavam esmagados, não foi possível lê-los — continuou o orador —, mas os do S-34 indicaram uma pressão de quatrocentas atmosferas. Não preciso de vos recordar de que a cota de implosão desta classe de submarino é de trinta atmosferas. O S-19, como podem ver, era o que estava mais longe da detonação e com a popa para a onda. Ficou criticamente danificado. Seis dos nove compartimentos sofreram rombos, mas o submarino manteve ar suficiente nos tanques para não se afundar.

A filmagem aérea chegou ao fim e foi substituída por um panorama da doca seca de Severomorsk, banhada ma luz de projetores. Viam-se os destroços de um submarino que parecia ter sido esborrachado por uma bota colossal. A escotilha da torre tinha-se aberto como a tampa de uma lata e a maior parte das chapas fora arrancada do cavername, deixando à mostra um intestino de tubos e cabos emaranhados.

— Aqui são os destroços do S-34. Podem ver os danos catastróficos que sofreu. E aqui é o que resta do S-20.

Ketov tapou os olhos. A firmeza da voz do orador parecia um insulto à soma dos medos de todos os submarinistas: um navio esmagado. As luzes acenderam-se e Arkhipov foi o primeiro a quebrar o silêncio tenso.

— Camarada professor, diga-me: o que acontece aos marinheiros que sobrevivem à primeira onda da detonação? Ficam na água? Depois de uma detonação assim, o mar fica... contaminado com radiação?

O instrutor olhou para os seus apontamentos, mas não estava a lê-los.

— Comandante... Arkhipov?

— Correto.

— Imediato do K-19.

— Correto.

— Os meus cumprimentos pelo seu sacrifício. Respondendo à sua pergunta: sim. Sim, a água torna-se radioativa. Altamente radioativa.

Arkhipov sentiu o suor gelar subitamente debaixo do uniforme.

2

Avenida Marx, Moscovo
30 de julho de 1962

Na larga avenida em frente do Hotel Nacional, Vasin parou o seu pequeno *Moskvich* entre uma multidão de viaturas. As cinco faixas da avenida estavam entupidas com camiões do pão e de mercadorias, algumas limusinas oficiais e um mar de automóveis particulares nas únicas cores em que saíam das fábricas soviéticas: creme, azul e preto. Vasin abriu a janela e interpelou o motorista de um ruidoso táxi *Volga* 21.

— O que é que aconteceu?

— *Probka* — respondeu o taxista, sem tirar o cigarro *papiros* da boca. Literalmente: uma rolha. Metaforicamente: um engarrafamento. Vasin nunca tinha ouvido a palavra e muito menos passado por aquilo numa cidade onde só uma em cada cem famílias possuía um automóvel. Mas descrevia bastante bem a massa de veículos à sua frente. Vasin desligou o motor e saiu do carro para ver melhor.

Faixas com bandeiras soviéticas e cubanas emparelhadas ondulavam sob a brisa estival. Na Avenida Marx, a parte lateral de um edifício ministerial tinha um mural recém-pintado com um moreno camarada cubano e um louro operário russo de fato-macaco, caminhando de braço dado rumo ao futuro socialista.

Ouviu-se um uivo de sirenes da polícia do outro lado da colina e um cortejo de limusinas *Chaika* apareceu na Rua Gorky, acompanhado por uma falange de motociclistas. Na esquina, uma multidão de moças colegiais com lacinhos brancos de náilon no cabelo acenou com flores. O cortejo virou à esquerda para o Teatro Bolshoi e desapareceu na direção do Kremlin. Dois polícias de trânsito baixaram os bastões às riscas e rodaram-nos em círculos para puxarem a rolha.

Na Lubyanka, Vasin — novamente atrasado para o trabalho — folheou os jornais do dia. O *Sovietskaya Rossiya* trazia duas páginas com fotos da visita de Estado do camarada Raúl Castro à capital do socialismo internacional. Uma das fotos mostrava Castro a falar animadamente com um grupo de generais. Atrás do distinto visitante, a falar-lhe ao ouvido, estava uma mulher linda de uniforme: Sofia Guzman.

Há muito tempo, as catacumbas da memória por baixo da Lubyanka tinham sido um lugar de revelação e horror para Vasin, a memória coletiva da injustiça e do terror que eram literalmente os pilares do edifício do KGB. Mas agora, enquanto o elevador o conduzia ao terceiro nível da cave, Vasin deu-se conta de que ia entrar no arquivo com um propósito firme. Não como um estranho chocado, mas como um membro da organização com uma missão para cumprir. O poder dos segredos tinha-se tornado o seu poder, e ele tinha de encontrar nas fileiras de lápides algo que lhe desse a chave para Sofia Guzman.

Mas os registos dos quais ele necessitava não estavam lá. O arquivista disse-lhe com sarcasmo: «Guerra Civil de Espanha. Classificado como não essencial» — e foi-se embora. O sangue e a paixão da luta revolucionária de uma nação fraterna tinham sido relegados para uma nota de rodapé na história da luta da União Soviética pela libertação das massas de todo o mundo. Os dossiês dos republicanos espanhóis que tinham combatido e morrido por Estaline — e dos seus filhos — tinham sido relegados para um depósito nos arredores de Moscovo. Onde? Ninguém parecia saber.

— Recorda-me, Vasin, porque é que vamos foçar nos arquivos históricos? — O tom de Orlov era frio e ameaçador, mas sem exageros.

— Porque quero fisgar a Sofia Guzman, general. Ela é o agente do Morozov. Apanhando-a, apanhamos o Morozov.

— Faz sentido.

— Ela pertence à GRU, general. Se a ameaçarmos, pode contar às chefias.

— Ao Serov.

— Exatamente. Precisamos de qualquer coisa para a apanhar. Para a comprometer. Talvez do passado. Só saberei...

— Quando vires? Vasin, eis um plano melhor. Poupa-nos tempo. Descobre o suficiente sobre o passado dela para fabricarmos uma mentira convincente. Algo suficientemente bom para a «intrigar», como dizes com tanto pudor.

Orlov beliscou a cana do nariz, como fazia sempre que tentava lembrar-se de alguma coisa.

— Sim. Fala com o Borovitsky. Ele esteve em Espanha com o NKVD. — O Comissariado do Povo para os Assuntos Internos, o nome do KGB antes da guerra. — Não sobreviveram muitos, mas no fim daquilo tudo o Borovitsky conseguiu esquivar-se a uma bala do *kontora*. Deve ter traído um número suficiente de colegas para salvar a pele. Quando estiveres com ele, pergunta-lhe por mim: como é que ainda estás vivo, Borovitsky?

3

Saltykovka, Região de Moscovo
31 de julho de 1962

A decrépita casa de madeira dos Borovitskys era tão insignificante e estava tão enterrada no mato que nem os residentes do subúrbio de Saltykovka reconheceram a morada. Mas Vasin encontrou o local, meio escondido por detrás de um matagal de jasmim no fim de um jardim negligenciado. Uma velhota com um rabo de cavalo entreabriu a porta. Nina Alexeyevna Borovitskaya parecia ter algo contra o mundo e julgou que Vasin era o representante de todas as espécies de funcionário público que a tinham injustiçado e ignorado.

— A nossa casa já está na lista das renovações, camarada? Andam a dizer-nos há cinco anos que somos prioritários, mas continuamos a levar com isto.

Ela fez um gesto irritado para as janelas em desintegração e para as paredes em aluimento da casa, uma respeitável dacha pré-revolucionária que agora parecia o destroço de um navio encalhado numa praia. O que tinha a legião infindável de avozinhas soviéticas que lhes dava a capacidade de pôr um oficial do KGB em sentido, de obrigar ministros a limparem-lhes timidamente as botas e de mandar a polícia dar uma volta?

Vasin mostrou-lhe delicadamente o cartão vermelho do KGB, como se lhe estivesse a confidenciar um segredo.

— Camarada Borovitskaya, preciso de algumas informações. Sobre uma rapariga trazida de Espanha em 1938.

Naum Abramovich Borovitsky era um velho guerreiro encurvado, com um casaco de malha largueirão e umas calças de fato de treino coçadas. Tinha círculos vermelhos à volta dos olhos e a mão tremia-lhe enquanto lia uma revista antiga. Borovitsky ficou visivelmente abalado com o visitante do *kontora* que lhe transmitiu os cumprimentos do general Orlov.

— Seja lá o que for... não mencione o meu nome, camarada. Por favor.

— Camarada Borovitsky. Ou devo dizer, major Borovitsky? Preciso de falar consigo sobre os transportes das crianças espanholas.

— De Espanha? — Borovitsky pronunciou a palavra como se Vasin tivesse dito «da Lua».

— O major esteve em Barcelona com o NKVD em 38. Fale-me das crianças.

— Mas quais crianças?

Vasin começou a pensar se o homem já estava na segunda infância. Nina Alexeyevna debateu-se momentaneamente entre a cautela e o impulso de ralhar com Vasin pela sua ignorância, mas depois falou.

— Em 1937, depois de os fascistas bombardearem Guernica, o governo republicano organizou um transporte em massa de crianças para locais seguros — parecia que estava a recitar de um guia. — O governo soviético ofereceu refúgio a três mil filhos de republicanos espanhóis até ao fim da guerra civil. As crianças embarcaram em Bilbau, em navios fretados pelo governo republicano basco, e em Barcelona, e rumaram à URSS. Foram alojadas e educadas pelo Estado soviético.

— Em orfanatos?

— Correto.

— E depois regressaram a casa?

— Alguns, sim. Em 56. A maior parte ficou. Porque haveriam de regressar? Não havia nada para eles em Espanha. Que continua a ser, como sabe, um país fascista.

— E os pais?

Nina Alexeyevna encolheu os ombros.

— Morreram quase todos. Mártires da Revolução. Caso contrário, teriam tentado encontrar os filhos, não é?

— E os registos?

— Se os pais eram do PCE, os registos estão algures na União Soviética. Se eram do POUM, obviamente não estão. — Ela apercebeu-se do olhar inexpressivo de Vasin. — PCE. Partido Comunista de Espanha. Leal à Internacional Comunista. Os do POUM eram traidores trotskistas.

— Em Barcelona, algum de vocês conheceu um homem chamado Rafael Guzmán?

Borovitsky debateu-se na velha poltrona como se estivesse preso no estofamento afundado, e olhou de esguelha para Vasin. Os registos dos Casos Especiais tinham dito a Vasin que Borovitsky nascera em 1901 — tinha sessenta e um anos — mas ele parecia vinte anos mais velho.

— Guzmán? — perguntou Borovitsky, respirando com dificuldade. — É um dos apelidos mais comuns em Espanha.

— Mesmo assim.

— E porque devia eu conhecer esse homem?

Vasin recordou o tom defensivo dos seus tempos de detetive policial. Um obstrutor, uma testemunha determinada a não revelar nada, não necessariamente por nenhum motivo de peso.

— Porque estiveram na mesma cidade, do mesmo lado e ao mesmo tempo? Borovitsky, não estou interessado em si nem nessas histórias antigas, quero saber o que aconteceu ao Guzmán.

— Sem conhecer o homem, não lhe consigo dizer nada. Foi morto. Foram todos mortos. Nos últimos combates, em 39. Ou foram capturados e fuzilados. Desapareceram todos. Os nossos velhos camaradas espanhóis. Menos os que sobreviveram e se tornaram colaboracionistas.

Borovitsky começou a fungar como se estivesse comovido. Também era um choramingas. Por amor de Deus...

— Então como é? — Vasin não escondeu a sua irritação. — Mártir ou colaboracionista? Morto ou vivo? Puxe pela cabeça.

Borovitsky ficou quieto, a procurar nas suas recordações, e de repente, lembrou-se.

— Rafael Guzmán. Vice-comissário político da secção de Barcelona da frente da Catalunha. A mulher chamava-se... Maria?

— Parece que sim. Que lhe aconteceu? À família? À filha?

— Tiraram-me as fotografias todas. Tiraram-me os papéis todos quando regressei à União Soviética. Já não me lembro dos pormenores. Foi-se tudo.

Vasin olhou para o teto manchado. A mulher sentou-se num dos braços da poltrona como se o marido não estivesse lá.

— Rafael e Maria? Eu lembro-me deles, coronel. O Rafael trabalhava com o chefe do Naum. A Maria veio ter comigo e perguntou-me como era a vida na URSS. Muitas mulheres perguntaram-me, quando os transportes das crianças estavam a ser organizados. Queriam ficar tranquilas. Eu disse-lhes que era melhor do que em Espanha. Os bombardeamentos estavam a intensificar-se. Os socialistas estavam a perder. Não tinham futuro em Espanha. Elas pensaram que seria por poucos meses, como se fossem enviar os filhos para um campo dos Jovens Pioneiros. Eu garanti-lhes que o camarada Estaline adorava crianças e que lhes proporcionaria uma vida melhor.

— E?

A mulher encolheu os ombros com indiferença.

— Suponho que os Guzmáns enviaram os filhos, como muitos outros fizeram. Os pais talvez tenham fugido para França. Ou mudaram de identidade. Ou foram fuzilados pelo Franco. Ou morreram nos bombardeamentos de Barcelona.

— Alguém mantinha algum registo?

— Depois da guerra, o Partido Comunista de Espanha foi ilegalizado. Os fascistas tinham listas de filiados para prender. Pode perguntar aos fascistas.

A voz dela não tinha sarcasmo, só torpor. Um beco sem saída. Na casa decrépita dos Borovitskys, a indiferença parecia pairar no ar como fumo velho de cigarro. Vasin levantou-se para se ir embora, mas a mulher de Borovitsky pareceu subitamente triste de o ver partir.

— Espere... talvez possa perguntar à Marfa. Marfa Scherbak. Era uma enfermeira, casada com um espanhol. Acompanhou os miúdos nos transportes. Tentou organizar uma espécie de clube para eles. Depois da guerra, organizou alguns reencontros.

Nina Alexeyevna Borovitskaya procurou a morada de Marfa: quinta coletiva Outubro Vermelho, perto de Odintsovo. A uma hora de carro a oeste de Moscovo. Vasin hesitou. A escolha era Odintsovo ou regressar a casa. Ou ao escritório. Na quinta coletiva Outubro Vermelho, havia pelo menos a hipótese ínfima de alguém ficar agradado com a sua presença.

4

Quinta coletiva Outubro Vermelho, Odintsovo, Região de Moscovo
31 de julho de 1962

Marfa Scherbak tinha cabelo fino e cinzento e o rosto devastado de uma alcoólica. Vasin encontrou-a empoleirada num banco no exterior de uma decrépita barraca de trabalhadores nas traseiras do balneário da quinta coletiva, sob os últimos raios do sol, com um frasco de compota cheio da turva cerveja de centeio. Mas o seu rosto enrugado iluminou-se quando Vasin lhe perguntou pelos órfãos.

— *Mis niños!* — disse ela. — Como vê, ainda sei falar espanhol. Os meus meninos!

Ela conduziu-o para o interior de um edifício comprido e baixo que tresandava a couves e a seres humanos imundos, até ao seu quarto, que ela tinha transformado num altar a centenas de infâncias passadas. As paredes estavam cobertas de fotos de crianças, muitas delas sentadas no colo de uma enfermeira jovem e espantosamente bonita num puro uniforme branco. Vasin demorou um bocadinho a perceber que se tratava de Marfa.

— Procuro uma rapariga chamada Sofia Guzman. O dossiê dela só diz que chegou à URSS em fevereiro de 1938.

Vasin sabia que não era muita coisa, mas Estaline costumava dizer: «Deem-me um nome e eu dou-vos um crime.» Um nome e uma data não eram suficientes para desenterrarem uma vida, olhando para o sítio certo? Mas para surpresa de Vasin, Marfa começou imediatamente a tirar caixas de baixo da cama e do cimo do guarda-fatos. Estavam cheias de cartas e postais, uma molhada de correspondência com anos.

— Eu ainda costumava vê-los nas festas, quando eles já estavam crescidos, depois da guerra. Na Páscoa ou no Dia de Reis. Eles tinham-se esquecido daqueles feriados religiosos. Mas o Dia da Revolução. O 1.º de Maio. Ah, divertíamo-nos tanto! — Marfa pegou num molho de fotografias de um grupo de jovens debaixo de uma faixa com uma inscrição em espanhol, com ela ao centro: — Isto foi antes de muitos regressarem a casa. Depois, perdemos o contacto. Eles tinham medo de terem um correspondente na URSS. Por causa do Franco.

A molhada de cartas era inútil para Vasin, a menos que Marfa se lembrasse de Sofia Guzman. Mas o rosto dela ficou inexpressivo.

Marfa semicerrou os olhos, a ponderar se poderia confiar em Vasin.

— Eles deram-me algumas fichas indexadas. Quando escrevi ao Centro de Distribuição Infantil, em Odessa, depois da guerra. Iam deitá-las fora.

De um baú de madeira aos pés da cama incongruentemente bem feita, Marfa tirou duas caixas compridas cheias de cartões e papéis dobrados. Vasin ficou encantado: estavam arquivadas por data.

O documento de identidade que tinha acompanhado a pequena Sofia Guzman na viagem de Espanha para a URSS era um formulário mal mimeografado produzido por um departamento de um governo espanhol em tempo de guerra. Tinha obviamente sido preenchido pelos pais. Marfa traduziu. Pai: Rafael Pablo Fernández de Guzmán Calderón García Iglesias, filiado no PCE desde março de 1930. Tinha sido vice-comissário político da secção de Barcelona da frente da Catalunha, tal como Borovitsky dissera. Mãe: María Dolores Martínez Ruiz, não filiada no Partido. Morada: Ronda de Sant Pere 39, Barcelona, Espanha. Filha: Sofía María Caterina Guzmán — russificado para Sofia Rafaelovna Guzman com o acrescento de um patronímico. A criança fora entregue pelos pais ao cuidado do Socorro Vermelho Internacional até ao fim das hostilidades.

Mas o papel tinha outro nome, de outra criança que estava no mesmo transporte. Vladimir Lenin Guzmán, nascido a 24 de maio de 1934, em Barcelona. O irmão de Sofia, que tinha apenas quatro anos quando fora enviado para um lugar mais seguro. Nas costas do formulário, num garatujado encaracolado, em datas diferentes, estavam os nomes dos orfanatos que tinham acolhido as crianças. O de Sofia era em Solikamsk, nos Urais. O de Vladimir era em Donetsk, na Ucrânia.

Tinham sido separados à chegada.

— Que vai fazer com estas informações, camarada coronel? — O rosto macilento de Marfa estava enrugado com uma preocupação protetora. — Ela está bem? Ou está com problemas?

Vasin não respondeu logo. Voltou a olhar para o papel fininho. As garatujas pareciam anzóis minúsculos.

5

Quartel-general do KGB, Moscovo
1 de agosto de 1962

Vasin estava prestes a sair do seu abafado gabinete na Lubyanka quando o telefone começou a tocar com insistência. Uma chamada de fora. Mas ninguém sabia o número, a não ser a administração do *kontora*. Ninguém, exceto...

— Sasha. Sou eu.

A voz sensual de Katya, a mulher do general Orlov. Ex-amante de Vasin. A sedutora que tinha espetado o anzol do marido no fundo da garganta de Vasin.

— Temos de nos encontrar. Esta tarde.

— Tenho escolha?

Katya ignorou a petulância de Vasin e indicou o lugar e a hora.

Katya atravessou o salão apinhado do Café Praga com o aspeto de uma verdadeira aristocrata do Partido. A sua figura espartilhada estava enfiada num fato de *tweed* azul berrante, e ela tinha um chapéu de palha elegantemente enorme que uma mulher muito mais jovem teria dificuldade em usar. Tinha pinturas de guerra, com os lábios a brilharem de escarlate.

— Sasha. Estás com bom ar. Não nos vemos há tanto tempo. Diz-me, o Orlov fez-te feliz? Ele prometeu que te faria feliz.

Orlov, o distribuidor de felicidade. O sol do universo deles, em torno do qual tudo tinha de girar — mas a diferentes distâncias e velocidades. Vasin pensou no seu novo apartamento, no seu novo carro — o pequenino e trepidante *Moskvich*. Pensou na partida de Nikita para o campo dos Jovens Pioneiros, em Artek, o paraíso da Crimeia para crianças de excecional mérito ou pelo menos com bons contactos. Pensou na trégua fria com Vera desde o seu regresso de Arzamas, sustentada com algumas promessas, ou talvez mesmo ameaças, do *kontora*. Ou se calhar, tanto quanto Vasin sabia, da própria Katya.

— Estou feliz, Katya. Obrigado. Estamos todos muito felizes.

Ela olhou-o durante muito tempo e apertou as mãos fechadas dele no outro lado da mesa de mármore.

— Ele gosta de ti. Ele confia em ti. Confia nele.

— Foi o Orlov que te mandou dizer isso?

Katya não ligou ao tom de desafio de Vasin.

— Não, Sasha. Ele gosta de ti porque eu gostei de ti.

— Escolheste-me, como se eu fosse um vestido? Experimentaste-me para ver se te ficava bem?

Vasin sabia que estava a ser mal-educado, mas era mais forte do que ele.

— Meu querido. Só te estou a dizer quem são os teus amigos.

Sem olhar para trás, Katya levantou uma mão para chamar o chefe de mesa, que apareceu instantaneamente ao seu lado.

— Sasha, tens de experimentar o bolo de leite de pássaro.

Foi uma ordem. Vasin permaneceu em silêncio enquanto os criados se atarefavam à volta deles com cafeteiras e pratos com sobremesas pegajosas.

— És minha amiga, Katya?

— É claro que sou, Sasha.

— Então tens de me fazer um favor.

Katya olhou de esguelha para Vasin.

— Bem me parecia, querido.

— Preciso que tenhas os ouvidos bem abertos. Quando os amigos mandachuvas do Orlov forem jantar a tua casa. Quando estiveres a conversar com as mulheres deles. Preciso que descubras tudo o que puderes sobre Cuba.

— Sobre Cuba? Porquê?

— Sobre o que andamos lá a fazer. E porquê.

— Oh, querido. E que achas *tu* que lá andamos a fazer, Sasha?

— Algo... imprudente. E ainda outra coisa.

— Dois favores. Diz lá.

— Qual é a história entre o teu marido e o Ivan Serov?

— Odeiam-se. Suponho que já sabias isso. E talvez haja uma história, como dizes, mas não sei qual é.

— Consegues descobrir?

Katya endireitou-se na cadeira e bebeu um gole de café.

— Meu querido Sasha. Andas a ignorar-me há meses e, quando te convido para sair, inundas-me com pedidos. E nem sequer dizes por favor. Eras tão cavalheiro. Tão atento às necessidades de uma senhora.

Ao dizer a última frase, Katya inclinou-se sedutoramente para a frente. Vasin lutou contra o instinto de se encolher quando ela se aproximou, ao cheirar o perfume doce dela.

— Perdoa-me, Katya, por favor.

6

Quartel-general do KGB, Moscovo
3 de agosto de 1962

Às vezes, a verdade escondia-se à vista de todos. Vladimir Lenin Guzman, órfão espanhol, não constava do arquivo colossal do KGB: nenhuma denúncia, nenhum relatório, nenhuma detenção. No entanto, o humilde arquivo da ZAGS, a conservatória do registo civil, rendeu um pequeno número de fichas. A emissão de um passaporte para Guzman, de dezasseis anos, aluno do Instituto Técnico Geral, em Dnipropetrovsk, na República Socialista Soviética da Ucrânia. E, seis anos depois, em 1956, a emissão de um passaporte para deslocações ao estrangeiro. Muitíssimo invulgar. As viagens ao estrangeiro eram um luxo geralmente reservado aos quadros do Partido.

Uma deslocação ao arquivo do Ministério dos Negócios Estrangeiros, na Marginal Smolenskaya, rendeu o pedido de um visto de saída. O patrocinador da viagem fora a embaixada do Reino de Espanha. O documento fora emitido e Guzman saíra da URSS. Tal como Nina Alexeyevna dissera, algumas crianças espanholas tinham regressado à sua pátria depois da morte de Estaline. O registo mostrava que Vladimir Guzman tinha partido num paquete do porto de Leninegrado no dia 2 de setembro de 1956, com destino a Bilbau. Nunca regressou.

O arquivo do Ministério dos Negócios Estrangeiros continha um último documento, o pedido de renovação do passaporte soviético de Guzman, em 1959. Os olhos de Vasin arregalaram-se à medida que ele foi lendo. O pedido fora entregue no consulado-geral soviético em Nova Iorque. Guzman tinha dado como morada 2571 SW Eighth Street, Miami, Florida.

Sofia Guzman — uma oficial soviética com estatuto de segurança, tradutora de documentação secreta e intérprete ocasional de Raúl Castro — tinha um irmão a viver na América.

— *Vladimir Lenin* Guzman? A sério? — Orlov tirou os olhos do relatório de Vasin com um sorriso raro. — Ela sabe?

— Quase de certeza que não, general. E o Ministério da Defesa também não. Se as autoridades soubessem da emigração do irmão para os Estados Unidos, ela nunca teria sido aprovada pela segurança. Parece que é um apelido comum. Eles foram separados pouco depois de chegarem a Odessa, em 38, por isso, nunca ninguém os ligou.

— Até que tu os ligaste. Apanhámo-la, Vasin. Bom trabalho. — Orlov sorriu como uma criança ao examinar a fotografia ampliada do pedido do passaporte de Guzman. — E o que anda o nosso Vladimir Lénine espanhol a tramar ao sol da Florida?

— Para isso, general, teremos de fazer um pedido oficial à Primeira Direção-Geral.

O sorriso de Orlov desapareceu. A Primeira Direção-Geral — o poderoso departamento do *kontora* com autoridade exclusiva sobre todas as operações do KGB no estrangeiro. A testa do general franziu-se momentaneamente enquanto ele avaliava o custo de pedir um favor a outro departamento do KGB.

— Ou... — prosseguiu Vasin, depois de uma pausa cuidadosamente calibrada. Estaria ele a aprender finalmente a jogar o jogo de Orlov? — Talvez eu possa usar os meus canais privados. Pedir a um velho camarada de Arzamas-16. Um homem do *kontora*, é claro. Está em dívida para connosco.

Orlov acenou lentamente com a cabeça.

— Faz isso. Mas, entretanto, trá-la cá. Tens o suficiente para a fisgares. Põe-a a trabalhar contra o Morozov. Já.

7

Quartel-general do KGB, Moscovo
3 de agosto de 1962

Pushkov, o velho brutamontes, uma presença imponente no seu fato amarrotado, estava sentado à direita de Vasin. Nadezhdin estava sentado à frente, a suar profusamente no abafado gabinete de Vasin. Na mesa, havia uma confusão de cinzeiros a transbordar, fotografias de vigilância, transcrições de telefonemas e relatórios de vigilantes.

— Trazemo-la à força. — Pushkov falou com autoridade. Todos os presentes sabiam que ele tinha passado anos a caçar agentes soviéticos renegados. A apanhá-los. A matá-los. — Tiramo-la já da rua. Só a largamos quando ela quebrar. Trazemo-la para aqui, para uma cela. Para a cave.

— Na Lubyanka, não. Ela vai conter-se. Vai fechar-se em copas. É altiva. — Na verdade, Vasin tinha pavor de enfrentar uma Sofia furiosa e desafiadora e de lhe impor a sua vontade. Orlov tinha-o autorizado a usar todo o poder terrível da polícia secreta soviética para a quebrar. Alguns homens, tal como Pushkov, adoravam o poder que tinham e exerciam-no tão naturalmente como um magarefe usa a pistola atordoadora, mas Vasin conhecia bem a máquina e temia-a.

— No máximo, num esconderijo do *kontora*. Num agradável.

Pushkov grunhiu desagradado.

— Com flores? E um bom serviço de chá?

— As duas coisas. Nós não somos brutamontes, Pushkov. Ela é uma oficial e uma patriota soviética.

— No meu tempo, coronel, vi muitos patriotas soviéticos nas celas da Lubyanka.

— Ainda bem que já não estamos no antigamente, major Pushkov. Eu estou interessado em resultados, e não em preencher uma quota de uma lista de mortes. Vamos fazer isto com delicadeza. Vou ajudar a Sofia Rafaelovna a perceber que o seu dever à Pátria a obriga a trabalhar para nós. Mas ela não vai ter hipóteses de escolha. Compreendido?

O velho rufião suspirou, acenou desdenhosamente com a cabeça e levantou-se.

— Flores e chazinho. É para já, chefe.

A manhã de agosto prometia calor. Não era possível confundir Sofia no meio da multidão. Alta, orgulhosa como um cavalo de *dressage*, a espanhola tinha cabelo cor de carvão e o olhar cortante de uma mulher segura do seu poder. Vasin tinha visto criaturas assim nos filmes, mas nunca em carne e osso, numa rua de Moscovo. E ela não era o brinquedo ornamental de um homem. Usava a saia curta e o bivaque atrevidamente inclinado. Nos ombros, ostentava o novo modelo das dragonas de tenente. O passo denotava a confiança de uma profissional soviética — uma confiança que Vasin tinha sido incumbido de destruir.

Vasin andava hesitantemente de um lado para o outro nas traseiras da sede do Estado-Maior, na Avenida Gogolevsky, enquanto observava uma torrente de militares a dirigirem-se para o metro. De vez em quando, Vasin olhava para a gigantesca estrela de estuque da torre central do edifício, como que em busca de inspiração, enquanto ensaiava a sua apresentação em voz alta como um adolescente nervoso.

Vasin virou-se para o prédio e viu Sofia Guzman a caminhar a passo rápido com um grupinho de colegas. Vasin intercetou-a, erguendo uma mão em cumprimento. Sofia olhou para Vasin como se ele fosse maluco. Tentou passar por ele, mas Vasin bloqueou-lhe o caminho.

— Camarada tenente! Bom dia. — Vasin arrepiou-se com a sua inépcia, mas seguiu em frente. — Conhecemo-nos na receção aos cubanos, lembra-se?

Sofia parou e não sorriu. Os companheiros hesitaram, mas depois continuaram a andar. Alguns olharam para trás, intrigados.

— O senhor. Sempre conseguiu encontrar-me.

— Gostaria de lhe perguntar se tem tempo para um chá. Comigo, é claro.

— Muito obrigado, coronel, mas não. Se quiser falar comigo oficialmente, utilize os canais apropriados. E agora tenho de ir para casa. Queira desculpar-me, por favor.

O tom de Sofia era gélido, mas ela tinha uma centelha de fúria nos olhos.

— Espere. Por favor. — Vasin ficou grato por a equipa do *kontora* não poder ouvir o seu desempenho gaguejante. — Tem que ver com o seu irmão.

Sofia tinha passado por Vasin com um empurrão, mas parou de imediato e virou-se para ele. Inalou profundamente, como se tivesse levado um choque elétrico.

— Com o meu irmão?

Ah. Pronto. Vasin sentiu-se culpado: a velha emoção do poder. Os papéis do homem gago e meio careca e da mulher altiva e bela inverteram-se num segundo: o homem detinha o poder de um conhecimento secreto e a mulher estava humilde e ansiosa.

— O seu irmãozinho, o Vladimir. Vocês vieram juntos para a URSS. Lembra-se dele?

Sofia tentou manter a compostura, mas o seu belo rosto enrugou-se.

— Sim. Sim, lembro-me dele. O que aconteceu?

— Tenho boas notícias para si. Encontrámos o Vladimir. Mas tem de vir comigo.

Vasin conduziu Sofia pelo cotovelo até ao *Volga*, onde Nadezhdin estava ao volante. Pushkov abriu cortesmente a porta a Sofia e Vasin e depois sentou-se no lugar ao lado do condutor. Viajaram em silêncio, enquanto Sofia olhava resolutamente pela janela.

O apartamento do *kontora* não era muito menos estéril do que uma das salas de interrogatório da cave da Lubyanka. Mobiliário oficial, cortinas finas de náilon e uma alcatifa em castanho institucional. Mas Vasin reparou que Pushkov tinha efetivamente arranjado flores, que estavam inclinadas num vaso demasiado grande em cima da mesa de centro. Do outro lado das janelas, ouvia-se o ruído surdo do trânsito da Avenida Novinsky. Sofia tirou o casaco sozinha, recusando o gesto de ajuda de Vasin. Quando se virou do cabide, o seu rosto era uma máscara.

— Então quanto é que vou ter de pagar para ouvir a história do Vladimir?

— Nada, Sofia. Não estamos num bazar. Mas há coisas que eu julgo que deve saber.

Sofia estava de pé, direita como uma vassoura, com um olhar de desafio. Vasin fez-lhe sinal para se sentar e ela hesitou durante um longo momento insolente antes de obedecer. Ela não lhe ia facilitar nada.

Vasin mostrou-lhe os papéis, um a um. O formulário de embarque de Marfa Scherbak; os documentos do orfanato de Vladimir, que ele tinha mandado vir de Dnipropetrovsk; o pedido de passaporte da ZAGS; e os pedidos de passaporte do Ministério dos Negócios Estrangeiros. Enquanto Vasin ia explicando os documentos, ela manteve-se imperturbável. Ele sentiu-se como um ilusionista a tentar fazer um truque para um público decidido a não se deixar impressionar.

— Como vê, Sofia Rafaelovna, tem um irmão que vive no Ocidente. Um irmão cuja existência é desconhecida dos seus superiores.

Sofia pestanejou e manteve os olhos na magra colheita de documentos.

— Tem alguma fotografia dele?

— Talvez.

— E o que faz o Vladimir, em Miami?

— Não lhe posso dizer, tenente.

Sofia encarou bruscamente Vasin.

— Está a fazer *bluff* — disse ela secamente.

Vasin endireitou-se na cadeira e esforçou-se por pôr a sua cara mais inexpressiva.

— Sofia Rafaelovna. Tenho de falar consigo acerca de Oleg Morozov.

— Morozov?

Ela foi nitidamente apanhada de surpresa.

— Vocês beberam café no Shokoladnitsa.

— Sim. Conhecemo-nos na receção do 1.º de Maio e ele tem-me convidado para sair. Café. Teatro.

— Porque é que aceita sair com ele?

Os olhos com rímel fixaram-se nele com ressentimento.

— Porque é que uma mulher sai com um homem? Ele é inteligente, é divertido.

— É casado.

— Não por muito mais tempo, segundo me disse. Não é que isso lhe diga respeito.

— E ele faz-lhe perguntas sobre o seu trabalho?

Sofia ficou rígida.

— Talvez. Ele fala-me do trabalho dele, eu falo-lhe do meu. Mas o que é isto, coronel? Que tem isto que ver com o meu irmão? Se é que esse homem é mesmo meu irmão.

— Morozov nunca lhe pediu para lhe facultar documentos?

— Não.

— E a Operação Anadyr?

A palavra Anadyr provocou em Sofia um esgar de desafio. Em vez de responder, ergueu um sobrolho, como que a dizer: isso está muito acima de si, coronel. Vasin sentiu a conversa a fugir-lhe das mãos. Urgia desferir o golpe.

— Sofia. Ouça-me com muita atenção. Julgamos que Morozov é um espião americano. Precisamos que nos ajude a apanhá-lo. Compreende? Estamos a pedir-lhe que cumpra uma missão secreta pela segurança da Pátria.

Ela pestanejou rapidamente, mas não disse nada.

— Sofia, preciso de saber o que lhe disse. Morozov sabe o que é a Operação Anadyr?

— Sabe. — A voz dela era fria. — Mas não fui eu que lhe disse.

— Diga-me o que é que ele sabe acerca da Anadyr. No geral.

— Coronel. Parece-me que não sabe o que está a fazer. — Sofia recuperou uma compostura adamantina. — Deixe-me esclarecê-lo.

Na realidade, o coronel Morozov recrutou-me para uma missão especial: vigiar a Operação Anadyr por dentro.

— Morozov pediu-lhe para trabalhar como espia? Para ele?

— Para ele, não. Para o seu chefe, obviamente.

— Qual chefe?

— Não brinque comigo, coronel Vasin. Ambos sabemos quem é.

Controla a cara, Vasin. Ele manteve-se estudadamente em silêncio, e quando falou, foi num tom intencionalmente monótono.

— Diga o nome dele, por favor. Para ficar registado.

Sofia olhou à sua volta, como que à procura de ouvintes escondidos.

— Coronel-general Serov.

Vasin olhou involuntariamente para Pushkov, escondido por um grande espelho atrás do sofá.

— Ivan Aleksandrovich Serov?

Sofia apercebeu-se na surpresa na voz de Vasin e ganhou energia. Endireitou as costas e alisou a saia.

— Sim, coronel. Não sabia? Morozov trabalha para Serov. Pessoalmente. E, segundo parece, eu também.

8

Marginal Frunze, Moscovo
4 de agosto de 1962

— Foda-se! Ivan *Serov*?

Tokarev e Vasin estavam sentados no *Moskvich* de Vasin, à espera do fim de um chuvisco estival enquanto a cortina de chuva rasgava a superfície do rio Moscovo. Tokarev olhou para Vasin como se ele fosse o idiota da aldeia.

— Estás-me a perguntar seriamente, e se o teu suposto espião trabalha para o Ivan Serov?

— Ouviu-me bem.

— Então eu respondo: estás fodido, rapaz.

— Porquê?

— Oh, só porque o Serov é o homem mais poderoso do aparelho de segurança soviético. Começamos por aqui. Sabes que ele já chefiou o *kontora*, certo? Diretor do KGB durante oito anos. E agora: diretor do GRU.

— Eu não sou idiota, Tokarev. Conheço a história.

— Certo. Ainda bem. Então pensa no seguinte: o Serov mandou matar milhares de pessoas no tempo de Estaline. Mas ainda cá anda. O que revela isso sobre ele? Quantos colegas e chefes destruiu ele para se manter vivo? Ele é implacável. O único princípio que segue é o da sobrevivência.

— Também conheço gente assim no *kontora*.

Vasin estava a pensar especialmente no general Orlov.

— Ainda bem que conheces. Espero que essa pessoa implacável esteja do teu lado.

— E porque não haveria de estar?

— Porque tu disseste que o teu suposto espião é amigo íntimo do general Serov. Por conseguinte, se o homem for realmente um espião americano, o Serov está tramado. E se não for? Estás a atacar o homem do Serov, o que quer dizer que estás a atacar o Serov. E ele não vai gostar. Se atirares ao chefe, certifica-te de que não falhas.

— Não faço tenção de atirar a ninguém, Tokarev. Não quero saber do Serov, quero saber do meu espião. Mas preciso de saber uma coisa. Preciso de saber...

Enquanto Vasin procurava as palavras certas, Tokarev acabou a frase por ele.

— Precisas de saber: será que o meu gajo está a montar esta cena do espião por ordem de Serov? Será que ele está a ser *controlado* pelo Serov? Será que o teu homem é, como dizem vocês, espiões?, um «guizo?». Anda a tourear os ianques para os desinformar? É esta a tua pergunta?

Tokarev era inteligente. Assustadoramente inteligente. Que saberia ele?

— É exatamente essa a minha pergunta, major.

— Bom, podes começar por me dizer o nome do teu suposto espião. Parto do princípio de que o Orlov te autorizou.

Outro momento incómodo para Vasin — Orlov tinha-o autorizado naquela manhã.

— Está bem. Oleg Morozov. Coronel da GRU.

Tokarev assobiou baixinho.

— O Morozov?

— Conhece-o?

— Já o vi. Ouvi falar nele. Escolheste um dos duros, companheiro.

— Porquê, duro?

— Porque sim. É um dos protegidos do Serov. O Morozov é convidado para grandes almoçaradas na dacha do chefe e vai à caça com altas patentes do Exército.

Vasin tinha compreendido havia muito que essa realidade faria de Morozov um espião perigosíssimo. Para descobrir os maiores segredos da URSS, bastava a Morozov servir as bebidas aos seus superiores e ouvir as suas conversas descontraídas.

— Há mais alguma coisa que eu precise de saber, Tokarev?

— Talvez. Mas eu não confio em ti. Ainda.

— Então como é que me podes ajudar?

Tokarev ergueu as próteses num gesto de impotência.

— Por favor, Tokarev. O Morozov é culpado. Eu sei, só preciso de provar.

O velho cavaleiro pôs a cabeça de lado com um olhar de profundo ceticismo.

— *Sabes?*

— Está bem. Veja a coisa desta maneira: o Morozov tem de ser culpado. O Orlov mandou-me apanhá-lo. Por conseguinte, tenho de o apanhar. Sabe como é que a coisa funciona.

O velho acenou brevemente com a cabeça. O chuvisco estava a acabar. Tokarev debateu-se com o rígido fecho da porta e saiu do carrito com um gesto a Vasin para o seguir. Caminharam até uma paragem de autocarro, e Tokarev olhou para Vasin com um ar conspiratório.

— Sabes que o Orlov e o Serov têm uma história, certo?

— Que história?

— É uma longa história. Mas foste apanhado entre duas feras gigantescas que se desprezam mutuamente. Já pensaste que podes ser o peão do nosso amigo Orlov? Um peão sacrificial?

— Porque diz isso?

— Pensa no seguinte. Independentemente do que Morozov seja, ele é amigo do maioral. Achas que esse é o maior problema ao estares a investigá-lo, certo? Mas se não for um problema, mas o objetivo?

— O Orlov quer destruir o Morozov só para incomodar o seu velho inimigo?

— Incomodar? Para *destruir* o seu velho inimigo. Para fazer com que seja despedido. Para fazer com que vá parar à cadeia. Este é que é o jogo. Isto é o que está em jogo. E queres que eu salte contigo para a picadora?

9

Quartel-general do KGB, Moscovo
4 de agosto de 1962

Kuznetsov caminhava pelo corredor do quarto andar da Lubyanka a tagarelar sonoramente com um grupo de colegas. Os quatro trajavam o novo modelo de uniforme e estavam bastante bronzeados, uma prova irrefutável da sua pertença à equipa de elite do *kontora* em Cuba. Kuznetsov ia a meio de uma anedota quando viu Vasin a avançar ao seu encontro. Kuznetsov parou abruptamente, murmurou uma desculpa e deu meia-volta para se esconder na sala de reuniões de onde tinham saído.

— Kuznetsov, não fujas, já te vi.

Vasin encostou-se à porta, bloqueando a saída de Kuznetsov da sala vazia.

— Desaparece. Deixa-me em paz.

— Isso não é muito simpático.

Vasin entrou e fechou a porta.

— Preciso de mais um...

— Favor? Precisas sempre. Por isso é que eu te disse para desapareceres.

— Conheces alguém que esteja em Miami a trabalhar para a Primeira Direção-Geral?

— Não percebes a palavra «desaparece», Vasin?

— Concluo que conheces. Precisamos de informações sobre um cidadão soviético de origem espanhola que vive em Miami, na Florida. Vladimir Lenin Guzman. Tens aqui a morada. Precisamos dos antecedentes. De fotografias. De porcaria, idealmente. E precisamos de tudo para ontem. E antes de voltares a dizê-lo, sim, vou desaparecer. Depois de me fazeres isto. Mas agora, preciso destas informações. O gajo é irmão de alguém que trabalha na Anadyr, aqui em Moscovo. Precisamos de saber o que anda ele a tramar.

— Vasin... — Kuznetsov fez um gesto desesperado para a sala, com o seu teto alto e as suas pesadas cortinas de tule. — Tens a noção de que trabalhas para o Comité da Segurança do Estado, certo? E de que *estamos* na merda da Lubyanka? Se queres essas informações da Primeira Direção-Geral, porque é que não lhes pedes? Porque é que andas sempre com a cabeça enfiada no cu?

— A razão é a que te disse da outra vez. Não queremos alertar o nosso gajo.

— Treta. Isto é uma coisa só tua. Ou do teu chefe maléfico, é o mais provável. Dou-te um conselho: salta fora. E...

— Desapareço?

— Nem mais.

— Já te prometi que vou desaparecer, logo que me fizeres este último favor. Tens aqui os pormenores dele. Oh, e tens aqui uma coisa que arranjei para ti. Os Casos Especiais têm alguns a mais.

Vasin tirou um cartão de dentro do casaco. Tinha o logo espampanante do fabricante de automóveis AZLK, um número carimbado e um conjunto de instruções.

— Parece que o teu número na lista para os carros do *kontora* já saiu. Não em 1971, como estava agendado, mas em 1962. Aliás, no mês que vem. Tens de pagar o adiantamento de 11 013 rublos até ao dia 15 de agosto. Deves ter dinheiro, com a remuneração associada ao estrangeiro, certo?

Kuznetsov tirou o cartão da mão de Vasin e olhou desconfiadamente para o seu nome e data de nascimento, escritos na parte de cima.

— Um *Moskvich*?

— O sedã *Volga* é só para os astronautas, amigo.

— Não... Isto é um suborno.

— Não é um suborno. Vais pagar o carro com o teu dinheiro. Só te avançámos um bocadinho na lista. Nós achamos que mereces.

Kuznetsov fez uma careta de desagrado.

— E o «nós» é quem...?

— Os Casos Especiais. Bem-vindo à família.

10

Quartel-general do KGB, Moscovo
6 de agosto de 1962

As fotos de vigilância que Kuznetsov tinha sacado da Primeira Direção-Geral dois dias depois tinham grão, mas eram claras. Mostravam um jovem de rosto delicado, indecentemente belo, com cabelo preto com brilhantina penteado para trás e um elegante fato largueirão. Havia algo de inconfundivelmente familiar no amplo arco das sobrancelhas e no comprido e nobre nariz espanhol. Vladimir, o irmão de Sofia, fotografado havia um mês pelo KGB na esquina de uma rua de Miami.

Vladimir fora apanhado a entregar um panfleto a um transeunte. A foto seguinte era uma imagem do panfleto, com a tradução escrita nas costas. «Cubanos pela Paz e pela Justiça», lia-se na primeira linha. «Cidadãos responsáveis da América! Juntem-se a nós para livrar o nosso continente do flagelo das ditaduras comunistas.» No fundo, havia uma caricatura grotesca de Fidel Castro e Che Guevara como animais selvagens a comerem a carcaça de Cuba. Fotos de Vladimir a entrar na sede dos Cubanos pela Liberdade, aparentemente um grupo de emigrados anti-Castro. Vladimir com molhos de jornais recém-impressos ao lado de um americano magricelas. Vasin virou a foto para ler a legenda: «Sujeito com outro membro dos Cubanos pela Liberdade identificado como LEE H. OSWALD — Pessoa de interesse para a Segurança do Estado: Ver Dossiê KZ1862-78-TS.»

Independentemente de quem fosse o tal Oswald, Vasin não precisava de saber a história toda, já tinha feito mais do que suficiente. Pegou no telefone e ligou um número interno.

— Pushkov? Vai buscar a Guzman. Para aqui, para a Lubyanka. Já.

Vasin olhou para o seu relógio. Nove e meia da noite. Tinham passado quarenta minutos desde que Pushkov telefonara a dizer que Sofia estava no edifício. Ela já estava à espera havia tempo suficiente. Vasin pegou nos seus papéis e apanhou o elevador para o rés do chão, para as salas de interrogatórios «suaves» e não para a cave, ao contrário do que Pushkov tinha pretendido.

A sala de interrogatórios tinha uma janela estreita com uma robusta grade de aço que dava para o pátio central. Ao entrar no espaço poeirento e abafado, Vasin quase conseguiu cheirar a tensão no ar. Sofia estava sentada, inclinada para a frente, numa cadeira de madeira. Pushkov estava sentado à frente dela, com um ar carrancudo. Era evidente que o seu silêncio ameaçador a tinha obrigado a estar sossegada.

— Sofia Rafaelovna. Peço desculpa por tê-la feito esperar.

Pushkov olhou para cima, com desprezo pela gentileza do seu chefe. Vasin mandou-o sair com um sinal da cabeça.

— Peço desculpa pelo local, não foi minha intenção assustá-la.

Ou seja, trouxe-te para aqui para te assustar. Só um bocadinho. Vasin quis dizer por favor, Sofia, facilita as coisas para nós os dois.

Sofia endireitou-se e ergueu a cabeça com um ar de desafio.

— Coronel. Estão à minha espera. Em casa de amigos. Vão dar pela minha falta.

— Quer que mande alguém telefonar aos seus amigos?

Os lábios de Sofia curvaram-se num sorriso de escárnio.

— Para lhes dizer que estou presa na Lubyanka?

— Sofia Rafaelovna, não está com problema nenhum. Pelo contrário. Precisamos da sua ajuda.

— Já me disse isso.

— Tem de perceber que ele está a mentir. O Morozov não trabalha para o Serov. Trabalha para os americanos. É um espião e um traidor.

Sofia estava carrancuda.

— Também já me disse isso. Mas se ele é um traidor, coronel, porque não nos deixa a nós tratar do assunto?

«Nós», a GRU. O instinto tribal de todos os serviços de informações: agarra-te aos teus segredos, lava a roupa suja em privado.

— Camarada tenente. Não quero tornar as coisas difíceis para si. Não se trata de uma traição à sua organização. Está apenas a partilhar informações com outro serviço secreto da Pátria. Não passa daqui. E estamos todos do mesmo lado.

O palavreado mentiroso de Vasin deixou-lhe a boca seca. Sofia descerrou as mãos e endireitou-se na cadeira. Pareceu ter chegado a uma decisão.

— Não.

— Não?

— Não vou dizer mais nada. Faça o seu pior, coronel. Sim, tenho um irmão que vi pela última vez quando ele era pequenino. Agora diz-me que ele está no Ocidente, mas não me mostra prova nenhuma. E mesmo que o que diz seja verdade, é porque ele fez uma má escolha. Não tem nada que ver comigo. O que vai fazer, coronel? Contar aos meus superiores? *Que* lhes vai dizer? Que eu sou responsável pelos atos do meu irmão desaparecido? Fiz mal em não telefonar imediatamente às minhas chefias.

Ela levantou-se e Vasin também. Sofia era quase tão alta como Vasin e encarou-o. Parecia estar a ganhar força da sua retidão.

— Tenente. Não tão depressa. — Vasin ouviu a severidade na sua voz. — Tem de ver isto. Sente-se. Pediu provas, ei-las.

Depois de um momento de hesitação, Sofia obedeceu. Pegou nas fotos que Vasin lhe entregou uma a uma, estudou-as com muita atenção e depois pô-las cuidadosamente em cima da mesa. A parecença dos rostos altivos e belos era inegável. Ela não disse nada. A alegria de ver o irmão pela primeira vez na sua vida de adulta surgiu-lhe no rosto, mas foi seguida de um choque frio com o que foi compreendendo foto a foto. Vladimir era um contrarrevolucionário, um anticomunista, um traidor. Uma ameaça fatal para ela e para a vida que ela tinha construído na URSS. Sofia compreendeu tudo aquilo sem precisar que lhe explicassem. Sofia perdeu a compostura e ficou com os olhos rasos de lágrimas.

— Há mais. — Vasin forçou-se a ser implacável. — Como vê, ele trabalha para um grupo contrarrevolucionário dedicado ao derrube dos nossos irmãos socialistas de Cuba. Mas não lhe disse que ele é um alvo. Consta de uma lista, Sofia. Da nossa lista. Uma lista do *kontora*. Para liquidação.

Vasin tentou tornar os olhos suficientemente severos para resistir ao olhar penetrante de Sofia. Estremeceu interiormente face à mentira impiedosa que lhe tinha saído da boca, mas não acrescentou mais nada. Ficaram sentados em silêncio no crepúsculo da sala de interrogatórios, a ouvirem o tiquetaque do horrível relógio de parede, a deixarem o tempo fazer a sua obra.

— Isso é verdade?

A voz tinha quebrado. Vasin sentiu que Sofia também estava finalmente prestes a quebrar.

— Sim, Sofia. Confirmaram-mo ontem. Há uma equipa do *kontora* em Miami à espera de ordens. Estão armados e já receberam as informações necessárias. Só você o pode salvar. Mas para isso tem de nos mostrar todos os documentos que passa ao Morozov relacionados com a Operação Anadyr. Vai-me trazer previamente todos os papéis para eu autorizar ou não. Trabalhe para nós, Sofia, para manter o seu país a salvo. E para manter o Vladimir vivo.

Haveria uma maneira melhor de fazer aquilo? Vasin olhou para o espelho de parede, por detrás do qual Lukyanov estava a filmar tudo. Viu-se com um ar desmazelado no seu uniforme suado.

Havia um bloco de notas em branco em cima da mesa. Fotografias espalhadas. Microfones na parte de baixo da mesa. À sua frente, uma mulher em lágrimas a acariciar as imagens de um irmão que não via desde a infância. Mas o que nem o espelho, nem a câmara podiam ver era a profunda sensação de ausência de Vasin, de não se reconhecer a si próprio enquanto estava impavidamente sentado perante a tempestade de emoções que ele tinha conjurado a partir dos documentos e das fotografias. O rosto banhado em lágrimas de Sofia enquanto Vasin lhe ia mostrando os seus trunfos. O abatimento visível no corpo dela ao compreender que estavam a pôr a sua vida nas mãos de estranhos.

Cristo, pensou Vasin. No que é que me tornei? Será que ele estava a tornar-se um habitante do mundo irreal de Orlov, onde as mentiras e os segredos não passavam de armas numa guerra para quebrar a vontade humana? Vasin sentiu o poder da mentira como um espírito maléfico, enrolado na sua consciência e na sua razão, a infetar-lhe a vida.

11

Avenida Smolensky, Moscovo
11 de agosto de 1962

A tarde estava quente, os passeios escaldavam e os pátios estavam cheios de cidadãos fugidos dos seus apartamentos para a sombra dos álamos e dos edifícios. Vasin vestia uma camisa de algodão de manga curta e usava um chapéu de abas reviradas — recordação de umas férias em Gagra — e óculos de sol alemães com armação dourada que tinha comprado numa loja em segunda mão. Vasin olhou para uma montra e viu um homem que quase reconheceu, mas mais gordo, mais velho e mais lento. Um *apparatchik* médio com calças demasiado apertadas. Vasin desceu a colina pela Avenida Smolensky rumo à paragem do troleicarro.

Sofia estava à espera no meio de uma multidão de famílias conflituosas em excursões de sábado à tarde ao parque. O vestido tradicional não a favorecia, parecia uma saca de algodão estampado barato, e ela estava sem maquilhagem e tinha o cabelo emaranhado e escorrido debaixo de um simples chapéu de algodão de operário. Apesar de Vasin lhe ter dito para se ignorarem mutuamente em público, Sofia olhou fixamente para ele assim que o viu.

Ficaram a alguns metros um do outro, em silêncio, até à chegada do troleicarro, dois minutos depois. Vasin esperou até ao último segundo para verificar os outros passageiros. Nenhum vigilante. Saíram na paragem seguinte, na Circular, conforme tinham combinado, na paragem da Rua Neopolimovsky. Estavam sozinhos, e Vasin sentiu o desprezo e a raiva de Sofia tão percetivelmente como o calor irradiado pelo passeio banhado pelo sol.

O apartamento do *kontora* parecia ainda mais sombrio do que no primeiro encontro. Cheirava a falta de arejamento, a fumo de cigarro e a caixote do lixo não despejado. Vasin tentou solicitamente abrir as janelas, mas estavam trancadas, com a exceção das janelinhas nos cantos superiores, que ele conseguiu abrir com algum esforço. Ouvia-se o trânsito na avenida.

— Peço desculpa. Deixaram isto numa confusão. — Vasin fez um gesto em seu redor, mas na realidade, o apartamento era tudo menos uma confusão. Os cadeirões institucionais estavam geometricamente colocados e a louça estava impecavelmente arrumada num armário com portas de vidro. O apartamento era tão impessoal como um quarto de hotel. — Chá?

Sofia não respondeu. Estava de pé no centro da sala, como que para se manter à distância máxima de tudo o que estivesse relacionado com o *kontora*. Vasin concluiu que era um sim e dirigiu-se à cozinha.

— Pode relaxar, Sofia Rafaelovna — disse ele enquanto enchia a chaleira. — Estamos os dois sozinhos.

Ela mudou-se para um sítio de onde o podia ver. O seu olhar era desconfiado.

— E isso quer dizer o quê?

Vasin fez uma pausa na busca de um bule, chávenas e pires nos armários quase vazios. *Quer dizer que estou a quebrar as regras.* Dizer ou não dizer? Vasin olhou para Sofia.

— Quer dizer que estou a quebrar as regras, Sofia. É suposto que não tenhamos nenhum contacto não registado.

O sobrolho dela ergueu-se ligeiramente em desprezo.

— Quer que eu relaxe? — A voz de Sofia era toda desdém. — Primeiro, flores. Depois, fotografias do Vladimir. Agora, chá e privacidade. É para nos conhecermos melhor? Para ficarmos amigos?

Sofia aproximara-se da porta da cozinha. Uma gota de suor escorreu-lhe do chapéu pela testa, mas ela não a limpou. Tinha manchas escuras nas axilas e o queixo estava firme.

— Tenente Guzman. Sofia. Eu gostaria... eu gostaria de explicar, pelo menos. Quero que compreenda. Quero que saiba porque é tão importante para si ajudar-nos. E também quero ajudá-la.

Sofia tirou lentamente o boné manchado de suor, limpou o rosto com a manga do vestido e emitiu um grunhido de concordância.

— É claro que quer. Onde é a casa de banho?

Vasin acenou com a cabeça para o corredor. Quando ela regressou, ele já tinha a mesa posta. O rosto e o cabelo de Sofia estavam húmidos.

— Oh, peço desculpa, já lhe arranjo uma toalha.

— Não vale a pena. Diga o que tem a dizer. Vou ouvir respeitosamente as suas novas instruções, camarada coronel.

Ela estava de pé, de braços cruzados e com os pés afastados, parecia uma estátua. A pose de Sofia fez Vasin pensar na mãe, a fazer frente a um burocrata de meia tigela ou ao gerente de uma loja: sou assim e não arredo pé.

A conversa melíflua ensaiada por Vasin descambou para uma verborreia de falsidades. Num caso tão delicado como aquele, a simples concordância de Sofia não era suficiente. Tinha sido bastante fácil quebrar-lhe a resistência, especialmente com a bomba mentirosa que Vasin usara para lhe destruir a vontade, mas ele precisava de mais. Precisava que Sofia mentisse por ele — e convincentemente. Ela tinha de conseguir olhar Morozov nos olhos e não revelar que era uma agente dupla. Em suma, Vasin precisava que Sofia, além de cumprir as suas ordens, estivesse do seu lado. Que acreditasse.

Mas a mulher à sua frente estava, pelo menos em espírito, tão distante como Kamchatka.

Vasin inclinou a cabeça, sentou-se e serviu o chá nas duas chávenas. Passou as mãos pelo pouco cabelo que tinha e indicou a Sofia que se sentasse. Ela ignorou-o.

— Em tempos, antes de entrar para o *kontora*, fui polícia.

Silêncio. Vasin não se deu ao trabalho de olhar para ela. Ele sabia que o rosto de Sofia era um esgar de desdém. Mas continuou.

— Tenho saudades. Muitas. Da certeza. Com os criminosos de Moscovo, não havia dúvidas. Assassinos, era a minha área, os homicídios. Vi muita gente triste, estúpida e perdida. Interroguei-os. A maior parte era apenas bêbedos violentos. Nada que interessasse ao Holmes nem ao Watson. Quando comecei, eu julgava que o mal era algo negro e fascinante, a cintilar no escuro como carvão, se escavássemos o suficiente para o encontrar. Mas não era como carvão. Era como escavar num caixote do lixo. Lixo imundo e fedorento, e quanto mais se escavava, pior. E quando se chegava ao fundo, lá estava. A verdade. A solução. O culpado. Sem nada de fascinante para dizer, só banalidades. E eu punia-o ou, de vez em quando, punia-a. Mas fazia justiça. Era bom. Apercebi-me de que um detetive era muito parecido com um trabalhador dos esgotos. Mas lá estávamos nós, todos os dias, os bons, à caça dos maus. Duas equipas. Dois lados, com as suas camisolas de cores diferentes. Sabe como é. Clareza.

Sofia não falou nem se mexeu. O seu ar de desafio parecia ter aumentado.

— Mas, depois, o *kontora* encontrou-me. Escolheram-me. Ofereceram-me um novo apartamento, privilégios e tudo o mais. Sabe como é. Somos dois profissionais inteligentes. Movemo-nos no mesmo mundo. De certa maneira, eu gostava deste mundo, gostava do poder que o *kontora* me dava, de estarmos acima das regras. Vingadores invisíveis do Partido. Toda a espécie de gente de topo, académicos, *apparatchiks*, prontos para dançarem a um estalo dos nossos dedos. Ou dos dedos do nosso chefe. O poder que nos dá brandir segredos... brandir o medo. Sim, Sofia. Digo--lhe honestamente que gostava daquilo. E...

Vasin virou-se na cadeira para encarar Sofia, mas os olhos dela estavam resolutamente fixados na parede.

— E sei que pensa que lhe estou a dizer tudo isto só para conquistar a sua confiança, para a levar a baixar as suas defesas. E tem razão. É precisamente o que estou a fazer, Sofia. Mas também estou a contar-lhe a verdade. E a verdade é esta: no *kontora*, descobri que não há justiça. Que os culpados não são punidos. Ou pelo menos, não são punidos exclusivamente por serem culpados. Só existe oportunismo. E jogos de poder. E joguinhos burocráticos. É uma grande feira de gado onde se trocam segredos por poder. As informações são acumuladas como munições e para serem usadas mais tarde num tiroteio entre os *apparatchiks* de topo. É nojento. Mas... e é isto que lhe quero verdadeiramente dizer, Sofia... em todos os meus anos na *kontora*, é a primeira vez que me vejo com um caso em que sei que o que estou a fazer está correto. Que estou finalmente a perseguir alguém que é mesmo culpado. Alguém que constitui uma ameaça imediata para a Pátria. Um homem mau. Genuinamente perigoso. Um homem que merece verdadeiramente levar com uma bala, ao contrário dos milhões que o *kontora* tem derrubado com as suas balas ao longo dos anos.

Sofia estava a olhar para ele com uma expressão de incredulidade. O queixo latejou quando ela lutou contra a decisão evidente de permanecer em silêncio, mas ela acabou por falar.

— Está a falar no Morozov?

— Sim. No Morozov.

Ela acenou lentamente com a cabeça e olhou à sua volta.

— Os vossos chefes são camaradas liberais. Deixam-vos dizer seja o que for para chegarem onde querem. Mas tem a certeza de que vão aprovar quando ouvirem a gravação do seu discursinho?

— Não há gravação nenhuma, Sofia.

— Estamos num apartamento do *kontora*, pelo menos isso eu sei.

Vasin levantou-se, entrou no corredor, passou pela cozinha e chegou a uma porta adjacente à sala de estar. Abriu a porta e carregou num interruptor. Sofia tinha-o seguido involuntariamente e espreitou para o posto de escuta. A sala era claramente visível através de um espelho sem estanho, à frente do qual estava uma câmara volumosa em cima de um tripé. Na parede oposta, havia uma série de gravadores de duas bobinas etiquetados com os respetivos circuitos de escuta. Por baixo dos gravadores, havia uma mesa comprida e estreita com blocos de notas, bobinas virgens e cinzeiros a transbordar.

— Vê, não está aqui ninguém. Estamos sozinhos. Não há ninguém à escuta.

Vasin dirigiu-se à extremidade do posto de observação e pegou numa revista de um monte de publicações. Era um exemplar antigo da *Ogonek*, uma popular revista ilustrada. Por baixo, havia um jornal *Vechernyaya Moskva*, um livro de palavras cruzadas e uma revista do clube de fãs do Spartak de Moscovo.

— Que trabalho de merda. Que falhados.

Sofia não se conteve e sorriu.

— Começo a acreditar que o *kontora* não está mesmo à escuta. A menos que estejam escondidos no caixote do lixo.

Vasin devolveu-lhe o sorriso de esguelha. Ela tinha dito uma piada mordaz. *Musor* — lixo — era o calão universal para os polícias. Vasin sentou-se no braço de uma cadeira encostada à parede do fundo. Sofia inclinou-se sobre a mesa comprida e os dedos deslizaram por um dos lustrosos interruptores de plástico de um gravador. Ele deixou o silêncio adensar-se.

— Como é que tem a certeza de que ele é um traidor, coronel?

— Não é suposto você saber, mas vou-lhe contar. A história começou o ano passado, em França. O Morozov foi à Feira Aeronáutica de Paris, integrado numa delegação oficial. O *kontora* estava obviamente a vigiá-los, mas não é fácil saber onde está toda a gente a toda a hora. Pelo menos, é o que me dizem. Nunca estive num país capitalista, por isso não sei. Mas adiante. O Morozov esteve desaparecido umas horas, intencionalmente desaparecido. Esquivou-se à vigilância, está a perceber?

Sofia olhou para o teto como que a dizer é óbvio que sim.

— E o *kontora* também sabe há algum tempo, não me pergunte como, porque honestamente não sei, que existe uma toupeira americana de alto nível no aparelho de segurança soviético. Por conseguinte, depois do desaparecimento em Paris, o *kontora* começou naturalmente a suspeitar do Morozov. As chefias decidiram não o prender logo. Decidiram vigiá-lo, aqui, em Moscovo. E, mais uma vez, logo após o seu regresso e antes de eles... isto é, antes de nós... lançarmos a rede, ele ter-se-á muito provavelmente encontrado com alguém da embaixada americana. Ninguém viu, mas o Morozov e um diplomata americano esquivaram-se à vigilância numa altura e num lugar semelhantes. Mais uma vez, não era suficiente para o apanhar, mas foi suficiente para o *kontora* o colocar sob vigilância apertada. Foi nessa altura que entrei para a equipa. Em novembro passado.

Sofia fez um beicinho de assentimento. Pelo menos, estava a ouvir — e aparentemente a levar Vasin a sério.

— Desde quando é que o *kontora* atua com tanta delicadeza? Com um suspeito de espionagem?

Foi a vez de Vasin se esquivar ao olhar dela.

— Boa pergunta. Boa pergunta.

— Não é uma pergunta. A resposta é óbvia: porque o Morozov trabalha para o Aquário. E o KGB quer fisgá-lo em vez de o entregar à contraespionagem militar. Certo?

Vasin, sem alternativas, confirmou que sim com um encolher dos ombros. Sofia continuou.

— Mas ainda não têm nada de concreto contra o Morozov.

— Não tínhamos até falarmos consigo.

Sofia levantou a voz, indignada:

— O que significa isso? Que vos dei que que vos tenha levado a pensar que ele é um espião americano?

— Desculpe-me, Sofia: disse-nos que ele lhe tinha pedido informações sobre a Operação Anadyr.

— E pediu. Mandado pelo general Serov. Como eu também lhe disse.

— É uma operação de bandeira falsa. Recrutou-a com um falso pretexto...

— Obrigado, coronel, eu sei o que é uma operação de bandeira falsa.

— É claro que sabe. Mas por acaso não lhe ocorreu perguntar porque é que um coronel-general soviético, o general Ivan Serov, porra, chefe da GRU, estava a recrutar espiões no seio do seu próprio serviço?

— Está enganado, Vasin. Ocorreu-me. Foi exatamente o que perguntei ao Morozov na primeira vez em que ele falou na Operação Anadyr. Eu disse: «Mas de certeza que o Diretor sabe tudo o que se passa.» E sabe o que é que ele me disse? Disse: «Miúda, acredita em mim quando te digo que o general Serov não teria vivido tanto tempo, e onde viveu, acreditando na palavra dos seus subordinados. No nosso serviço, em todos os departamentos, ele precisa de canários. São os seus soldadinhos, os seus bufos leais, que lhe contam o que está realmente a acontecer. E tu vais ser o canário dele na Anadyr.» Isto faz sentido para si, coronel?

Sofia estava inclinada para a frente, a sibilar, com a mão na beira da secretária.

— E acreditou que ele era um emissário secreto do chefe?

— Sim. Porque não?

— Acreditou na palavra dele?

Uma pausa. Vasin sentiu que Sofia estava a ficar sem paciência. Mas ela virou-se para ele e respondeu.

— Ele mostrou-me fotos com ele e Serov. Em casa do chefe, de braço dado. A caçarem juntos. Ele disse que eram bons amigos. Que o chefe confiava nele para gerir a sua rede pessoal. E... sim, acreditei nele. Acredito nele.

A última frase foi acompanhada de um golpe enfático com a mão.

— Depois do que eu lhe contei?

— Contou-me o quê, coronel? Que têm suspeitas? Suspeitas em que não acreditam a sério? Onde estão as vossas provas?

Vasin sentiu o seu controlo a saltar-lhe das mãos como um sapo. A conversa estava a entrar num território desastroso.

— O Morozov foi recentemente observado a evadir-se à nossa vigilância.

— Para fazer o quê?

— Para se encontrar *consigo*, Sofia.

— E isso faz dele um espião? Talvez faça dele um homem *casado*.

Vasin exalou involuntariamente. Estava a ir-se abaixo. Sabia exatamente para onde as coisas estavam a caminhar, apercebeu-se dos parâmetros exatos do seu falhanço.

— Sim, coronel — insistiu Sofia. — Oleg Vladimirovich é um profissional. Acha que ele não repara quando está a ser vigiado por uma equipa do *kontora*? Quando se quer encontrar com uma mulher, talvez não queira público.

— Está a dizer que ele...

— Está interessado em mim? Como mulher? Sim, está. O que não quer dizer que eu esteja interessada nele. Sou uma mulher soviética decente. Não vou ser amante de ninguém. Mas o coronel Morozov é assim. É um mulherengo. Ou era. Mas não estou aqui para falar mal dele. Apenas lhe digo o seguinte: ele furtou-se à vigilância não por ser um espião, mas por ser um homem apaixonado. Ou com o cio.

Oh, Cristo, pensou Vasin. Tinha-a fisgada no maior e mais terrível anzol, e agora ela estava a desprender-se, sem esforço, para regressar às profundezas.

— Ou seja, Sofia, está a dizer que o Morozov está inocente.

— Eu não disse isso. Disse apenas que nada do que me contou prova que ele seja culpado.

— Suponhamos que ele está inocente. Digamos que o *kontora* cometeu um erro terrível e vergonhoso. É possível. O Morozov não é um espião, é um agente confidencial do seu chefe. O *kontora* está a ladrar à árvore errada, e como queremos muito um escalpe da GRU, não ligamos à inexistência de provas contra ele.

Sofia acenou prudentemente com a cabeça.

— Por conseguinte, como pode a Sofia ajudar esse homem que parece respeitar e no qual parece confiar? Pode provar que ele está inocente.

— Fazendo o que o senhor quer.

— Exatamente. Fazendo o que lhe estou a pedir.

— Sabe que de uma maneira ou de outra, vou fazê-lo. Tem o meu irmão, o Vladimir, no bolso. Já lhe disse que sim. Não sei porque é que estamos aqui.

— Porque nesta operação, eu não preciso apenas dos seus olhos e ouvidos. Preciso do seu coração. Aceitou falar-me na documentação, nas informações que o Morozov lhe pede, e eu vou dizer-lhe o que nós entendemos que lhe deverá passar. Mas tem de fazer tudo isto de modo que ele nunca descubra que a Sofia trabalha para nós.

— E isso vai salvá-lo? Como?

— Se ele estiver realmente inocente, nunca o apanharemos a passar informações aos americanos. Porque não tem contacto nenhum com eles, como a Sofia insiste. Se o seu Morozov estiver realmente a trabalhar para o Serov, o Serov confirmará que as informações foram passadas a seu pedido. Mas Sofia...

Vasin atravessou o estreito espaço que os separava e agarrou o ombro dela com firmeza. Sofia tentou afastar-se, mas ele não deixou.

— Compreenda que eu não posso parar a máquina para a qual trabalho. É impossível. A investigação está em curso. É um monstro imparável. Sei que a única escolha que lhe demos foi obedecer, mas acredite no seguinte: se o que diz for verdade, se o Morozov não for um espião americano, a única maneira de o salvar é ajudar-me a descobrir tudo o que puder sobre ele. Se ele não tem nada a esconder...

— Não tem nada a temer? É isso que me vai dizer, coronel Vasin?

Olharam-se nos olhos. Vasin tirou lentamente a mão do ombro de Sofia e endireitou-se.

— Sim, Sofia. É exatamente isso que lhe estou a dizer. Se quer protegê-lo, coopere. De alma e coração.

PARTE TRÊS

NINGUÉM FOI PUNIDO

Quando ouvirdes o trovão, recordar-vos-eis de mim
E pensareis: ela ansiava pelas tempestades...

— ANNA AKHMATOVA

1

Serebryany Bor, Moscovo
12 de agosto de 1962

A beira-rio do complexo de dachas de Serebryany Bor estava apinhada de domingueiros a bronzearem-se, uma tribo pálida de figuras brancas inchadas com fatos de banho florais pouco lisonjeiros. Arkhipov conduziu cuidadosamente o crepitante jipezinho *UAZ* pelo meio dos peões até uma grande vedação de madeira pintada de verde, e buzinou. Um velhote com o uniforme da Marinha abriu-lhe os portões do complexo privado e fez-lhe uma espécie de continência.

Ao contrário da praia pública, que estava apinhada de gente, a dacha do Estado-Maior da Marinha era uma imagem de postal da idílica vida rural russa. O edifício era uma mansão pré-revolucionária pintada de branco e azul no meio de um bosque de bétulas. O relvado, recém-aparado, estendia-se até uma pristina praia fluvial, onde algumas famílias de oficiais estavam a apanhar sol ou a preparar a refeição.

O capitão-de-mar-e-guerra Valentin Savitsky avistou Arkhipov, levantou-se e acenou-lhe.

— Estamos aqui. Bem-vindo!

Os camaradas de Arkhipov estavam sentados a uma grande mesa de piquenique de madeira numa pequena mata que dava para o rio. Em cima da mesa, havia garrafas e frascos, uma saladeira com pepinos e tomates e uma grande travessa com carnes frias.

Havia uma meia dúzia de homens sentados à mesa, todos à civil, em mangas de camisa e com calças largueironas de verão ou calções. A maior parte tinha marcas de escaldão idênticas no peito e no pescoço por trabalharem de camisola. Levantaram-se quando Arkhipov se aproximou, exceto um homem mais velho sentado à cabeceira.

— Camarada almirante, que excelente surpresa. — Arkhipov fez uma continência elegante.

O vice-almirante Leonid Leontyev, segundo-comandante da Esquadra do Norte, saudou Arkhipov com a palma da mão.

— Hoje, nada de formalidades, Vasily. Somos todos camaradas. Vá, senta-te ao meu lado. Já conheces toda a gente... — Arkhipov acenou com a cabeça aos comandantes e imediatos da sua esquadrilha. — Com a possível exceção do jovem Maslennikov? É filho da minha irmã. Capitão-de-fragata Ivan Semyonovich Maslennikov, das Informações Navais. Vai navegar contigo e com o Savitsky no B-59. É o vosso *politruk*.

Politruk — oficial político. O homem do Partido a bordo, o segundo a seguir ao comandante em termos de autoridade e seu igual nos submarinos de mísseis nucleares, onde só eles os dois possuíam as chaves para armar os mísseis.

Maslennikov hesitou, mas acabou por fazer a continência.

— É uma honra servir consigo, comandante.

O grupo fez espaço para Arkhipov se sentar. Encheram os pratos e os copos. Brindaram à Marinha soviética, aos respetivos submarinos e às mulheres e às namoradas, com a piada mais antiga da esquadra: que nunca se encontrem. Arkhipov não era muito de copos, e depois do acidente do K-19 os médicos tinham-lhe proibido o álcool durante a maior parte do ano transato. O calor estival e a vodca *Kristall* geladinha subiram-lhe à cabeça.

— Um brinde à Ordem da Bandeira Vermelha do comandante Arkhipov! — O velho almirante também estava a ficar grosso. — Vasily Aleksandrovich, à tua condecoração. Ao teu heroísmo, comandante.

Houve algo no tom sentido de Leontyev que ficou no ouvido de Arkhipov. Ele ergueu o copo e levantou-se meio a abanar.

— Com sua licença, almirante. Todos sabemos porque é que fui condecorado, por isso, não bebamos ao meu heroísmo. Bebamos aos nossos camaradas desaparecidos. — A seriedade na voz rouca de Arkhipov levou-os a levantarem-se de imediato, com a solenidade apropriada estampada nos rostos. — A eles.

Não fizeram tinir os copos — estavam a brindar aos mortos — e beberam em silêncio. Quando se sentaram, o ambiente jovial da almoçarada tinha-se evaporado. Leontyev quebrou o silêncio.

— Vou dizer uma coisa porque ninguém vai falar nisto. O que é que aconteceu realmente no K-19, filho? Conta-nos a história a sério. Todos queremos ouvi-la.

Arkhipov olhou para os homens que ele ia comandar, para a face jovem e entusiasmada de Maslennikov e para o rosto gasto do almirante.

— Desembucha, homem. A única coisa que ouvimos foram as tretas oficiais e boatos sem nexo. Faz-nos bem ouvir de uma fonte segura. E faz-te bem a ti contar. A outros submarinistas. A camaradas.

— Talvez tenha razão.

Arkhipov serviu-se de vodca e bebeu de um trago com uma careta, sem esperar por um brinde. Fez uma pausa e tomou uma decisão.

— Muito bem. Fica entre nós. Como sabem, foi a viagem inaugural do K-19. Um submarino novinho em folha, o orgulho da esquadra. O nosso primeiro submarino de mísseis balísticos nucleares equipado com um reator nuclear. O primeiro da classe. Uma guarnição inteiramente composta por veteranos orgulhosos por servirem a bordo. Nada de recrutas novatos. A melhor comida da Marinha, o cozinheiro veio da sede do Estado-Maior. Adiante. Tivemos alguns problemas para pôr o submarino operacional. Por causa de uma trapalhada com o reator antes das provas de mar, a caldeira teve de ser desmontada e reconstruída. Depois, quando saímos para o mar, para o submarino esticar as pernas, quase foi inundado por causa de uma gaxeta defeituosa. Os maquinistas começaram a dizer que o K-19 era azarado.

— Eu estive no lançamento — interrompeu o almirante. — O mestre de cerimónias foi um dinossauro qualquer do Politburo.

Devia ter sido uma mulher. Quando o idiota atirou a garrafa de champanhe contra o casco, não se partiu. O casco estava revestido com tinta com um elevado teor de borracha, lembras-te? A garrafa fez ricochete. Os marinheiros são muito supersticiosos.

Maslennikov ficou em choque: o velho Leontyev estava a abusar da sua patente ao gozar com um membro do Politburo à frente de oficiais subalternos.

— Saímos para o mar em junho do ano passado — prosseguiu Arkhipov. — Rumo aos nossos primeiros exercícios militares. A ordem foi para entrarmos no Atlântico Norte sem sermos detetados pelos ianques. Estava tudo a correr bem. Celebrámos o aniversário do comandante com uma ração dupla de gelado e tinto, o comandante Nikolai Vladimirovich Zateyev. Serviste com ele, não foi, Savitsky?

— Foi. — A voz tonitruante de Savitsky contrastou com o tom confidencial de Arkhipov. — Um oficial e peras. Da velha escola. Veterano de guerra, como o respeitado camarada almirante aqui presente. Não estava com meias medidas. Mais depressa ia ao fundo do que manchava a reputação da esquadra.

Arkhipov ponderou longamente as suas palavras seguintes.

— Tens razão, Savitsky. O comandante preocupava-se muito com a honra da Marinha, talvez mais do que com os seus marinheiros. Seja como for, ele manteve o navio impecavelmente operacional e certificou-se de que os homens estavam contentes. Recebemos ordens para navegarmos ao longo da costa ocidental da Gronelândia e depois sob o gelo ártico para aferirmos a capacidade do submarino de gerar o seu próprio oxigénio. Foi construído para estar submerso durante semanas. Em teoria. Íamos navegar até à costa dos ianques sem sermos detetados.

— Uma máquina espantosa — murmurou Leontyev, abanando a cabeça.

— É verdade, almirante. No dia 4 de julho, de manhã, comecei o meu quarto e assumi o comando. Estávamos a navegar a cerca de noventa metros de profundidade, com todos os sistemas normais. De repente, recebi um telefonema da sala das máquinas.

Eu e o Yura, o Yuri Postev, o tenente responsável pela propulsão, fomos a correr ver qual era o problema. O comandante multava-nos quando praguejávamos, mas o Yura começou a dizer, «merda, merda, merda». Uma vibração na pressão do líquido refrigerante. O ponteiro baixou até ao zero. Depois, ouviu-se um alarme. As barras entraram em ação e desligaram automaticamente o reator.

— E desligou imediatamente? — perguntou o comandante Rurik Ketov, do B-4, um ex-engenheiro nuclear naval.

— Sim. As barras entraram perfeitamente, com o seu próprio peso, tal como foram concebidas para fazer. Sim, o reator desligou-se, sem dúvida. Mas o problema não foi esse. O núcleo já não estava a gerar energia, mas tinha tanto calor residual que nós teríamos de passar dias a bombear refrigerante. Mas a tubagem do refrigerante tinha rebentado. O compartimento do reator estava cheio de vapor radioativo que saía pelas ruturas do circuito de refrigeração. A temperatura era de cento e quarenta graus, e a do núcleo estava a quase nos oitocentos e a aumentar. O calor era tanto que provocou um incêndio quando o isolamento do sistema de refrigeração apanhou luz. O Filin, o engenheiro nuclear, entrou lá dentro com uma equipa e apagou o incêndio sozinho. Um herói do caraças, aquele homem...

Arkhipov calou-se, mas Leontyev puxou por ele.

— O Zateyev não ordenou a evacuação?

— Evacuação? Ainda estávamos submersos, almirante. Durante quase duas horas depois do acidente. Já passava das seis quando o comandante ordenou que subíssemos para a superfície. Julgo que ele não queria revelar a nossa posição antes de ter a certeza de que o reator estava fodido. Mas sem o reator, ficámos mais ou menos imobilizados. Uma presa fácil. Mas não tínhamos escolha. Erguemos a antena de comunicações para pedirmos ordens a Moscovo, mas tinha ficado danificada. Enviámos um pedido de socorro a alta frequência e entrámos em contacto com um dos nossos submarinos a *diesel*, o S-270. Estava a cerca de meio dia a sul de nós. Depois, recebemos uma comunicação de outro navio, muito mais próximo, mas era americano. Ofereceram ajuda, mas o comandante Zateyev recusou, não queria que o submarino caísse nas mãos dos imperialistas. Estava mais preocupado com o que os gajos do *kontora* lhe pudessem fazer quando regressasse a casa do que com as vidas da guarnição...

— E com toda a razão — interrompeu Savitsky. — Não se entrega um submarino ao inimigo só por causa de uma avaria. Ou discorda, comandante?

Arkhipov ignorou a interrupção.

— Ficámos por nossa conta até o S-270 chegar. O comandante convocou os oficiais para a messe. Estávamos a ventilar os espaços do reator com ar exterior o mais depressa que as bombas podiam, mas até a popa parecia uma sauna. O reator estava a cozer o submarino. O Filin disse que se não conseguíssemos pôr o refrigerante a correr, o núcleo ia derreter-se, fazer um rombo no casco e afundar-nos. Pôs os diagramas do reator em cima da mesa e disse: «Temos uma possibilidade. Ligamos o tanque com água potável ao sistema de refrigeração e enchemo-lo de água fria.» Mas para isso era preciso soldar no compartimento do reator, que estava mais quente do que o Inferno e ainda por cima radioativo. Os mostradores de radiação indicavam níveis letais. E não tínhamos nenhum equipamento de proteção a bordo, a não ser os fatos NBQ. O comandante sabia que ia mandar os rapazes para a morte, e pediu voluntários.

Uma espécie de sorriso de dor atravessou o rosto de Arkhipov quando ele se calou, a visualizar a memória.

— Os maquinistas do Filin ofereceram-se em peso. Oito homens. Isto é que é heroísmo. O Filin organizou-os: entravam aos pares, no máximo dez minutos de cada vez. Com os capotes e os fatos térmicos de borracha. Não tinham mais proteção. O médico fez-lhes leite em pó para irem bebendo. Leite, imagine-se! Mas os rapazes bebiam como se fosse uma poção mágica. O primeiro a entrar foi um sargento, com uma serra. Boris Korchalov. Saiu dez minutos depois, todo corado, como se tivesse estado demasiado tempo na sauna. Quando o puxaram pela escotilha, vomitou-se todo e caiu para o lado. Dois dos que estavam para entrar começaram a chorar, mas o Filin deu um estalo a cada um e mandou-os controlarem-se. E lá entraram eles, uns a seguir aos outros, serravam, serravam, descansavam um bocadinho e voltavam a entrar quando chegava a sua vez. Levaram duas horas para serrar a tubagem de aço e para cortar novos tubos. Entretanto, o vapor espalhou-se pelo submarino. Toda a gente sabia que estávamos a respirar veneno. O cozinheiro entrou em pânico na cozinha, começou a gritar que queria sair daquele caixão flutuante e tentou chegar à escotilha de fuga. Talvez tenha sido por isso que o comandante não quis subir logo à superfície. Debaixo de água, não se pode ir para lado nenhum. À superfície, é preciso combater o impulso para subir a escada ao encontro do ar de Deus.

— O comandante não deixou a guarnição sair para o convés? — O comandante Alexei Dubikov, do B-36, tinha o rosto enrugado de intensidade ao imaginar o desastre em potência. — Para longe do veneno?

— Estávamos no Atlântico Norte, camarada, que conhece tão bem como eu. As vagas teriam varrido os homens. E como é que ele ia obrigá-los a descerem? Não. O comandante sentiu que o pânico estava a tomar conta do submarino. Eu fui de compartimento em compartimento, a tranquilizar toda a gente com mentiras. Quando regressei à sala das máquinas, o comandante tinha ordenado ao sargento da escotaria que recolhesse o armamento portátil dos cacifos e o atirasse borda fora.

— Pensou na possibilidade de um motim? — Leontyev abanou a cabeça. — Isso não consta do relatório oficial.

— Um dos radiotelegrafistas disse que o comandante tinha recusado a oferta de auxílio dos ianques. Os homens começaram a murmurar que ele preferia que morressem todos como heróis do que entregar o submarino. Pois, é provável que o comandante tivesse razão. Até mandou deitar fora os foguetes dos salva-vidas insufláveis. Ficou com uma pistola para ele e distribuiu outras aos quatro oficiais nos quais mais confiava, incluindo eu, para o caso de ter dúvidas, Savitsky.

Os dois homens trocaram um olhar severo.

— Mas depois fomos informados de que o Filin tinha conseguido. Ligou um tubo ao sistema de refrigeração e começou a bombear água. O comandante, pelo intercomunicador, pediu três vivas para os maquinistas. Não é que os desgraçados conseguissem ouvir grande coisa. Eram uma visão horrível. Tinham o cabelo a cair, tinham a pele a cair. Parecia que tinham sido cozidos vivos. Mas a temperatura do núcleo começou a diminuir. Durante uma hora, mais ou menos. Mas depois o tampão que eles fizeram rebentou. O Filin teve de tirar os homens das macas para fazerem outro — com vapor sobreaquecido a sair do sistema de refrigeração. Um inferno. Foram escaldados.

Arkhipov passou a mão pelo rosto como que para apagar a imagem.

O velho almirante pôs a mão no ombro de Arkhipov.

— Vocês foram heróis, Vasily. Heróis a sério.

— Não, almirante. Os que foram para o compartimento do reator, sim. Os outros? Ficámos a suar naquele calor infernal e demos graças a Deus por não sermos nós.

— Mas trouxeram o submarino. E a guarnição.

— Trouxemos. O S-270 lá apareceu, mais de treze horas depois do acidente. Quando cheguei ao convés e inalei o ar puro, foi como se tivesse renascido. O céu noturno, as estrelas, eram a coisa mais bela que eu alguma vez tinha visto. Estendemos os lemes de profundidade dos dois submarinos até se tocarem como uma ponte para levarmos as macas com as baixas para o S-270. Foi um milagre, levámos a guarnição inteira para o outro submarino. Todos sabemos que os submarinos são espaços exíguos, mesmo com a guarnição normal, mas o S-270 parecia um troleicarro à hora de ponta. Dois ou três homens por beliche, mesmo o comandante. Parecíamos sardinhas numa lata. O pessoal do S-270 não queria tocar em nós, isto é, tocar fisicamente. Puseram-nos a partilhar os beliches uns com os outros para não os partilharem connosco. Era como se fossemos contagiosos. Mesmo depois de atirarem o vestuário dos maquinistas borda fora, os corpos continuaram a emitir radiação. Os *corpos* tinham-se tornado radioativos.

«Transformaram a câmara de sargentos num hospital de campanha. A primeira morte foi um dia depois, e numa semana morreram sete. Os feridos mais graves começaram a suar sangue. O médico esgotou os analgésicos. Os rapazes mal conseguiam sussurrar, tantas eram as dores. Imploraram ao médico que os matasse, que lhes acabasse com o sofrimento.

«Rebocámos o K-19 quase mil milhas até casa. Nos primeiros dias, tivemos de parar em cada quarto para verificarmos se as bombas refrigerantes montadas pelo Filin ainda estavam a funcionar, até o núcleo do reator arrefecer. Eu ofereci-me quase dez vezes. Deve ter sido por isso que me deram a medalha. Mas Cristo! Foi a coisa mais difícil que fiz até hoje, abrir a escotilha e entrar no submarino. Era como mergulhar num poço de veneno. E lá nos fomos arrastando até casa. Não enviaram um submarino mais rápido para nos evacuar porque o departamento político quis manter tudo em segredo.

Os olhos de Arkhipov fixaram-se em Maslennikov, sentado ao fundo da mesa.

— Não é verdade, camarada oficial político? Éramos a vergonha da Marinha, uma vergonha para ser abafada.

— Nunca se tratou de uma vergonha, comandante. Nunca. Mas suponho que pensaram no efeito sobre o moral da Marinha. Ver os homens assim. Ver o K-19, o orgulho da Esquadra do Norte da Ordem da Bandeira Vermelha, a regressar a casa a reboque? Pense no que teria sido.

Arkhipov franziu o sobrolho. Estava a ser difícil não se mostrar ressentido.

— E obrigaram-nos a esperar até que fosse noite para entrarmos na base dos submarinos nucleares, em Polyarny, como se fossemos ladrões. Ora aí tem o orgulho da Marinha soviética.

Maslennikov olhou para a mesa. Arkhipov, apesar do seu esforço para se manter cordial, sentiu-se a perder a compostura enquanto olhava para o oficial político.

— Capitão-de-fragata Maslennikov, olhe para mim. Diga-me uma coisa: de quem acha que foi a culpa? Do acidente do reator?

— De quem foi a *culpa*? — Maslennikov levantou a cabeça e olhou com perplexidade para Arkhipov, como se a pergunta tivesse sido feita em chinês.

— Alguém deve ter feito merda, não? O acidente deveu-se à negligência de quem?

— Comandante, todos nós lemos o relatório oficial. O inquérito determinou que o acidente foi causado por deficiências na soldadura durante a construção. Um soldador não cobriu a superfície da tubagem com panos de asbestos quando estava a trabalhar. Uma gota de aço quente caiu numa superfície desprotegida e causou uma fissura invisível. A pressão no sistema de refrigeração primário é superior a duzentas atmosferas, e a tubagem acabou por rebentar.

— Tem boa memória para os pormenores, camarada Maslennikov. E os engenheiros foram punidos? O pessoal do controlo da qualidade? O soldador?

Maslennikov ficou desconcertado e depois ofendido.

— Removeram algumas pessoas dos seus postos, comandante. Reviram os protocolos do controlo da qualidade, tomaram medidas...

Arkhipov percebeu que estava a ser agressivo, mas continuou.

— Ninguém foi punido. Quantos camaradas nossos morreram? Dezassete. Dezassete heróis soviéticos mortos. Todos condecorados a título póstumo. Mas os assassinos safaram-se. É assim que funciona a nossa gloriosa Pátria Soviética. Pune os inocentes e deixa os culpados nos cargos.

O rosto de Maslennikov era uma máscara de horror. O almirante ergueu as mãos num gesto enfático, como se estivesse a mandar parar o trânsito.

— Basta! Vasily, meu caro. O que é que te deu? Foi um acidente.

Arkhipov olhou para os presentes, subitamente envergonhado com a sua fúria. Ele não tinha o direito de roubar a crença sincera dos seus camaradas na Marinha e no país. Mais: Arkhipov deu-se conta de que se calhar invejava a fé deles. Percebeu que tinha ido longe demais e adotou um tom mais leve.

— Peço desculpa, almirante. Tem razão. Felizmente, a maior parte de nós sobreviveu. Em cento e trinta e nove, só morreram dezassete. Fizeram-nos transfusões de sangue totais, e até tentaram transplantes de medula óssea em alguns. O mais avançado que há. Não se pouparam a despesas para nos salvarem. Os médicos fizeram maravilhas.

O almirante pôs uma mão consoladora no ombro de Arkhipov.

— Algum tempo no mar vai-te fazer bem, camarada. Na companhia de gente forte e simples. Põe a cabeça em ordem. Lembras-te do que nos ensinaram na academia? «No mundo, não há nada mais concreto do que um navio de guerra.» Toda a gente e tudo no seu lugar. Sempre gostei desta ideia. Fazer parte de uma máquina maravilhosamente eficiente. Vá, vamos beber. À Pátria. À Marinha.

Leontyev serviu a vodca, deu o braço a Arkhipov e beberam juntos. Os olhos de Arkhipov encheram-se de lágrimas.

— E tu tens uma nova missão, comandante. Uma esquadrilha inteira, comandada por estes bons homens. E com os bons e antiquados submarinos a *diesel*.

Emborcaram a vodca em simultâneo. Enquanto bebia, Savitsky observou o seu choroso comandante de esquadrilha com os olhos semicerrados.

— Camaradas! — O almirante tinha claramente bebido demais e estava a ficar com a voz rouca e fininha. — Temos de agradecer ao comandante Arkhipov pela sua franqueza. E deem-se por felizes: graças à conduta dos oficiais do K-19, aprendemos lições difíceis. Lições valiosas que significam que este tipo de infortúnio não voltará nunca a acontecer na nossa gloriosa Marinha soviética! Nunca!

2

Teatro Bolshoi, Moscovo
13 de agosto de 1962

Vasin parou ao ver-se no espelho com moldura dourada no átrio sumptuoso do Teatro Bolshoi. Mal se reconheceu. Demasiada comida gordurenta da cafetaria da Lubyanka, e sol e ar puro a menos. A palidez do burocrata — chamavam-lhe «bronzeado do Kremlin». O rosto descaído, como ele nunca notara, com os olhos rodeados de um anel escuro. Mesmo sob a quente luz dourada da grande escadaria do Bolshoi, ele tinha um ar macilento. Ouviram-se três campainhas numa rápida sucessão e os últimos espectadores correram para os seus lugares.

Do seu lugar no primeiro balcão, Vasin perscrutou o público para tentar ver Sofia antes de as luzes se apagarem, mas não conseguiu. A cortina subiu e revelou um cenário sumptuoso da Rússia medieval povoado por extras com roupas garridas. A abertura bombástica de *Boris Godunov*, de Mussorgsky, encheu o auditório.

Vasin encontrou a sua espia no lugar que ele lhe tinha indicado para o seu primeiro encontro clandestino, no patamar por cima das casas de banho das senhoras. Sofia trajava o uniforme de serviço e estava com o habitual semblante carrancudo. Tinha o cabelo preso de qualquer maneira debaixo do bivaque. Negar-se a vestir-se bem para ele parecia ser a única maneira que lhe ocorrera de desafiar o sistema que a tinha abocanhado.

— Boa noite, Sofia Rafaelovna.

Ela acenou brevemente com a cabeça. Começar pelo princípio: marcar o próximo encontro antes de fazer qualquer outra coisa, uma das técnicas básicas que ele tentara explicar à sua relutante agente na primeira sessão de instrução operacional.

— Para o nosso próximo encontro, vou enviar-lhe novamente um bilhete para o teatro; envio-o para o seu escritório, às claras. Se não puder ir, telefone para o meu escritório e peça para falar com Valery Samuilovich. Numa emergência, se precisar de contactar comigo com urgência, peça para falar com Samuil Valeryevich. Tal como falámos.

Ela acenou negligentemente com a cabeça.

— Tem alguma coisa para mim, Sofia?

Sofia olhou furtivamente para a esquerda e para a direita antes de responder com um «murmúrio» bastante audível. Era mesmo péssima como espia.

— Como está ele? — sussurrou ela. — Ouviu alguma coisa?

— *Ele* quem?

A espanhola olhou para Vasin com ódio, mas o lado escuro e maldoso dele gostou. Era melhor a antipatia do que o desprezo do costume.

— O meu irmão.

— O Vladimir está a salvo. Pelo menos, de nós. O material?

Sofia fez uma careta, procurou na bolsa e bateu com um maço de cigarros *Yava* amachucado no peitoril do grande espelho que enchia o patamar. Vasin pegou-lhe e sentiu o pequeno invólucro de metal com a película.

— Foi um prazer falar consigo, camarada — disse Vasin depois de ela ter ido embora.

Ao observá-la a subir as escadas, Vasin reparou num homem de fato escuro parado no patamar seguinte, também a observar Sofia. A sua indiferença estudada marcava-o como um vigilante. Ou seria apenas um homem de meia-idade fixado numa rapariga bem-feita?

A suspeição entranhada nos corredores da Lubyanka era infecciosa.

As campainhas anunciaram o fim do intervalo e Vasin ficou sozinho. Depois, certificando-se de que não estava a ser seguido, foi buscar o casaco ao bengaleiro e saiu para a noite chuvosa.

Do Bolshoi à Lubyanka era um trajeto curto, passando pela enorme fachada de mosaicos do Hotel Metropol e pelo grande armazém Detsky Mir. A colossal massa quadrada do quartel-general do KGB desenhou-se no chuvisco do fim do verão como um paquete oceânico, com as luzes ainda acesas em mais de metade das janelas.

Vasin apanhou o elevador para o seu gabinete, no nono andar, trancou a porta, pegou no maço de cigarros e deixou sair o invólucro de metal. De seguida, pegou no telefone para chamar um estafeta do departamento fotográfico, que tal como o resto do *kontora* trabalhava vinte e quatro horas por dia. Não havia descanso para os guardiões da Segurança do Estado.

3

Quartel-general do KGB, Moscovo
14 de agosto de 1962

Orlov passou quase dez minutos a ler as estampas fotográficas em silêncio enquanto Vasin esperava, de pé, à frente da secretária. Orlov meteu os óculos de leitura no bolso do casaco, sem mostrar nenhum sinal de alarme ou surpresa.

— E então, Vasin?

— São instruções para a delegação cubana, general. Elaboradas para a visita do camarada Raúl Castro, no mês passado.

— Foi o que li.

— Diz... que pedimos ao Castro autorização para instalar mísseis nucleares de médio alcance em Cuba, general. Em segredo. Já enviámos especialistas para prepararem os locais de lançamento. A nossa liderança tem estado em conversações com os cubanos desde maio para obter autorização para a operação.

— Também li isso. Fascinante. E?

A única coisa que Vasin conseguiu deduzir da expressão do seu chefe foi que ele estava outra vez com um dos seus irritantes joguinhos do rosto inexpressivo. É a tua vez, Vasin.

— E... a Sofia Rafaelovna está à espera de que lhe digamos se pode passar estas informações ao coronel Morozov.

— Pois está. E?

— Se a deixarmos, o Morozov tentará certamente passar estas informações sensacionais aos seus controladores americanos.

— Concordo. Mas?

Vasin, qual colegial à frente do professor, sentiu um assomo de fúria face ao tom provocador de Orlov.

— Mas... General... Isto é explosivo. Trata-se de uma operação secreta de enorme sensibilidade estratégica. Não podemos usar isto como isco para apanhar o Morozov? E se ele descobre uma maneira secreta de comunicar isto aos americanos antes de o apanharmos? Se ele liga simplesmente de uma cabina telefónica para a embaixada americana? Teríamos deixado fugir um segredo tão valioso...

— *Podemos?* — interrompeu Orlov. — Meu caro Sasha. Disseste *podemos*? Nós podemos fazer tudo o que quisermos no interesse da segurança da Pátria.

Vasin resistiu ao impulso de retorquir e manteve-se calado. Quando finalmente falou, manteve a voz seca.

— Então autoriza que estas informações sejam passadas ao traidor Morozov, general?

— Autorizo, Vasin, autorizo. O risco é justificado. Mas trata de o apanhar antes de ele as conseguir passar... vai certamente tentar.

— Sim, general.

Vasin olhou em frente, para trás da cabeça de Orlov, mas sentiu os olhos do chefe fixos nele, à procura de sinais de desafio. Ficou inexpressivo. Orlov acenou secamente com a cabeça e devolveu-lhe o relatório.

4

Marginal Frunze, Moscovo
14 de agosto de 1962

— Então fisgaste a miúda? — Tokarev olhou para Vasin com um respeito relutante. — Foi rápido. Começou há... quatro semanas? E já está pronta para comprometer o homem?

Vasin, sentado ao volante, virou-se para Tokarev.

— Sim. Sim. Isso não é da sua conta e... ainda não.

Tokarev fungou.

— Não é preciso ficares melindrado. Então acho que estou fora. Dou os teus agradecimentos como garantidos.

— Não. Não está fora, Tokarev. Antes disso, preciso de mais informações.

— Que informações? E porquê?

Vasin endireitou-se na cadeira, de olhar fixo em frente. Sim, porquê? Ele tinha ordens de Orlov: dizer a Sofia para passar o relatório secreto. Que estava ele ali a fazer com Tokarev?

— Acerca de Cuba. Veja.

Vasin tirou um molho de fotografias da pasta e colocou uma no painel de instrumentos para Tokarev ler.

— Vai ficar a olhar, major?

O velho cavaleiro grunhiu e inclinou-se para ler. Os documentos estavam escritos num bloco de notas com a chancela do Ministério da Defesa. Todas as páginas estavam carimbadas com ULTRASSECRETO.

— Para quem é este relatório?

— Para o nosso camarada cubano Raúl Castro. Foi elaborado para ele. Antes das conversações com o Politburo.

Tokarev continuou a ler. No fim de cada página, virava a cabeça e Vasin colocava outra no painel. Tokarev terminou, recostou-se no assento, pôs a cabeça para trás e deu um longo assobio.

— Obrigado, camarada. Satisfez a minha curiosidade. E agora, tenho a cabeça no cepo por ter lido material confidencial.

— De nada, Tokarev. Mas o que significa isto realmente? Que aventura cubana é esta?

— O que *é*?

— Quero dizer... porque estamos a fazer isto? A querer enviar mísseis para Cuba?

Tokarev suspirou.

— Quer-me parecer que desconheces o segredo mais mal guardado da União Soviética. Pelo menos, o mais mal guardado nos meios militares.

— E qual é? Parece que toda a gente tem sempre um segredo que desconheço.

O velho cavaleiro virou-se com um olhar carrancudo. Vasin apontou silenciosamente com um indicador para o tejadilho do carro, como que a dizer, as chefias têm de saber, o Orlov tem de saber.

— Toca a despejar, Tokarev.

— Não temos mísseis de longo alcance suficientes... daqueles que conseguem atingir a América. Sabes quantos mísseis balísticos intercontinentais tem o glorioso Exército Soviético no seu arsenal? Adivinha.

— Não faço ideia. O Khrushchev não disse que estávamos a fabricar mísseis de longo alcance como quem faz salsichas? Quinhentos?

— Quase. Quatro. Apenas quatro.

— Espere... — Vasin procurou recordar-se de uma conversa na messe dos oficiais, em Arzamas, muitos meses antes. — Não li algures que já podem ser disparados de submarinos? Fizemos um teste no ano passado, não foi?

Tokarev acenou relutantemente com a cabeça.

— Correto. Sim. Temos submarinos que podem disparar mísseis nucleares. Mas desde o acidente do K-19, no verão passado, os nossos submarinos nucleares estão confinados nas bases enquanto os engenhocas descobrem a forma de impedir que eles vão pelos ares no meio do Atlântico. Seja como for, a classe Projeto 658, a do K-19, é a única capaz de disparar mísseis. Por conseguinte, a Pátria dispõe apenas de quatro mísseis estratégicos. E dos nossos bombardeiros nucleares estratégicos. Mas se nós conseguimos abater um U-2, os ianques conseguem facilmente abater um Tu-95.

— U-2? O avião espião americano?

— Exato, como o que foi abatido em Sverdlosk, em 60. A questão é que os bombardeiros nucleares estão obsoletos. São tão fáceis de apanhar como um ganso gordo — especialmente os capazes de transportar bombas verdadeiramente grandes como a de cinquenta megatoneladas que detonámos este outubro em

Novaya Zemlya. Um bangue do caraças, mas não há hipótese nenhuma de chegar a Washington com uma. Os nossos submarinos de mísseis estão no estaleiro. Os crânios não conseguem pôr os nossos mísseis estratégicos a funcionar. Por conseguinte...

— Estamos realmente indefesos?

— Temos quatro mísseis de longo alcance, mas centenas de alcance intermédio e médio. Para quem ouve falar nesta merda pela *primeira vez*, têm entre dois mil e quatro mil quilómetros de alcance.

Tokarev foi cáustico.

— Queremos que os cubanos concordem com a instalação dos mísseis na ilha porque é o único lugar de onde conseguimos atingir a América.

— Correto, camarada coronel. Vejo em ti um futuro especialista estratégico. Pomos lá os mísseis porque temos de pôr, caso contrário, ficamos, como disseste, indefesos.

— E se os americanos descobrem?

— Descobrem o quê? A diferença no número de mísseis ou a propostazinha que fizemos aos cubanos?

— Tanto faz.

Tokarev encolheu os ombros, recostou-se no assento e abanou a cabeça. Ficaram sentados em silêncio durante muito tempo. Tokarev saiu, mas inclinou-se para dentro do carro para uma última palavra.

— Digo-te uma coisa de borla, Vasin. Independentemente do que se esteja realmente a passar, o Orlov está fodido... E tu... estás tão fodido que a merda de baleia te vai saber a *sputnik**.

E atirou com a porta.

* Tipo de crepe de queijo. (*N. do T.*)

5

Estação de metro da Praça da Revolução, Moscovo
15 de agosto de 1962

— Quer mesmo que passe o relatório ao Morozov?

Vasin e Sofia estavam no átrio principal da estação de metro. A multidão da hora de ponta fluía à sua volta numa torrente constante. Tal como Orlov tinha dito uma vez, havia alturas em que o melhor lugar para uma pessoa se esconder era à vista de todos. Não tinha havido tempo para organizar outro encontro no Bolshoi e Vasin tinha simplesmente seguido Sofia quando ela saíra do escritório.

— Foi o que eu disse.

Um metro despejou passageiros, e Vasin e Sofia refugiaram-se junto de uma grandiosa estátua de bronze de um guarda fronteiriço com um lobo da Alsácia.

— Não percebo. É um relatório confidencial.

Vasin sentiu um impulso incontrolável para se rir do eufemismo de Sofia. *Confidencial?* Só um bocadinho. A multidão de passageiros desapareceu e as portas do comboio fecharam-se com um choque metálico violento. Sofia olhou em redor e sibilou com veemência.

— Como é que isto se encaixa na sua... teoria? Diz que o nosso amigo é um espião e quer que eu lhe passe segredos de Estado?

— Sofia, confie em mim. Nós sabemos o que estamos a fazer.

Ela lançou um olhar duvidoso a Vasin.

— Quando?

Vasin fez uma pausa. Precisava muito de mais alguns dias para descobrir a verdadeira razão pela qual Orlov tinha aprovado a entrega do relatório a Morozov, ao arremedo de toda a cautela e razão.

— Em breve. Aguarde o meu sinal.

— E que notícias há do Vladimir?

— De que notícias está à espera? Que ele mudou de ideias e decidiu regressar à URSS?

Sofia olhou para o chão com os lábios franzidos e Vasin percebeu que tinha cometido um erro com a sua ironia.

— Ouça, Sofia. Não podemos impedir o Vladimir de cometer erros. Mas saiba uma coisa: a sua cooperação está a mantê-lo tão seguro como o *kontora* pode manter. Garanto-lhe. Estamos nisto juntos.

Vasin sabia que nenhum deles acreditava nas suas palavras.

6

Rua Frunze, 3, Moscovo
16 de agosto de 1962

O telefone não parava de tocar. Na sua cama improvisada no sofá da sala de estar, Vasin pôs uma almofada em cima da cabeça. Vera acabou por atender e acordou o marido.

— É para ti. Uma Ekaterina Orlova.

Vera falou num tom neutro, mas a força com que bateu com a porta do quarto revelou o que ela estava a sentir. Vasin cambaleou até ao telefone. Passava bastante da uma da manhã.

A familiar voz rouca de Katya estava indistinta devido à bebida.

— Preciso de te ver, querido.

— Agora?

Vasin esforçou-se por não se mostrar tenso. Não suportava ser um gigolô noturno ao serviço da mulher do chefe.

— Agora, querido. Agora. Vem a minha casa.

O apartamento dos Orlovs, na Avenida Kutuzovsky, era de uma opulência obscena. Num lado, uma fiada de janelas altas dava para a avenida. As paredes estavam cobertas de retratos pomposos de heróis militares russos e soviéticos. Katya, podre de bêbeda, tinha um *négligé* cor-de-rosa com folhos. A maquilhagem estava toda esborratada. Vasin viu que ela tinha estado a chorar.

— Não te preocupes, ele está fora. Na dacha de alguém. Queres uma bebida?

Vasin abanou a cabeça e Katya não insistiu; pegou numa garrafa de cristal e encheu o copo enorme de conhaque.

— Queres falar comigo?

Vasin sabia que não estava a conseguir controlar a sua expressão. Sentiu nojo da mulher de Orlov, com os seus seios descaídos a libertarem-se da combinação de náilon e o cabelo todo desarranjado.

— Vejo que me detestas, Sasha. Se eu fosse tu, também me detestaria.

— Eu não te detesto, Katya.

Pronto. Ia ser uma daquelas conversas. Pelo menos não lhe ia exigir sexo. Ela agarrou-o bruscamente pela lapela.

— Escuta. Temos de falar de uma coisa importante. E não tem que ver connosco. Nem com o Orlov.

— Katya, mais cedo ou mais tarde, tudo tem sempre que ver com o Orlov.

Ela sorriu de esguelha.

— Sim, tens razão. Ele fala muito de ti, sabias? És importante para ele. E ontem disse que tu ias ajudá-lo a derrubar os belicistas. Eu perguntei «Quais belicistas?», e ele disse: «Os idiotas que julgam que somos invencíveis, agora que temos a nossa grande bomba. Os idiotas que acham que o Kennedy é um menino assustado para ser intimidado. Os idiotas que nos vão meter numa guerra. Por causa de Cuba.»

Katya largou o casaco de Vasin. Ele ficou calado, à espera de que ela continuasse.

— Sabes do que é que ele está a falar, não sabes, Sasha? Diz-me que sabes.

Vasin continuou calado, com a cabeça a andar à roda. Não conseguia concentrar a sua mente cansada na mais recente mistificação de Orlov. Katya foi de encontro a uma robusta mesa ornamental e quase atirou ao chão um espelho que estava encostado à mesa.

— Não estou a testar-te, Sasha. Isto não é um dos joguinhos do Orlov.

— É claro que não, Katya. Porque haveria eu de pensar isso? Mas já que perguntas, não, não faço a mínima ideia do que é que estás a falar. Quais belicistas? Porque quereriam eles provocar a América?

Vasin estudou os olhos manchados de maquilhagem e viu carência e vulnerabilidade.

— O Orlov acha que sou escrava dele, que sou a marionetazinha dele. Acha que toda a gente que o rodeia é. Eu deixo-o pensar assim, mas eu penso e ajo à minha maneira. E também tenho olhos e ouvidos.

— É disso que eu preciso, Katya, dos teus olhos e ouvidos. Mas não percebo o que me estás a dizer. Preciso que descubras mais coisas. Ajuda-me a compreender. Queres ajudar-me, não queres?

— Quero muito ajudar-te. E sabes porquê? Porque gosto de ti, Sasha. E não quero que o meu marido seja dono de tudo na minha vida. Talvez eu queira uma parte de ti só para mim.

7

Avenida Kutuzovsky, Moscovo
16 de agosto de 1962

Eram quase duas da manhã e as doze faixas da Avenida Kutuzovsky estavam praticamente desertas, com a exceção de dois polícias de trânsito infrutiferamente à espera de carros para mandarem parar. Vasin dirigiu-se ao *Moskvich*, estacionado a cem metros do prédio de Orlov. Havia uma limusina do Partido parada na curva, com o motor a trabalhar — devia estar à espera de que um mandachuva qualquer terminasse a sua jantarada bem regada no prédio de elite de Orlov.

Vasin ouviu as portas a abrirem-se; mas antes de ter tempo de se virar, os homens já tinham saído do carro. O motorista acendeu os máximos e encandeou-o. Mãos fortes agarraram-lhe os braços e quase o levantaram do chão quando o levaram para a *Chaika*.

Uma mão empurrou-lhe a cabeça para baixo e outra puxou-o para dentro o carro. A última coisa que Vasin viu antes de lhe porem habilmente o saco na cabeça foram as pontas de vários pares de botas de oficiais engraxadas. Enquanto o veículo ia acelerando, Vasin foi minuciosamente revistado pelos homens que o tinham preso ao assento.

Uma curva apertada à esquerda e logo a seguir, outra vez à esquerda. Deviam estar a fazer inversão de marcha debaixo da Ponte Kalinin. O carro ganhou velocidade e as luzes dos candeeiros tremeluziram como um estroboscópio através do saco. Vasin calculou que estavam na faixa central da Avenida Kutuzovsky, que era reservada para os carros do Estado. A via conduzia aos complexos de dachas da nata da elite da URSS. Vasin pensou em começar aos pontapés e a exigir explicações, mas achou melhor não. Já tinha uma ideia do que estava a acontecer.

Passada meia hora, a limusina fez uma curva apertada e os pneus começaram a rodar sobre gravilha. Um portão metálico abriu-se e um cão ladrou. A janela aberta do motorista deixou entrar uma baforada de ar húmido com cheiro a pinheiros. Tiraram-lhe o saco da cabeça e Vasin viu-se frente a frente com um elegante tenente do Exército com cabelo preto penteado para trás, sentado de costas para o motorista.

— Coronel Vasin. — O homem parecia estar a avaliar se o prisioneiro ia tentar fugir. Vasin não se mexeu. — Siga-me, por favor.

A casa era um monte de tijolo barroco, três andares de esplendor pré-revolucionário no meio de um pinhal. Era mais uma mansão do que uma dacha. O local parecia deserto, com a exceção de algumas luzes no rés do chão. Os dois gorilas que tinham viajado ao lado de Vasin afastaram-se e deixaram-no seguir o jovem oficial subalterno sem escolta.

Um idoso com o antigo uniforme de sargento cumprimentou-os com um ar grave na porta principal, que era de madeira esculpida. O interior era uma mistura de luxo burguês e mobiliário oficial normal — um comprido tapete vermelho e dois retratos de generais cheios de medalhas. Vasin foi conduzido a uma sala de receções com filas de cadeiras de carvalho. A porta fechou-se e Vasin ouviu a chave a rodar. Ele era capaz de perceber o jogo. Quis ver as horas, mas o seu relógio de pulso tinha-lhe sido tirado no carro sem ele se aperceber. Vasin preparou-se para uma longa espera.

Vasin foi acordado pelo barulho de um carro na gravilha ao pé da janela. Ouviu-se um alvoroço de passos e vozes e a pesada porta principal abriu-se e fechou-se. Uma conversa murmurada do outro lado da porta da sala, que ele não conseguiu perceber. A chave rodou de novo na fechadura e o jovem tenente espreitou e acenou com a cabeça para Vasin o seguir.

A casa estava completamente iluminada, com a luz dos candelabros refletida nos espelhos manchados que iam do chão ao teto. Uma grande escadaria de madeira conduziu-os a um salão com várias portas. O tenente bateu levemente a uma, ouviu uma ordem abafada e abriu-a a Vasin com uma formalidade exagerada.

Um homem musculoso, a meio da casa dos cinquenta, estava de pé junto de uma grande lareira de mármore a ler um papel manuscrito. Vasin reconheceu de imediato o major-general das Forças Especiais que tinha saído com Sofia do Kremlin aquando da receção aos cubanos. Vestia um casaco de malha cinzento sobre uma camisola às riscas e calças de uniforme de combate, e tinha o cabelo cortado à escovinha, como um maçarico.

— Sente-se, Aleksandr Ilyich.

— General. Já nos conhecemos.

O sorriso rápido do homem pareceu o obturador de uma máquina fotográfica a abrir-se no seu belo rosto de sádico.

— É verdade.

Vasin sentou-se num cadeirão ornamentado ao pé da lareira vazia.

— Como devo tratá-lo, camarada?

— Camarada general serve. General Zimin.

Zimin leu o longo memorando até ao fim, andou duas páginas para trás e depois sentou-se numa cadeira à frente de Vasin.

— O senhor é um abelhudo. Minucioso. Implacável. Nós percebemos porque é que Orlov o escolheu.

— *Nós*, general?

O general ignorou a pergunta e folheou novamente os apontamentos.

— O senhor ameaçou a tenente Sofia Guzman com informações que diz possuir sobre o passado dela. Existem ou inventou-as para a fisgar?

Teria Sofia falado, arriscando a vida do irmão? Quase de certeza que não. Vasin amaldiçoou silenciosamente Tokarev.

— General, com todo o respeito, devo dizer-lhe que só o general Orlov poderá responder...

— O Orlov que vá para a puta que o pariu. Os nossos chefes têm contas próprias, não lhe dizem respeito. O senhor está aqui porque meteu o nariz numa coisa que não é da sua conta. Nem do Orlov. Está a investigar o coronel Morozov.

Vasin endireitou-se na cadeira. Não valia a pena negar.

— Nesse caso, conhece as minhas ordens, general.

Vasin sentiu Zimin a avaliá-lo como um pugilista antes de um combate.

— O Morozov é um dos nossos. Está do nosso lado. E o senhor tem de tirar o nariz dos assuntos dele. Imediatamente.

— Um dos nossos, quer dizer, um oficial das Informações Militares? Eu sei.

— Estou a dizer-lhe que ele está a trabalhar para o bem do país. Está a trabalhar para nós.

— E também está a trabalhar para vocês quando passa informações aos americanos?

Zimin semicerrou os olhos, mas não mostrou mais nenhum sinal de surpresa.

— Viram-no passar informações aos ianques?

Foi a vez de Vasin hesitar. Fazer ou não fazer *bluff*?

— Não, general. Não diretamente. Mas ele tem andado a procurar informações junto da Sofia Guzman sobre a Operação Anadyr. Ora porque está ele a recolher essas informações em segredo?

— Julguei que já tinha descoberto isso por si próprio, Vasin.

A conversa estava a transformar-se num duelo. Será que Zimin desconhecia a história da treta do Morozov de ser um enviado especial do Serov? Interessante.

— Não respondeu à minha pergunta, general.

— Não se ponha com joguinhos.

— O Morozov disse que era um enviado especial do seu chefe, general. Do general Serov. Disse à Guzman que o Serov precisava de uma fonte dentro da Anadyr.

Fez-se uma pausa enquanto Zimin digeria a informação. Foi uma pausa longa e reveladora. Zimin não sabia, o que confirmava que ele não tinha falado com Sofia. Ou seja, tal como Vasin suspeitara, a fonte de Zimin tinha de ser Tokarev.

— O que a tenente Guzman lhe disse está correto, Vasin. O Morozov está a trabalhar para o general Serov. Está a recolher informações em nome do general.

— Posso perguntar com que propósito?

— Não pode. Isto é um assunto militar interno.

— Mas o KGB tem motivos de peso para suspeitar que o Morozov teve contactos com o inimigo. Aqui e no estrangeiro. O que torna isto um caso de contraespionagem, logo...

— Não há nenhum «logo» — interrompeu-o Zimin com o dedo esticado. — Tudo o que o Morozov faz é porque o mandamos fazer.

Vasin encarou Zimin com um longo olhar avaliador.

— Incluindo encontrar-se com agentes estrangeiros.

Nova pausa.

— Mesmo isso. Não se deixe enganar pelas aparências.

— Está a dizer que vocês mandaram o Morozov entrar em contacto com os americanos...

— Eu *não* disse isso.

— O que significa que estão a controlar o Morozov como um agente duplo? Para passar informações falsas aos americanos? É isso que devo inferir desta conversa, general? Peço desculpa se percebi mal.

Zimin amachucou os apontamentos com a fúria estampada no rosto. Vasin tinha-o encostado à parede.

— *Não* é da sua conta, nem da do Orlov.

Zimin levantou-se, atirou os apontamentos amachucados para cima de uma mesa cheia de papéis e passou a mão pelo cabelo, de costas para Vasin. Estava nitidamente incomodado.

— O Orlov sabe o que o senhor sabe? Sabem o que a Guzman passou ao Morozov sobre a Anadyr?

O tom do homem tinha algo de inquietante, era quase como se ele estivesse... alarmado?

— É claro que sim, general. Informei-o imediatamente de tudo. — E Vasin fez *bluff*: — O Morozov recebeu o material.

— *Bylad* — murmurou o homem, como que para si próprio. — Foda-se.

Vasin permaneceu em silêncio enquanto o seu interrogador andava de um lado para o outro. Tinha a mente a cem à hora. Será que a ideia de a GRU usar Morozov como agente duplo fazia sentido? Ou será que o homem de Serov estava simplesmente a proteger o chefe, a ganhar tempo enquanto Serov arranjava maneira de silenciar para sempre o seu protegido traiçoeiro? Vasin decidiu quebrar o silêncio.

— Camarada general. Disse-me para não interferir com o Morozov. Mas eu sou um oficial e foi-me dada uma ordem: apanhá-lo. Se quiser que eu desista, terá de falar com o meu chefe. Ele é que é o meu comandante.

Zimin estava ao pé da lareira, com os punhos carnudos apoiados na secretária. Vasin sentiu a sua confiança esfumar-se sob o olhar furioso do homem.

— Muito bem, Aleksandr Ilyich. Não lhe dou ordem nenhuma. Podemos chamar-lhe um conselho, se preferir. De um oficial para outro. Não vai descobrir nada. Vai ficar cego e surdo. Vai dizer ao Orlov que o Morozov está limpo. Compreendido? E vai saltar fora. Enquanto ainda pode.

8

Zhukovka, região de Moscovo
18 de agosto de 1962

Orlov no meio da natureza: uma visão estranhamente perturbadora. O chefe, de tronco nu e com uns antigos calções de algodão, estirado numa cadeira de verga ao lado de Vasin. Os últimos dias do verão de Moscovo estavam no seu auge húmido. A folhagem em torno da dacha de Orlov era abundante, os ramos de um arbusto de lilás estavam obscenamente carregados de flores. A camisa e as calças de linho de Vasin estavam encharcadas em suor. O relvado não aparado atrás da enorme casa de verão estava cheio de mosquitos. Katya surgiu na varanda com um vestido largo de algodão coberto de fitas com folhos e demasiado revelador.

— O almoço está pronto, rapazes.

Duas jovens criadas puseram os pratos numa larga mesa de madeira situada num terraço à sombra da casa. Orlov e Vasin juntaram-se a uma dúzia de oficiais superiores do *kontora* que estavam sentados à mesa. Num grupo separado, as esposas — clones de Katya — bisbilhotavam animadamente em voz baixa. Os motoristas, que grelhavam as espetadas nas traseiras da dacha, emitiam um zunzum de vozes masculinas e geravam baforadas de fumo da carne e de tabaco. A uma indicação de Katya, os convivas sentaram-se obedientemente nos lugares predeterminados. Orlov insistiu que Vasin se sentasse à sua direita, e Khrustalev, o seu motorista veterano, apareceu com uma travessa fumegante cheia de espetadas de borrego e frango.

— Comam! Comam, camaradas! O molho de pimenta foi feito pela minha mulher.

Vasin, envergonhadíssimo por se sentar no lugar de honra, olhou de relance para os presentes, que começaram a atacar o almoço. Todos eram de patente superior à sua, e pareciam saber algo que ele desconhecia. Vasin pensou que já tinham visto muitos jovens craques sentados ao lado do chefe.

Uma tarde de sábado à conversa com aqueles tubarões do KGB, intercalada com uma quantidade infindável de brindes com vodca, deixou Vasin quase sem fala devido ao álcool e à exaustão. Quando finalmente se levantou da mesa e se refugiou na folhagem fresca do jardim, as sombras já eram enormes. Os últimos convidados deitaram os cigarros para o relvado e puseram-se em fila para abraçarem o torso suado do chefe.

Orlov desceu as escadas, passou por Vasin e foi urinar ruidosamente num frondoso arbusto de mimosas.

— Estás a divertir-te, Sasha?

— Sim, general. Muito. Sinto-me honrado.

Orlov abotoou-se e virou-se para Vasin.

— Esta coisa do Aquário. O Zimin, ou lá como ele se chama. A avisar-te para saltares fora. Devem estar a cagar-se de medo.

— Por?

— O Serov sabe que o seu menino preferido é culpado. E sabe que quando o Morozov rebentar, a merda vai cair-lhe em cima.

Vasin baixou a cabeça num silêncio reverente — e também não estava confiante na língua, baralhada com a vodca.

— A história de o Morozov trabalhar para eles é uma treta. Estão a inventar para se cobrirem. E quanto mais o Morozov cair, mais na merda eles vão ficar. Vamos ver até onde ele os arrasta.

Orlov deu uma risada gutural, e Vasin recuperou finalmente a voz.

— Mas o material que autorizou a Sofia a passar ao Morozov... Não deveríamos...?

Vasin ficou com a boca seca perante o olhar inquiridor de Orlov.

— Adiar? Para o caso de ele evitar a nossa armadilha e conseguir revelar os nossos segredos aos ianques? É a tua canção do costume, Vasin?

— É a minha canção do costume, general.

— E deixamos o Morozov impune? Continuamos com a merda da tua vigilância infrutífera? Talvez... possivelmente... provavelmente... o querido amigo e protegido do general Serov seja um traidor, mas nunca saberemos porque não nos atrevemos a desentocá-lo? Merda para isso, Vasin. Vamos apanhá-lo a tentar vender o material aos seus amigos americanos. Esperamos. Observamos. E, depois, atacamos.

— E se ele passa tudo? Mesmo debaixo do nosso nariz, enquanto o vigiamos?

— Tu vais garantir que isso não acontece.

— Mas se o Serov sabe que andamos em cima do seu homem, o Morozov também vai saber, não?

Orlov oscilou ligeiramente. Vasin viu que ele estava podre de bêbedo. Mas o rosto de Orlov abriu-se subitamente num sorriso rasgado, e o general ergueu as mãos para o límpido céu estival.

— Talvez sim, talvez não. Dizes que o Zimin te perguntou se o Morozov já estava na posse da documentação da Anadyr? Parece que eles não sabem, logo, o Morozov ainda não foi avisado. Porquê? Sabe-se lá? Mas eu sei o seguinte: vamos abater os gansos no nosso céu, Sasha.

— Como assim?

— Vamos abater os gansos que conseguirmos. Os que sobrevoarem as nossas armas. Com as munições que tivermos.

O cérebro alcoolizado de Vasin esforçou-se por compreender. Orlov parecia mais preocupado com a sua querela pessoal do que com a segurança nacional.

— General, o ganso é... o Morozov ou o Serov?

— Meu rapaz. Não me estás a ouvir. São ambos gansos. E já agora: quando é que a Guzman vai passar o relatório?

Vasin hesitou. Mentir a Orlov era sempre um perigo. Não era possível ganhar mais tempo.

— Na segunda-feira, general. Têm um encontro marcado para segunda-feira à tarde.

Orlov ergueu o queixo para os ténues raios do sol e fechou os olhos num momento íntimo de vitória.

— Vem cá, meu rapaz. — Orlov abriu os braços e Vasin deixou-se acanhadamente abraçar. Orlov tresandava a suor ácido de vodca e a fumo de madeira queimada. O general deu-lhe uma palmada nas costas — com força, mais como um estalo — e soltou-o. — Bom trabalho.

— Foi uma tarde maravilhosa, general, muito obrigado por...

Orlov ergueu a mão para calar os agradecimentos de Vasin e sorriu beatificamente. Mas quando Vasin se ia virar para se ir embora, o general levantou um dedo.

— Mais uma coisa. Deve ter sido o Tokarev que se chibou ao Zimin, correto?

— É o que parece, general. Não pode ter sido mais ninguém. A Sofia nunca...

— Compreendo — disse Orlov. — Podes considerar essa questão tratada. Tu sabes que eu tomo conta da minha gente, Sasha. Não vou deixar que uns cabeças quadradas para canhão do Exército nos insultem. *Me* insultem. «A mim pertencem a vingança e a destruição, quando o pé deles resvalar, pois está próximo o dia da sua ruína; depressa virá o seu destino.» Deuteronómio, Sasha. Como vês, os meus estudos bíblicos não foram um desperdício total.

O general citou como se estivesse a fazer um gracejo em sociedade. Vasin procurou palavras que pudessem conter o ódio de Orlov a Tokarev. O homem podia ser um bufo, mas também era os olhos de Vasin no Aquário. E será que algum erro seu tinha revelado a sua ligação a Tokarev aos seus implacáveis chefes? Vasin quase se sentiu responsável pelo que estava prestes a acontecer ao desgraçado maneta.

Mas antes de Vasin conseguir acrescentar alguma coisa, Orlov ergueu as mãos num gesto metade hierático, metade cómico, disse adeus a Vasin e desapareceu para dentro da casa.

9

Rua Frunze, 3, Moscovo
20 de agosto de 1962

A brisa matinal era um indício da frescura outonal. O pátio do prédio de Vasin cheirava às amargas e verdes maçãs *antonovka* que amadureciam na avenida. Uma cacofonia concorrente de música animada na rádio emanava de janelas de cozinhas. Vasin saiu do edifício e olhou para o límpido céu azul. Pela primeira vez em meses, sentiu-se confiante e quase feliz. Morozov estava prestes a ser apanhado em flagrante. O pesadelo de Vasin estava a chegar ao fim. Quanto ao resto... Sentiu francamente que se estava nas tintas. Podia tirar os mísseis e Cuba da cabeça — desde que encerrasse o caso de Morozov.

Assim que viu Tokarev, Vasin soube que algo estava terrivelmente errado. O homem estava encostado ao grande arco entre o pátio e a rua, com o casaco do uniforme desabotoado. O corpo estava frouxo, como uma marioneta com os cordelinhos cortados. Vasin estremeceu. A vingança de Orlov fora rápida.

— Tokarev! O que aconteceu?

O velho cavaleiro tinha um ar esgazeado.

— Vasin. Suplico-te. Tira a Saida de lá. Por favor.

— Tiro *quem*?

Vasin conduziu o velhote para debaixo do arco, para não serem ouvidos pelas curiosas avozinhas que habitavam no pátio.

— A minha mulher. Foram buscá-la ontem à noite.

— O *kontora*? Qual foi a acusação?

— Não foi o *kontora*, foi uma ambulância do manicómio. Levaram-na para o Instituto Serbsky.

As palavras atingiram Vasin como um murro no estômago. O Centro Científico Nacional Serbsky de Psiquiatria Social e Forense era o hospital psiquiátrico mais inacessível e mais famigerado de Moscovo. Vasin fechou os olhos durante um longo momento. «Considera o Tokarev tratado», dissera Orlov. Mas... a *mulher* dele? Para o Serbsky? A imagem tornou-se horrivelmente nítida na mente de Vasin. A mulher de Tokarev, a debater-se, aos gritos, enquanto os enfermeiros corpulentos a manietavam e lhe espetavam seringas no braço até encontrarem uma veia. E depois — frouxidão e silêncio. Olhos aterrorizados num corpo paralisado. Vasin tinha assistido à mesma coisa nos manicómios onde a sua pobre e louca irmã, Klara, tinha terminado a sua breve vida.

— Vasin, eu posso explicar. É verdade. Eu falei com o Zimin. Ele deu a entender que já sabia tudo...

— Isso pode esperar. Mas diga-me porquê.

— *Porquê?* Estás a dizer que não tens nada que ver com isto? E que o Orlov também não tem? — Tokarev estava tão desesperado que mal conseguia falar. Tinha raiva nos olhos.

— Estou a perguntar porquê a sua mulher, a Saida? Porque é que a levaram?

— Porque a Saida tinha... — Tokarev não conseguia encontrar as palavras — qualquer coisa na cabeça. Quando ela era nova, durante a guerra, viu coisas que a enlouqueceram. Durante a ocupação fascista de Kharkov. Foi trabalhadora escrava. Obrigaram-na a fazer... coisas terríveis, coisas que lhe destruíram a mente. Valas comuns de execuções. Assistiu a chacinas em massa. Coisas que tu e eu não conseguimos imaginar. Teve um colapso nervoso e foi parar à *durka*.

Durka — casa dos doidos —, calão para *durdom*, hospício.

— E pediu ajuda ao Orlov para a tirar de lá?

— Não finjas que não sabes, meu *merdas*.

Vasin deu um passo atrás com medo de que o velho, mas poderoso soldado o atacasse com as próteses.

— Mas não sei. Tokarev, eu não fazia ideia. Juro.

Tokarev limpou o cuspo da boca com a manga e esforçou-se visivelmente por se acalmar.

— Ela era minha noiva, Vasin. Sim, quando o Orlov me recrutou, pedi-lhe esse favor, e ele fê-lo. Tirou-a de lá e devolveu-ma.

— E fisgou-te.

— Não sei como dizem vocês, chekistas. Mas agora temos de a tirar de lá. Agora.

— Antes que a amarrem à cama e a encham de drogas.

Vasin falou mais para si próprio. A imagem da irmã, Klara, esquelética e delirante na cama do hospital psiquiátrico, surgiu dos recessos mais profundos da sua memória. A indiferença dos médicos, o fedor râncido dos lençóis empapados de urina, o medo puro nos olhos de Klara quando não estava sedada.

— Que sabes tu de manicómios? — Tokarev olhou intensamente para Vasin, suspeitando de um truque.

Um grupo de crianças barulhentas acompanhadas por uma mulher jovem apareceu no arco e passou entre os dois homens a caminho do pátio, impondo-lhes silêncio. Depois de desaparecerem, Vasin aproximou-se do velho, cheirando-lhe o hálito azedo. O homem tinha a barba por fazer — seria Saida quem o barbeava? —, e a camisa e as calças desabotoadas. O elegante oficial, que poucos dias antes fora tão rígido e orgulhoso, estava completamente desfeito.

— Digamos que é uma história de família.

O rosto tenso e furioso de Tokarev transformou-se, contra a sua vontade, em algo mais trágico e desesperado.

— Vasin. Tens de compreender...

— Não. O *senhor* é que tem de compreender. Fez merda com o Orlov. Estava à espera de quê, por amor de Deus? — Vasin sentiu a sua fúria a crescer. Não conhecia Saida Tokareva, mas doía-lhe o coração de pensar no que ela devia estar a passar. — Não conhece o Orlov? Não tem ideia do que ele faz a quem se mete com ele?

— Nós fomos vistos juntos, Vasin. Não me perguntes quando nem onde. Mas o Zimin veio ter comigo. Sabia tudo sobre ti. Perguntou-me: «Sabemos que andas a falar com um gajo do Orlov, um tal de Vasin... quem é ele?» Que podia eu dizer? A culpa é *tua*.

Vasin deu um passo atrás e virou-se para o pátio banhado pelo sol. Talvez ele tivesse inadvertidamente exposto Tokarev ao perigo. E Vasin não conseguia encontrar nenhum motivo para que Tokarev fosse falar voluntariamente com os seus chefes, porque sabia muito bem do que Orlov era capaz. *Merda*. Mesmo com um grau de afastamento de Orlov, Vasin infetava tudo o que tocava.

— Imploro-te, Vasin. Tira-a de lá. Ajuda-me a tirá-la de lá. Faz o que for preciso. *Eu* faço o que for preciso. Mas... não consigo viver sem ela. — Tokarev desatou a chorar. Era uma visão tão terrível que Vasin virou involuntariamente a cara. Procurou palavras de conforto, mas não lhe ocorreu nenhuma. Exceto uma coisa.

— Tokarev. Não o posso ajudar agora. Nada que eu diga ao Orlov o vai fazer mudar de ideias. Conhece-o. Ou conhecia-o. Ele é vingativo. É frio, mas é lógico. Meta-se com ele, e ele destrói-o. Ajude-o, e ele recompensa-o. Por favor. Pela Saida, descubra qualquer coisa que o Orlov possa usar. Qualquer coisa secreta. Qualquer coisa poderosa. É a única coisa que pode fazer para salvar a Saida.

Com um homem menos orgulhoso e menos valente, Vasin talvez lhe tivesse posto uma mão reconfortante no ombro, mas Tokarev pôs-se praticamente em sentido, infinitamente patético, mas ao mesmo tempo digno na sua roupa desabotoada. Olhou para Vasin com os olhos injetados de sangue e acenou ligeiramente com a cabeça, reconhecendo a sua lógica fria e brutal. Depois, deu meia-volta e marchou para a rua banhada pelo sol.

10

VDNKh, Moscovo
20 de agosto de 1962

A tarde soalheira estava fresca, e Vasin, com a sua fina gabardina, teve um arrepio. A Exposição das Conquistas da Economia Popular (VDNKh) estava apinhada de grupos de crianças e de operários chegados de autocarro das províncias. Um grupo de funcionários com fatos de macaco azuis e de esfregonas e trapos nas mãos estava a lavar a fonte coberta de folha de ouro antes de ser coberta com a sua serapilheira de inverno.

— Vais comprar-me uma gasosa?

Apesar de ser casada com um general do KGB, Katya Orlova era péssima a conspirar. A ideia dela de passar despercebida era aperaltar-se com um casaco amarelo-vivo importado e um lenço azul-elétrico na cabeça. Vasin levantou-se circunspectamente para a cumprimentar. A noite em branco tinha-lhe tirado a força do corpo e a cor da face.

— Sasha. Estás com um ar péssimo. O que é que aconteceu?

— Aconteceu o Orlov. Aconteceu o Serov.

O rosto de Katya ensombrou-se. Ela deu o braço a Vasin e afastaram-se de um grupo de turistas que vinha na sua direção.

— Conta-me.

— Fui ameaçado pelo Serov, ou antes, por um dos seus homens. Disse-me para me afastar do Morozov. Disse que ele é um agente duplo dos militares. Ou pelo menos, sugeriu que era. Mas não é.

— Ameaçaram-te com o quê?

— Com ser esmagado como o trigo numa mó. Entre o *kontora* e o Aquário. O teu marido esmagou o militar que me denunciou. Um velho cavaleiro, veterano de guerra, ficou sem as mãos por causa de uma granada. O teu marido mandou internar a mulher dele num hospício. Ou seja, só Deus sabe o que me vão fazer a *mim*.

— E estás nervoso porque julgas que és sacrificável? Um peão no jogo do meu marido? Mas Sasha... é exatamente isso que tu és.

Vasin parou de repente.

— Ele disse-te mais alguma coisa?

— O Orlov nunca me diz muita coisa. Mas eu prometi-te que ia manter os olhos e os ouvidos abertos, e ele fala com os compinchas ao jantar. Ontem à noite, voltaram a falar de Cuba.

— Da Operação Anadyr?

— Cala-te e ouve. Disseram que os cubanos concordaram. O irmão do Castro finalizou os detalhes quando esteve em Moscovo. É para avançar. São estas as últimas notícias. Qualquer coisa relacionada com os nossos militares elaborarem um plano para uma base de mísseis perto da América? Bem. Os cubanos ficaram convencidos. Acham que a ilha vai ficar protegida contra um eventual ataque dos ianques.

— E o Orlov? E os seus amigos do *kontora*...?

— Acham que é uma loucura, especialmente se os americanos descobrirem. Vai provocar uma guerra, a menos que a coisa seja impedida. Foi o que disse o Voznesensky, o vice-chefe da Primeira Direção-Geral.

— Impedida como? Se a operação já está em curso, é porque foi aprovada pelo Politburo. Está em curso, não está?

Katya encolheu os ombros.

— Não fiz perguntas. Limitei-me a ir buscar o conhaque.

— Disseram mais alguma coisa?

— Não é suficiente? Prometi que te contava o que os generais dizem à mesa. Pareceu-me importante.

— Sim, Katya, é muito importante. Mas...

— Sasha. Não te cabe fazer perguntas. Aceitas o que te dão, de quem te dá. Parece-te brutal? Não quero ser brutal. Mas vivemos no mundo em que vivemos. Aceitamos a liberdade que nos dão. Eu posso oferecer-te conhecimento, que também é uma espécie de liberdade. Porque é poder. Mas faz-me um favor: usa-o para ficares vivo. Por nós.

Então a Anadyr estava em curso. Nem o Orlov, nem o *kontora* — ou, pelo menos, os amigos dele no *kontora* — a tinham conseguido impedir. Sofia estava à espera do telefonema codificado de Vasin de uma cabina pública — um «número errado» — para o seu gabinete. Era o sinal para passar o dossiê da Anadyr nessa noite. Vasin não podia empatar mais.

Vasin despediu-se de Katya com o máximo de afeto que conseguiu, e depois ficou a olhar — mas sem realmente ver — para a enorme espiral dourada do pavilhão da República Socialista Soviética da Moldávia.

Será que Orlov *queria* que o Morozov revelasse aos ianques a catastrófica falta de mísseis de longo alcance? E que lhes revelasse a Anadyr?

11

Lago dos Pioneiros, Moscovo
23 de agosto de 1962

A superfície do pequeno lago estava absolutamente imóvel. Até os patos estavam a dormir nas suas ilhas flutuantes, imóveis como chamarizes. Alguns cidadãos regressavam apressadamente a casa no crepúsculo de fim de verão.

Vasin atravessou o escuro apartamento de vigilância do *kontora* e agachou-se ao lado do corpulento Pushkov, sentado no seu posto à janela. À frente de Pushkov, um par de binóculos de artilharia montados num tripé apontavam à janela de Morozov, no outro lado do lago. O veterano afastou-se para Vasin espreitar para a sala de jantar de Morozov, onde o coronel estava tranquilamente a comer sopa com a mulher e a filha. A conversa chocha da família sobre o tempo chegava através de um altifalante sibilante ligado a um gravador de bobinas em funcionamento permanente.

— Alguma coisa?

Vasin viu pela cara de Pushkov que o alvo não se tinha revelado. Vasin e Pushkov retiraram-se para a cozinha iluminada para lerem os relatórios da vigilância. Escritório. Metro. Casa. Escritório. Já passavam três dias desde que Sofia tinha passado o crucial dossiê da Anadyr, mas continuava a não haver sinais de alterações na rotina diária de Morozov. Nenhum desaparecimento súbito, nenhuma tentativa de se esquivar à vigilância. Mas continuavam a existir grandes espaços temporais em branco em que o alvo não estava visível. Sempre que ele estava no Aquário, por exemplo. Ou no Ministério da Defesa. E todo o tempo entre estas duas situações, sempre a andar, a andar, a cruzar-se com dezenas de estranhos todos os dias no escritório e no metro.

— O meio de entrega pode ser uma caixa de fósforos deixada cair no chão, coronel. — A voz de Pushkov estava rouca de fumar, e o seu tom era rudemente reconfortante. O velho rufião sabia o que estava em jogo, ou uma parte, para a carreira de Vasin se ele não apanhasse Morozov. A equipa, fatigada, tinha sido informada para estar em alerta máximo depois de Sofia ter entregado o dossiê a Morozov, na noite de segunda-feira. — O sinal pode ser uma cortina levantada. Um vaso de flores à janela, mudado de lugar. Um saco levado na mão esquerda ou na direita. Pode ser qualquer coisa.

Vasin sentiu o velho endireitar-se para levar um ralhete de um chefe frustrado. Ricochetearia no velho brutamontes como uma ervilha numa parede. Mas Vasin sentiu-se a entrar em pânico e ralhou mesmo.

— Ou seja, se não descobrires com um traidor reunido com os seus controladores americanos, a culpa não é *tua*, é isso, Pushkov?

— Apesar da vigilância reforçada, não foi referida nenhuma atividade invulgar dos diplomatas americanos. Continuamos a cumprir o nosso dever ao máximo, camarada coronel.

A voz do velho tornara-se muito monótona. A mensagem silenciosa de Pushkov para Vasin foi evidente. Que merda é que vamos comer se fodermos isto, chefe? O chefe come um camião, mas eu só como um balde.

12

Estação Kursky, Moscovo
23 de agosto de 1962

O átrio da Estação Kursky era um bastião do sul da Rússia no coração de Moscovo. Os cais estavam cheios de camponesas ucranianas com vestidos tradicionais garridos. Algumas tinham malas cheias de alperces secos e passas de uvas e outras bebiam de garrafas um turvo sumo de frutas caseiro. Um grupo de homens morenos estava a discutir, num arménio gutural, por causa de um saco entornado de sementes de girassol cujo óleo emanava um cheiro doce ao serem espezinhadas pelos transeuntes. Os rostos dos viajantes eram vermelho-acastanhados devido ao sol quente do sul.

Vasin pôs a mão no ombro de Nikita e conduziu-o pelo meio da multidão. O magricelas, de catorze anos, era quase tão alto como o pai. Vestia uma camisa branca imaculada, calções pretos e a gravata escarlate dos Jovens Pioneiros, cuidadosamente passada a ferro. O bivaque de piloto estava decorado com insígnias de bom comportamento.

O comboio para o campo de elite dos Jovens Pioneiros, em Artek, na Crimeia, estava parado no cais 1, um lugar de honra geralmente reservado para as delegações oficiais e para as visitas mais importantes. Um mar de garotos com uniformes brancos e escarlates estava a dividir-se em grupos junto de alguns rapazes com bandeiras numeradas nas mãos.

— Estás na 4.ª Companhia, certo, Nikita?

— Pai. Eu sei. Eu fico bem a partir de aqui.

— Tens os documentos? O bilhete?

— *Pai.*

Nikita tirou a pesada mochila do Exército do ombro do pai e pô-la ao seu. Sorriu rapidamente e acenou à altura da barriga de Vasin como se um adeus com a mão pudesse ser considerado infantil. O garoto virou-se e desapareceu rapidamente num mar de garotos idênticos.

Vasin juntou-se a um grupo de pais e motoristas que aguardavam a partida do comboio. Era gente endinheirada que enviava os filhos para as vagas mais prestigiosas do campo nas férias de fim de agosto. Eram as donas de casa da elite do Partido, com a sua melhor roupa estival, algumas com guarda-costas. Vasin envergara o seu uniforme do KGB para a ocasião, mas Nikita não ficara menos envergonhado por ser visto com o pai. Vasin olhou à sua volta e deu-se conta de que talvez fosse o único pai presente. Naquela distinta companhia, ser um simples tenente-coronel era manifestamente humilde.

Uma voz de comando ecoou pelo cais e a tagarelice excitada dos rapazes sumiu-se à medida que formaram apressadamente filas e se puseram mais ou menos em sentido com o braço direito erguido na saudação dos Jovens Pioneiros. À segunda voz de comando, os garotos romperam a formação e subiram obedientemente e em silêncio para as respetivas carruagens. Vasin rezou para que Nikita gostasse do campo. Segundo a brochura sumptuosa, dispunha de três piscinas, um estádio e um estúdio cinematográfico, o Artekfilm. Mas se calhar tinha sido um erro enviar o garoto para um lugar cheio de *mazhory* — o calão pouco respeitoso para os meninos mimados da elite.

— Não queres que ele se torne um *mazhor*? — perguntara sarcasticamente Vera quando Vasin expressara nas suas dúvidas. — Queres que ela seja o quê? Um modesto soviético?

Ela tinha dito aquilo como se fosse um insulto.

Depois de os rapazes embarcarem, uma fila de auxiliares com uniformes elegantes assumiu posições ao longo do comboio. Cada uma tinha uma bandeira vermelha triangular debaixo do braço. Numa coreografia encantadora, rodaram à esquerda e depois à direita, e ergueram as bandeiras em simultâneo para sinalizarem que tudo estava bem. Ouviu-se o apito do guarda e, em resposta, um apito da locomotiva. O comboio arrancou lentamente e as auxiliares subiram para as carruagens. Algumas ficaram nos degraus de rede metálica até o comboio ganhar velocidade e depois entraram e fecharam as portas. Algumas mães aplaudiram cortesmente o desempenho das raparigas e disseram adeus aos filhos que rumavam ao sul, ao mar e ao sol.

Quando Vasin se virou para se ir embora, ficou paralisado. Um grupo de soldados com camuflados e as boinas castanho-avermelhadas dos Spetsnaz estava no átrio. Estavam armados com pistolas e com o modelo mais recente da *Kalashnikov*, com coronha retrátil. À frente, de mãos nas ancas e a olhar fixamente para Vasin, estava o general Zimin.

— O que o traz aqui, general?

— O miúdo seguiu bem para Artek, coronel?

Vasin lutou para reprimir a onda nauseante de raiva e medo que se apoderou dele.

— Merda, Zimin. Nem pense em...

— O que é, Vasin? Vai-me dizer que não se toca nas mulheres e crianças? Depois do que o *cabrão* do seu chefe fez à mulher do desgraçado do Tokarev?

O insulto gritado de Zimin fez algumas cabeças virarem-se com um ar de desaprovação. Os passageiros que esperavam por comboios começaram a observar o confronto com interesse. A fúria de Vasin rebentou como um balão.

Vasin aproximou-se de Zimin e sussurrou furiosamente:

— Isso é entre o seu chefe e o meu. Não tem nada que ver comigo. Nem consigo. — Vasin era meia cabeça mais baixo do que o general, mas estava tão furioso que encostou o dedo à peitaça de

Zimin. — Tem razão. O *meu* Orlov é um cabrão maldoso. Mas é *meu*. Tem a noção de que o KGB o pode foder completamente, a si e à sua família, se me tocar? Ou se tocar no meu miúdo? Ouça-me com muita atenção. Eu estava presente quando o Orlov decidiu destruir o Tokarev. Foi como se estivesse a matar um mosquito. O Orlov tem montes de dossiês cheios de porcaria sobre todos os membros do Politburo e mandachuvas do Exército. Está a fazer um jogo de morte com o seu chefe. Nós os dois estamos apenas a cumprir ordens. Acha que os nossos chefes querem saber de nós? Ou dos nossos filhos? Garanto-lhe que o Orlov se está nas tintas. Se for preciso, atiram-nos os dois às feras como danos colaterais. Mas pense no seguinte, Zimin: não se dá golpes baixos aos gajos que *inventaram* os golpes baixos. Nós escutamos metade do país a foder à noite. Sabemos todas as pessoas a quem telefona e todos os filmes que vê. Os professores dos seus filhos, o seu médico, as amigas da sua mulher? São nossos. O *kontora* administra mais de dois mil gulagues. Temos câmaras de tortura. Temos manicómios. E temos um exército inteiro de sádicos muito, muito experientes. Acredite em mim quando lhe digo que já vi o que eles podem fazer a um homem. Ou a uma mulher.

Zimin tinha dado um passo atrás perante a fúria de Vasin e estava de olhos arregalados, como se um puto franzino que contava intimidar facilmente tivesse de súbito puxado de uma navalha de ponta e mola. E Vasin manteve a pressão.

— Eu digo-lhe o que vai acontecer, general. Vamos sair calmamente daqui os dois. Vamos cumprir as nossas missões como oficiais soviéticos honrados, e mais nada. Assim, ninguém morre. E talvez um dia possamos trabalhar para seres humanos normais e não para dois maníacos alimentados a ódio. Fiz-me compreender?

Os dois homens olharam para os muitos espetadores reunidos à sua volta, a uma distância cautelosa, enquanto assistiam ao escândalo. Os homens de Zimin mexeram-se nervosamente face ao desconcerto do seu comandante. Vasin e Zimin olharam-se de novo num momento de mútua compreensão. O general acenou quase impercetivelmente com a cabeça e deu meia-volta.

Zimin e os seus homens afastaram-se e Vasin descobriu que mal se conseguia mexer. Tinha o corpo inteiro a tremer de satisfação com a sua audácia. E de medo.

PARTE QUATRO

O ADVERSÁRIO PRINCIPAL

E lembra-te: nunca, em circunstância alguma, deves desesperar. Na adversidade, o nosso dever é ter esperança e agir.

— BORIS PASTERNAK

1

Secção da CIA, embaixada dos EUA, Moscovo
3 de outubro de 1962

O panorama a partir do gabinete do chefe de secção da CIA em Moscovo era ainda mais deprimente do que o tempo de outubro. As janelas gradeadas do escritório de Wallace Baker davam para o pátio da embaixada, para um prédio de apartamentos e para um conjunto de garagens de qualidade inferior. A tarde estava enublada e cinzenta, e Baker tinha acendido a luz quando o crepúsculo começara a envolver o edifício da embaixada. A bandeira americana, hasteada num mastro nas traseiras do complexo da embaixada, parecia ter passado à reserva, estava pendente e frouxa debaixo da chuva miudinha.

— Senhor? — O jovem agente que assomou à porta do gabinete tinha chegado havia relativamente pouco tempo. Dick Jacob, um tipo pálido e trangalhadanças. Um dos novos, com menos de seis meses em Moscovo. Mas o miúdo era dedicado e, na perspetiva de Baker, decentemente competente.

— Está tudo bem?

Para Baker, a recolha das mensagens do Agente HERÓI era a parte mais angustiante da semana, especialmente agora, com Langley, a sede da CIA, tão interessada nas informações do seu melhor espião em Moscovo.

— Acabámos de recolher a mensagem, senhor, através do método habitual.

Baker endireitou as costas da cadeira e pegou no envelope que Jacob lhe estendeu. Olhou para dentro e viu um minúsculo tubo de aço com um microfilme. Parecia intacto. Baker abriu uma gaveta da secretária e retirou um tubo de tamanho normal para película de 35 mm. Tirou metade do algodão, meteu cuidadosamente o microfilme no tubo, voltou a colocar o algodão e enroscou a tampa de alumínio. O microfilme do HERÓI tinha de ser entregue à sede da CIA por revelar e intacto.

— Bom trabalho. Quem vai levar a mala diplomática é o Walters?

— Já vem a caminho, senhor. O carro está à espera.

— Quando é que ele sai?

Jacob olhou para o relógio.

— Com este trânsito, não vai conseguir apanhar o voo da Aeroflot para Paris. Mas há um voo da Royal Dutch Airlines para Amesterdão pouco antes das oito da noite, senhor.

— Ótimo. Organiza as ligações e manda alguém receber o Walters no Dulles.

Com a vantagem da diferença horária, a mensagem poderia chegar a Washington a tempo da reunião matinal do presidente. Jacob desapareceu e Baker escreveu um código na etiqueta do tubo e na tampa de uma caixa de cartão na qual colocou cuidadosamente o microfilme. E, jogando pelo seguro, acrescentou, em maiúsculas sublinhadas: URGENTE — CONFIDENCIAL, DIRETOR DE OPERAÇÕES. Baker recordava-se de Wild Bill Donovan, o sacana amalucado que tinha sido o seu primeiro chefe no antigo Office of Strategic Services. A Primeira Lei de Donovan era «Nunca subestimar a possibilidade de trapalhadas» e fora cunhada quando eles infiltravam agentes na França ocupada durante a guerra. Baker tinha constatado a sensatez do lema com o passar dos anos. Avarias nas comunicações. Avarias nos paraquedas. Erros das pessoas. Contar sempre com falhas.

Depois de entregar o pacote a Walters, Baker levantou-se e flexionou os ombros, que estavam tensos junto da cicatriz causada pelo estilhaço de um obus chinês, em Inchon. Baker sentiu o colete apertado na barriga. Há quanto tempo não jogava ténis? Há seis meses? Depois de um ano e meio, Moscovo estava a começar a mexer-lhe com os nervos, especialmente devido às dores de cabeça de tratar o HERÓI com todo o cuidado.

O HERÓI. O ativo lendário sobre o qual Baker fora informado, mas cuja identidade desconhecia. Mas ele tinha a certeza de que o HERÓI era uma figura de topo — as suas informações seguiam diretamente para Langley num pacote urgente e eram entregues em mão.

Somente Baker e o seu número dois tinham sido autorizados a saber da existência e da importância do HERÓI. E Baker sabia, pelo seu antigo chefe, o embaixador Llewellyn Thompson, que tinha sido temporariamente destacado para a equipa de assessoria do presidente, em Washington, enquanto durasse a crise de Cuba, que Kennedy se apoiava muito nos relatórios do HERÓI.

Baker sabia que só conseguiria adormecer depois de receber a confirmação de que o pacote tinha chegado a Amesterdão. Baker atravessou o gabinete e olhou para o céu de Moscovo. O vento estava a aumentar. Adivinhava-se uma chuvada.

2

Aeroporto de Vnukovo, Moscovo
3 de outubro de 1962

Aeroporto de Vnukovo. Chuva outonal, nuvens baixas e opressivas. Vasin estava na varanda ventosa adjacente à cafetaria, no último andar do edifício, a fumar um cigarro e a observar o horizonte à procura de um avião. Surgiu um ponto branco no céu, e depois mais três — as luzes do nariz e das asas de uma aeronave que oscilava como um pião. A deslocação do nevoeiro permitiu descortinar os contornos do avião ao alinhar-se com a pista. O piloto lutou contra um forte vento lateral, e quando aterrou a cauda do avião começou a abanar com uma violência assustadora.

Iria o vento capotar o avião e transformá-lo numa bola de fogo a rebolar pelo asfalto arrastando uma mortalha de chamas? Há já algum tempo que Vasin ficava chocado com as coisas que lhe passavam pela cabeça. Tinham passado mais de seis semanas desde que Sofia passara o primeiro conjunto de documentos da Anadyr a Morozov, mas o cabrão não tinha aparentemente alterado a sua rotina. A vigilância infrutífera a Morozov estava a afetar Vasin. Pelo menos, Zimin tinha tido o bom senso de não se meter nas suas atividades. Por enquanto.

Vasin abanou a cabeça, forçou-se por desviar os olhos do percurso saltitante do avião e acendeu um cigarro com a beata do anterior.

Quando se virou, o Douglas DC-8 da Royal Dutch Airlines travava aos solavancos. A fuselagem ainda estava a saltar na suspensão quando o piloto parou à frente do edifício do terminal. Pronto. Vasin sentiu uma pontinha de admiração pelo piloto. O pessoal de terra, vestido com oleados, empurrou as escadas para o avião e chegou um camião-cisterna. Vasin virou-se para descer para a zona das chegadas.

Enquanto descia as escadas, Vasin cruzou-se com os últimos passageiros que iam apanhar o voo de regresso a Amesterdão. Vasin reconheceu um rosto: um diplomata americano, obviamente, sem bagagem, mas com uma pasta preta gravada a ouro com o selo da águia com asas abertas, a insígnia do Departamento de Estado americano. A mala diplomática estava presa ao braço do correio por uma algema e uma corrente de cromo. O homem ia acompanhado por um matulão vestido à civil, mas com o inegável cabelo à escovinha dos fuzileiros navais americanos. Vasin refletiu durante um momento. É claro. Ele tinha visto a cara do homem numa circular do *kontora* com os supostos agentes da CIA disfarçados de diplomatas em Moscovo. Vasin virou-se e seguiu-os. O homem era uma espécie de colega seu.

Kuznetsov foi obviamente um dos primeiros passageiros a sair do controlo de passaportes e da alfândega — o cartão do *kontora* poupou-lhe a maior parte das formalidades. Vasin viu a figura atarracada e empertigada de Kuznetsov logo que ele saiu para o átrio vazio. Estava ainda mais bronzeado, e as lapelas largas do seu fato bege capitalista destacavam-se descaradamente no seu pesado sobretudo moscovita. Vasin avançou de braços abertos.

— *Estás* a brincar comigo. — Depois da longa viagem, Kuznetsov tinha os olhos congestionados, o rosto inchado e a camisa amarrotada. — A Cavalgada das Valquírias durante a viagem toda, e quando finalmente regresso à terra abençoada de Deus, o primeiro homem que vejo é o merdoso do Aleksandr Vasin.

— Também gosto de te ver, Vadim. Como está a Cuba fraterna?

— Se calhar, o avião despenhou-se e agora estou no Inferno. É isso?

— Bem-vindo a Moscovo.

— Talvez seja a mesma coisa. Escuta: nas últimas vinte horas, voei em três aviões. Pensei que este último voo ia ser a minha chegada ao Céu. Será que essa coisa terrível que vais partilhar comigo não pode esperar até depois de eu tomar um banho e fazer uma soneca?

— Pode. Queres boleia para a cidade? Já tens alojamento?

— Por acaso, não. Acho que vou telefonar para o *kontora* e pedir à secretária do meu chefe para me reservar um quarto na residência dos solteiros na...

— Foi uma pergunta retórica, Vadim. Não te preocupes. Marquei-te uma suíte no Hotel Ukraina. Importas-te de adiar o regresso ao escritório por um dia?

Kuznetsov não respondeu, mas relaxou os ombros. Olhou para o teto e deixou cair a mala no pavimento de mármore.

— Tudo bem. Como quiseres, Vasin. Já te conheço.

Kuznetsov dirigiu-se à saída, e Vasin pegou na mala e seguiu-o.

3

Hotel Ukraina, Moscovo
3 de outubro de 1962

O major Vadim Kuznetsov saiu do luxuoso elevador com painéis de carvalho. Estava com um ar elegante, saudável e estrangeiro. Vestia um fato cinzento aos quadrados e o cabelo e a barba brilhavam com um óleo cheiroso. Vasin, sentado no átrio, levantou os olhos do jornal *Izvestia* e mirou de alto a baixo o seu antigo controlador.

— Sentes-te melhor? A canalização é boa?

Kuznetsov deixou-se cair no cadeirão ao lado de Vasin.

— É melhor do que no hotel do *kontora* em Sagua la Grande. Mas o tempo é pior aqui. — Kuznetsov retribuiu o olhar avaliador de Vasin. — E tu estás com um aspeto de *merda*. Digo isto como um colega preocupado, é claro. O que é que aconteceu? Já não tinha o prazer da tua companhia há... dois meses? Estás doente?

O tom de Kuznetsov era mais de preocupação do que de troça. Será que o seu velho camarada estava com *pena* dele? Vasin endireitou-se, meteu a barriga para dentro e esforçou-se por sorrir.

— Vamos pôr as coisas da seguinte maneira: eu estava preparado para apanhar uma grande fera. Arranjei um isco suculento para a armadilha. Mas... a fera não saiu da toca. E eu continuo à espera. Dia após dia.

— Armadilha? Fera? Estás a falar no espião que o *kontora* te mandou apanhar?

— É mais ou menos isso.

— Só te podes culpar a ti próprio, Vasin. O senhor caçador de caça grossa. No mínimo, estão a contar com um desempenho magistral do jovem craque dos Casos Especiais.

Kuznetsov ergueu as mãos e escrutinou Vasin através dos seus dedos entrelaçados. Vasin esforçou-se por semicerrar os olhos e se manter direito. Deu-se conta de que havia muito tempo que ninguém o provocava frente a frente.

— Tens razão. Eu sou o grande caçador de espiões.

— Vasin, estou a ficar preocupado contigo. Quando nos conhecemos, eras intenso. Rigoroso. Tinhas uma tocha enfiada no cu. Agora, pareces um velho *apparatchik* que não conseguiu entrar para o Politburo. Pareces um bolo de casamento deixado à chuva. Eu quase que estava desejoso de ouvir o teu pedido escandaloso, mas agora até parece que me vais pedir conselhos sobre o melhor sanatório do *kontora* para te internares.

— Já terminaste a tua encantadora crítica pessoal? Não estou chateado, só estou curioso.

— Ainda não. Mas a minha próxima salva vai precisar de combustível. É por isto que me vais pagar uma jantarada, durante a qual me vais fazer perguntas sobre a situação de uma certa ilha tropical da qual acabei de chegar para uma semana de reuniões na nossa grande metrópole socialista. Com muita pena minha. Acertei?

Vasin sentiu um sorriso genuíno a abrir-se-lhe no rosto pela primeira vez em semanas. Kuznetsov era um idiota arrogante, mas era um idiota com o qual ele tinha passado por muitas coisas. Era quase como ter um amigo.

— Acertaste. Reservei uma mesa no...

— No Moskovsky?

— No Aragvi.

— Espetacular. Avança, Mefistófeles, estou pronto para ser tentado.

O cerimonioso chefe de mesa do Aragvi conduziu Vasin e Kuznetsov pelo meio das mesas ocupadas do rés do chão até à galeria superior com o ar grave e digno de um sumo sacerdote. O velhote, com o seu andar rígido, cumprimentava com um aceno da cabeça ou mesmo um aperto de mão membros do Comité Central, cosmonautas e primeiras bailarinas. O chefe de mesa do Aragvi exercia poder suficiente para humilhar facilmente simples coronéis e majores, mas a secretária de Orlov tinha-o enfeitiçado. Vasin nunca tinha perguntado como, mas no restaurante georgiano predileto da elite moscovita, o nome de Orlov era suficiente para garantir uma reserva imediata, o que era uma boa medida — e melhor do que muitas — do verdadeiro estatuto dos Casos Especiais.

Os dois oficiais abrandaram o passo ao passarem pelos reservados números cinco e seis, os mais centrais da fileira de alcovas tapadas com cortinas que dominavam as mesas mais humildes. Estavam ocupados por grupos barulhentos de burocratas bem vestidos. Vasin e Kuznetsov trocaram um olhar. Sabiam que os reservados estavam sob escuta, eram controlados pelo *kontora* para conversas que importava gravar. No entanto, pensou Vasin, ao encostar-se ao corrimão de metal para deixar passar um grupo de bailarinas com casacos de peles, o mais provável era que o *kontora* colocasse microfones nos outros reservados e divulgasse que estavam sob escuta. Mas Vasin também sabia que a omnipresença dos microfones do *kontora* era um mito urbano. Um posto de escuta era um trabalho extremamente intensivo: centenas de horas de monotonia, de cigarros e de tédio em salas quentes devido aos gravadores. Vasin e Kuznetsov foram conduzidos a um reservado acolhedor no fundo da sala, com paredes de pinho e decorado com tapetes e adagas caucasianas nas paredes.

— Traga-nos tudo o que é bom, Mikheil.

O chefe de mesa fez um sorriso rasgado e tirou as ementas da mesa com uma vénia de aprovação. Só os parolos é que examinavam as ementas, que ainda por cima nunca tinham os melhores pratos.

— E vamos beber... conhaque? — Vasin olhou para Kuznetsov. — E... branco? Rkatsiteli?

— E tinto, Mukuzani — acrescentou Kuznetsov.

Ia ser uma noitada. Copos. Vasin pensou que talvez lhe fizesse bem. Ele tinha-se embebedado muitas vezes nas semanas à espera de que Morozov se revelasse, mas sempre sozinho e melancolicamente. Seria ótimo enfrascar-se com um confidente. Mas primeiro, trabalho. Vasin esperou que o criado corresse a pesada cortina de veludo e se fosse embora.

— Então? Como está Cuba?

— Cuba está mais soviética do que nunca. Quero dizer: tornou-se muito popular para os turistas soviéticos, muitos dos quais parecem ser engenheiros de férias. E militares. É difícil dizer, obviamente, quando estão na praia, de calções, mas é um palpite meu.

Calaram-se quando apareceu uma garrafa de conhaque arménio acompanhada por uma travessa com *pkhali* de espinafres e de feijão. Antes que Vasin conseguisse objetar, Kuznetsov encheu os copos e propôs um brinde ao KGB. Fizeram tinir os copos e esvaziaram-nos.

— Vadim. Preciso que analises algumas informações. Vamos fazer isto com a cabeça no lugar. Para já, chega de bebida.

— Bem me parecia. Não te preocupes. Cabeça no lugar... mais no lugar, aliás, do que antes do conhaque. Avança.

Vasin tirou do bolso do casaco umas folhas com os seus apontamentos manuscritos e alisou-as sobre a imaculada toalha branca. Pigarreou e leu em voz baixa.

— «17 de setembro de 1962. Memorando confidencial do Ministério da Defesa sobre o progresso da Operação Anadyr. Primeiros mísseis balísticos de médio alcance R-12 desembarcados em Cuba em 6 de setembro. Segunda remessa entregue em 16 de setembro. Mísseis transportados para as bases.»

Vasin olhou para o seu companheiro, cujo rosto tinha perdido a jovialidade. Os dois homens olharam um para o outro.

— Bravo. Estás impressionantemente bem informado, Vasin, como sempre. E a tua pergunta é: será que isto significa alguma coisa para mim? E a minha resposta é: sim, significa. Próxima pergunta.

— Interessante. Vamos começar com o seguinte: esta informação não se enquadra com o que tenho lido na imprensa soviética. — Vasin passou a outra página. — *Izvestia*, 7 de setembro: «O embaixador soviético nos Estados Unidos, Anatoly Dobrynin, declarou nas Nações Unidas que a URSS apenas está a fornecer armas defensivas a Cuba. Dobrynin negou categoricamente todas as notícias sobre armas ofensivas.» TASS, 11 de setembro: «A URSS avisou oficialmente os agressores imperialistas ocidentais de que um ataque dos EUA a Cuba ou a navios soviéticos que transportam mantimentos para a ilha será considerado um ato de guerra»... e «o povo amante da paz da URSS não tem a necessidade nem a intenção de instalar mísseis nucleares em Cuba».

— Oh, meu caro Vasin, será que me atrevo a contar-te um segredo terrível? Está bem, atrevo. Sasha: a imprensa soviética nem sempre diz a verdade.

— Tens sempre muita piada. Eu sei isso. Os nossos diplomatas estão a negar o envio de mísseis para Cuba, mas segundo parece, já enviámos. Verdade?

Kuznetsov fez beicinho e passou nervosamente as pequenas mãos pela barba ao recostar-se na cadeira. O criado apareceu com um *khachapuri* fumegante, um tacho com feijão-vermelho guisado, uma travessa com queijo fresco em cama de estragão e coentros, e uma salada de tomate e chalotas. O ajudante entrou com uma garrafa de vinho branco e começou a desenrolhá-la com toda a cerimónia, mas quando viu o sorrisinho amarelo dos clientes despachou-se e foi-se embora.

— Sim — respondeu Kuznetsov. — Sim. Estamos a enviar mísseis. Já há um número considerável na ilha... quarenta e quatro, para ser exato, já que estamos entre amigos.

— Muito bem. Bom começo. Viste-os?

— Vi. Fiquei parado num engarrafamento atrás de um, há poucas semanas. É difícil não dar por eles. Já que perguntas, os cubanos estavam na estrada a ovacioná-los.

— A *ovacioná-los*?

— Pois. Mas os cubanos ovacionam tudo. São exuberantes.

— Mas os mísseis não estavam escondidos?

— Estavam tapados com lonas e tinham uma escolta numerosa, mas acho que o proletariado esclarecido de Cuba percebeu do que se tratava.

— Diz-me uma coisa: o que significa a designação R-12?

— Não conseguiste descobrir isso?

— É o que estou a fazer agora.

Kuznetsov suspirou e encheu os copos de vinho.

— Os R-12 são mísseis balísticos. Na gíria. Vêm em dois sabores: alcance médio e intermédio; caso não saibas, são 2000 e 4500 quilómetros. São mísseis de um único andar, com propulsor líquido armazenável, transportáveis por estrada e disparados da superfície. Ou seja: podem ser deslocados de um lado para o outro. Com ou sem ovações.

— E as ogivas?

— São termonucleares. Para estes mísseis, as maiores, se bem me lembro, são de uma megatonelada.

A palavra «megatonelada» trouxe à memória de Vasin o tempo que ele e Kuznetsov tinham passado entre os fabricantes de bombas de Arzamas-16. O vocabulário seco da destruição. Uma bomba equivalente a 16 milhões de toneladas de TNT.

— Chega? Satisfeito? Só te peço que não me digas porque é que estás a perguntar.

— Duas remessas entregues em setembro e mais para entregar. Por conseguinte, já estão a ser levados para os locais de lançamento?

— Correto.

— E sabias que os americanos sabem?

Kuznetsov pousou o copo na mesa e inclinou-se para Vasin.

— Por causa daquela confusão no Congresso? Não quer dizer que os ianques *saibam*. Talvez desconfiem.

— Kuznetsov, *sabem*. Digo-te. Tu próprio disseste que metade da ilha viu os camiões a levarem os mísseis para as bases. Ouve isto. — Vasin procurou nos apontamentos. — Espera... cá está. «20 de setembro. Memorando confidencial do Ministério da Defesa. Refere preocupação com os relatórios de numerosos agentes soviéticos em Miami, segundo os quais a população cubana reparou na passagem de "objetos cilíndricos muito compridos cobertos por lonas, cujos transportes não conseguiam fazer as curvas nas povoações sem recuarem e manobrarem". Muitos destes relatos foram passados aos serviços de informações americanos em Miami. Alertam para uma potencial quebra da segurança, dado que os mísseis defensivos são muito menos compridos do que os R-12.»

Kuznetsov serviu-se silenciosamente de feijões e queijo. Comeu com ganas durante dois minutos, enquanto formulava uma resposta.

— E depois? Se os mísseis já estão instalados, mesmo debaixo do nariz dos americanos, é tarde demais. É apontar e disparar. É o que os R-12 têm de bom. São transportáveis. Escondem-se com facilidade. Agora, é tarde demais para os ianques protestarem. Que vão fazer? Lançar mísseis nucleares contra Cuba? Contra *nós*? Nem pensar. Os americanos estão cagados de medo desde que testámos o bombão, no ano passado, lembras-te? Por isso... não se atrevem.

Vasin viu o bombardeiro *Tupolev* na pista, na base aérea de Olenya, no Ártico, com a barriga cortada para acomodar a massa gigantesca da RDS-220, a bomba nuclear mais potente alguma vez construída, que o professor Adamov tinha receado que pudesse incendiar a atmosfera da Terra. Sim, Vasin lembrava-se.

— Os mandachuvas do Ministério da Defesa acham que o bombão nos torna imunes? Que nos permite fazer o que nos der na gana?

— Vasin, explica-me: porque é que estamos a escalpelizar a doutrina estratégica militar soviética em vez de estarmos a dar conta do nosso excelente jantar georgiano?

— Suponhamos que os americanos têm um agente aqui, em Moscovo, e que ele lhes pode confirmar os pormenores das entregas dos R-12 a Cuba. Que pode *provar* que estamos a mentir?

Kuznetsov meteu uma chalota e um bocado de queijo fresco na boca e regou-os com um grande gole de vinho.

— *E?* Isso é irrelevante. Não tarda, os americanos vão descobrir. No primeiro dia límpido, os aviões espiões descobrem-nos. Mas como eu disse... é tarde demais. O miúdo do Kennedy vai ter de se habituar. Tal como nós vivemos com os Jupiters deles na Turquia.

— *Jupiters?*

Kuznetsov, com um gesto teatral, tapou a cara com a palma da mão, com o dedo médio esticado, e fez uma careta como se estivesse a lutar contra uma enxaqueca.

— Por amor de Deus, Vasin. E eu que julgava que vivias com os habitantes das nuvens, os sabichões, no teu nono andar especial. Não sabes o que são os R-12. Não sabes o que são os Jupiters. Julgava que já sabias tudo sobre a Operação Anadyr há meses. Isto são coisas básicas, homem.

Vasin ponderou várias respostas sarcásticas, mas achou melhor não. Pegou no copo de vinho branco e bebeu-o de um trago.

— Os Jupiters são mísseis nucleares de médio alcance — prosseguiu Kuznetsov. — Foram instalados em Izmir, na Turquia, em 1959, apontadinhos à Ucrânia. Estão há dois anos nas nossas traseiras. Ou seja, Cuba é pagar-lhes na mesma moeda. Se os ianques fizerem uma algazarra por causa de Cuba, nós propomos tirar de lá os mísseis se eles tirarem os deles da Turquia. Isto chama-se estratégia, Vasin. Deixa a coisa nas mãos dos profissionais. Já podemos falar de mulheres e futebol?

— Ainda não. Achas que o Kennedy vai ficar quietinho com mísseis nucleares à porta? Acho que estás enganado. — Vasin folheou os apontamentos. — Os nossos mísseis em Cuba são o segredo mais mal guardado do mundo. Olha, ouve isto: «22 de setembro. Memorando do Ministério dos Negócios Estrangeiros soviético sobre a reunião entre o embaixador cubano em Moscovo e o nosso ministro dos Negócios Estrangeiros, acerca da Resolução 230 do Congresso dos EUA. O Congresso dos EUA expressou a decisão de impedir a criação de forças armadas externamente apoiadas em Cuba. Os EUA anunciaram a realização de um importante exercício militar nas Caraíbas, designado PHIBRIGLEX-62. O memorando confirma a posição pública conjunta da URSS e de Cuba de que as atividades dos EUA são uma provocação intencional e uma prova de que os EUA planeiam invadir Cuba.»

Kuznetsov acenou com a cabeça e continuou a mastigar.

— Disparate. Eles não vão invadir. É como eu disse: casa roubada, trancas à porta. Os R-12 já lá estão. De que serve um bloqueio naval?

— Mas nós também vamos enviar forças navais para as Caraíbas. Aqui. É o memorando mais recente que tenho. É de há cinco dias. Pronto? «28 de setembro. Memorando do Ministério da Defesa sobre a disposição das forças navais soviéticas enviadas para Cuba. Quatro contratorpedeiros e doze navios auxiliares já em posição, a um dia de navegação do norte das Caraíbas. Esquadrilha de quatro submarinos da classe B em estado de prontidão. Autorizados a sair de Severomorsk para Cuba a partir de 2 de outubro.» Ontem. Que concluímos disto, Vadim? Eles entram com a Marinha, nós entramos com a Marinha. Ambas as partes falam em atos de guerra.

Vadim encolheu os ombros.

— Escuta, Sasha. Na política, há coisas que se fazem para a bancada, e há coisas que se fazem que são realmente importantes. A instalação dos R-12? É importante. Os nossos mísseis estão apontados à barriga da América, tal como os americanos têm os Jupiters apontados à nossa. É um impasse. Um empate. Para mim, está ótimo. A cena naval dos dois lados? É para a bancada. Tal como a maior parte da Marinha, aliás. Se me perguntas, não serve para nada... com a exceção dos nossos submarinos de mísseis nucleares. Esses servem. Os navios? Só servem para andarem a navegar de um lado para o outro, para a bancada. E é exatamente isso que vai acontecer com essa força naval que te preocupa tanto.

— Espera aí... vamos enviar submarinos com mísseis *nucleares* para Cuba?

— Não faço ideia. Terás de perguntar aos rapazes de verde. Ou aos de azul. Deves ter alguns soldados e marinheiros fisgados, não?

— Talvez tenha. Mas o que te quero realmente perguntar é...

Vasin olhou de novo para os apontamentos, mas o que ele queria dizer não estava lá escrito.

— É o seguinte, Vadim. Estou a pensar. Enviar mísseis para Cuba... tudo bem. Percebo a lógica. A lógica de pagar na mesma moeda, como disseste. Mas a flotilha. A esquadra. Os submarinos. É força a mais. É... demasiado. E... não consigo deixar de pensar que talvez... talvez... alguém do nosso lado *queira* começar uma guerra?

Kuznetsov encostou-se ao banco almofadado.

— Tu foste sempre dado a grandes teorias, Sasha. Nisso, não há dúvidas. — Vasin sentiu os olhos do amigo a avaliarem-no de forma mais dura do que transparecia do seu rosto amistoso. — Mas estou a pensar que se calhar não és só tu que andas a ter esses pensamentos estranhos. Estou a pensar... que talvez tenhas ouvido isso nalgum lado. Ou seja — Kuznetsov apontou para o teto —, a pessoas lá de cima. É isso, Sasha? Tem andado um passarinho a sussurrar-te ao ouvido? Podes dizer-me. *Quem* são essas pessoas que querem uma guerra? E *porquê*? E *quem é que disse isso*?

A cortina de veludo abriu-se bruscamente, captando a atenção dos dois homens. Um criado jovem entrou com uma bandeja cheia de pratos fumegantes, seguido do chefe de mesa, que os colocou reverentemente em cima da mesa, com um comentário sobre cada prato: frango com molho de nozes, pescoço de borrego, espetadas de carne picada e *khinkali*.

Enquanto a mesa se enchia com um festim para doze homens, Vasin recostou-se no assento. Como profissional das informações, ele sabia que tinha esgotado a cooperação de Kuznetsov. O homem estava a começar a dar luta, a fazer perguntas. E não eram perguntas que Vasin estivesse preparado para responder.

Os empregados do restaurante foram-se embora com um ar de acólitos de um rito sagrado de gula. Vasin e Kuznetsov inclinaram-se para a mesa e olharam apreciativamente a quantidade indecente de comida.

— Pronto. A parte oficial acabou. Ataca, Kuznetsov. E já que sou eu a pagar, vou-te contar com todos os pormenores de como a Vera, a minha mulher, tem sido uma seca do caraças.

4

Banco Dogger, Mar do Norte
4 de outubro de 1962

Vasily Arkhipov foi acordado pelo balanço suave do B-59 durante a subida para a superfície. Arkhipov olhou para o mostrador luminoso do cronómetro montado na parede. Dez para as vinte, hora de Moscovo — o primeiro quarto estava quase a começar. Arkhipov ouviu o gemido abafado dos motores elétricos a desligarem-se, que foi substituído pelo matraquear tranquilizador do arranque dos motores a *diesel*, que reverberou por todo o submarino. Navegavam na cota periscópica, suficientemente perto da superfície para lançarem um tubo através do qual os motores sugavam ar e ventilavam o casco depois de nove horas a navegar com as baterias. O movimento do submarino acentuou-se com a ondulação. Desde a sua primeira saída para o mar, Arkhipov gostava sempre da chegada à superfície. O submarino tornou-se subitamente um navio normal, respirando o ar de Deus e cavalgando as ondas em vez de navegar furtiva e silenciosamente por baixo delas.

Arkhipov sentou-se no beliche e abriu o armário que continha o uniforme e o oleado. O camarote media 1,80 m por 2,50 m. Era um luxo pelos padrões dos submarinos a *diesel*, mas muito mais pequeno do que o do K-19. Por baixo dos seus pés, havia dois conveses cheios de baterias elétricas, ou seja, tudo o que existia na secção média do submarino — as câmaras dos oficiais e dos sargentos, o centro de comando, a sala de navegação e o centro de operações, a cozinha e as salas das comunicações e do sonar — estava encaixado terço superior do casco, que era extremamente curvo. O corredor que atravessava o centro do convés superior era o único lugar onde Arkhipov podia estar de pé sem se curvar.

Enquanto vestia as calças do oleado, Arkhipov viu o cronómetro aproximar-se da hora. Um despenseiro da messe dos oficiais estava à espera do outro lado da porta com canecas de chá de limão para os comandantes, à espera do mesmo momento. Às oito em ponto, ouviu-se um bater suave na porta. Daí a minutos, depois do anoitecer, chegariam à superfície e preparariam as antenas de comunicações.

Arkhipov foi beberricando o chá enquanto esperava pelo fim da comoção da rendição do quarto. A passagem central era demasiado estreita para dois homens passarem ao mesmo tempo e os engarrafamentos eram uma constante nas duas extremidades do compartimento, onde os marinheiros se aglomeravam para deixarem passar os camaradas que rumavam aos seus postos. Do outro lado da antepara de aço, atrás da sua cabeça, Arkhipov ouviu os sons da rebentação, indicativos de que já estavam a navegar à superfície.

Terminada a rendição do quarto, Arkhipov abriu a porta e dirigiu-se para o centro de comando, na ré. Teve de parar fora da câmara dos oficiais, quando os seis tenentes que lá dormiam saíram para o espaço ser preparado para o jantar. No interior, dois despenseiros estavam a montar a mesa desdobrável e a desmontar três beliches para os converterem nas costas de três bancos corridos.

A messe acomodava nove oficiais ao mesmo tempo, ficando quatro de serviço. Arkhipov, com o seu grosso fato-macaco, chegou à escotilha resistente redonda que conduzia ao centro de comando e enfiou desajeitadamente uma perna, e depois o corpo e a cabeça, na abertura de 80 centímetros.

O centro de comando estava entalado entre a curvatura do casco e uma série de veios de aço, localizados ao longo do centro do submarino, que alojavam os periscópios, as antenas de comunicações e o equipamento de extração de ar do exterior. Um homem de braços abertos conseguia tocar facilmente nos dois lados do espaço exíguo. Savitsky, o comandante do submarino, que estava empoleirado na sua cadeira sem braços, encostada à antepara, logo abaixo da escotilha, acenou brevemente com a cabeça a Arkhipov.

Arkhipov retribuiu o cumprimento. Uma escada de aço, ao lado da cadeira do comandante, conduzia ao compartimento do periscópio, que constituía a parte inferior da torre, e Arkhipov subiu-a com dificuldade. Manuilov, o imediato, estava a rodar lentamente o periscópio, perscrutando o horizonte. Por cima do compartimento do periscópio, localizava-se a ponte, a parte mais alta do submarino e o único lugar com acesso ao ar livre quando o mar estava agitado. Arkhipov anunciou-se pela escotilha e um marinheiro desceu agilmente a escada para deixar espaço para ele.

O B-59 tinha sido concebido para o Ártico. A ponte era fechada, com a exceção de uma fiada de seis janelinhas na parte da frente. A torre, que se inundava quando o submarino estava submerso, era gélida. Sete marinheiros enregelados — um de cada compartimento do submarino — saudaram Arkhipov enquanto sugavam os cigarros: a ponte era o único sítio onde era autorizado fumar.

Arkhipov espreitou pelo vidro molhado e viu um mar escuro e agitado. Apesar de saber que provavelmente não iria ver mais nada, Arkhipov queria apanhar ar fresco, nem que fosse por alguns momentos. Uma pequena escotilha no teto da ponte conduzia a um posto de vigia com espaço para dois homens no topo da torre. Arkhipov subiu a escada escorregadia e passou pela membrana de borracha que impedia que a água acumulada na pequena plataforma entrasse no submarino. Pela primeira vez em dois dias, estava sozinho.

Seis metros acima do nível do mar, o balanço do submarino era mais violento. Arkhipov teve de se agarrar com força aos corrimões de aço para não cair enquanto o submarino sulcava o marulho do Mar do Norte a quinze nós. A única coisa visível eram os carneirinhos da agitada ondulação na mesma direção do submarino. Arkhipov sabia, pelo sonar, que os outros três submarinos da sua esquadrilha estavam à sua volta. E à frente, no meio da noite, sulcando o mesmo mar agitado, estava uma frota de arrastões que ocultava a passagem dos submarinos pela costa britânica. Com um clique e um silvo oleoso, a antena subiu do seu recetáculo no interior da torre, à frente de Arkhipov, para as comunicações da noite com Moscovo e os outros submarinos. Arkhipov permaneceu no posto de vigia até a chuva se intensificar, a cavalgar o seu submarino como uma baleia no mar agitado.

Arkhipov ia a meio do jantar quanto o chefe dos radiotelegrafistas lhe trouxe uma transcrição com as ordens mais recentes do comando da esquadra. Estava em código, um conjunto sem sentido de grupos de quatro números, e a única parte inteligível era o título: URGENTE: CONFIDENCIAL COMANDANTE ESQUADRILHA. Estabeleceu-se um breve momento de silêncio quando os outros oito oficiais tiraram os olhos do macarrão com carne enlatada e olharam para o papel que Arkhipov tinha na mão. Só o comandante Savitsky o ignorou, continuando a meter colheradas na boca com uma indiferença estudada.

— Peço desculpa, camaradas. O Comando da Esquadra vai querer uma resposta.

Arkhipov percorreu os poucos metros que o separavam do seu camarote, pegou num conjunto de chaves penduradas na corrente que tinha ao pescoço e tirou o seu livro de sinais de um cofre da antepara. A sua capacidade de desencriptação estava enferrujada e ele levou meia hora de lápis na mão para transformar os grupos de números em letras.

PARA: COMANDANTE ESQUADRILHA C-M-G VA ARKHIPOV

CONFIDENCIAL — URGENTE

SEGUIMENTO INFORMAÇÕES ATIVIDADE INTENSA MARINHA EUA NAS CARAÍBAS CONFIRMA-SE ORDEM OPERACIONAL UTILIZAÇÃO ARMAS ESPECIAIS PELA ESQUADRILHA SF4492/61.

TEATRO DE OPERAÇÕES CARAÍBAS DESIGNADO HOSTIL NOS TERMOS ORDEM EM VIGOR 117/16. USO EM COMBATE INDEPENDENTE DE ARMA ESPECIAL AUTORIZADO À DISCRIÇÃO DO OFICIAL SUPERIOR E OFICIAL POLÍTICO DE CADA SUBMARINO CASO DIRETAMENTE AMEAÇADO PELO INIMIGO. NÃO É NECESSÁRIA — REPETIMOS NÃO É NECESSÁRIA — MAIS NENHUMA AUTORIZAÇÃO TÁTICA DE DISPARO DO COMANDO DA ESQUADRA NEM DO COMANDANTE DA ESQUADRIHA ATÉ ORDEM SER RESCINDIDA OU ESQUADRILHA DEIXAR TEATRO CARAÍBAS.

CONFIRMAR MENSAGEM RECEBIDA E COMUNICADA EM SEGURANÇA A TODOS OS COMANDANTES DE SUBMARINO ATRAVÉS DE COMUN VHF ENCRIPTADA.

POR ORDEM COMANDANTE-EM-CHEFE MARINHA SOVIÉTICA SG GORSHKOV.

Arkhipov olhou para cima e viu o comandante Savitsky encostado à ombreira da porta. Arkhipov passou-lhe a mensagem desencriptada. Savitsky leu e emitiu um grunhido.

— Autorização para disparar. Cada um por si. Se tivermos sorte, damos cabo de um porta-aviões ianque.

O rosto de Arkhipov enrugou-se com o tom sombriamente beligerante do comandante.

— É esse o seu sonho, camarada comandante? Mandar um navio inimigo pelos ares com uma ogiva nuclear?

Savitsky, com insolência, demorou a responder.

— Eu julgava que é exatamente isso o que todos nós sonhamos, camarada. Foi para isso que este submarino foi construído.

5

Lago dos Pioneiros, Moscovo
4 de outubro de 1962

Como se tinha a vida de Vasin transformado numa série ininterrupta de derrotas, num desfile quotidiano de fracassos? O outono tinha-se instalado na cidade como uma manta cinzenta abafadora, roubando a luz aos dias e fustigando Vasin com chuva e vento. Nos corredores da Lubyanka, Orlov mal olhava para ele. A equipa de vigilância de Vasin estava desleixada e desmoralizada. Uma missão sem futuro; a ronda dos falhados. Tudo o que Vasin fazia parecia ser vítima do contágio multiplicador do fracasso.

Dia após dia, Morozov saía do seu apartamento e iniciava a sua rotina. Trajeto a pé, metro, escritório, almoço, escritório, metro, apartamento. De vez em quando, um jantar com amigos e colegas. Como que a provocar os vigias, o coronel parecia mais vivo de dia para dia. No verão, tinha começado a nadar depois do trabalho na piscina Chaika, perto da estação de metro Park Kultury, e a seguir, muitas vezes, fazia sauna. Depois de cada sessão, aparecia irritantemente fresco e rosado de saúde. Foi rapidamente organizada uma rotação de vigias para o seguirem até ao clube desportivo, mas a equipa de Vasin, em vez de usufruir de uma mudança na sua rotina diária, envolveu-se em discussões sobre quem era a vez de passar algum tempo na piscina.

Até o solene Schultz os abandonou. Depois da sua vitória ao apanhar Morozov a ligar o número errado, em junho, Schultz partiu para férias alargadas num sanatório do *kontora*, na Carélia. Vasin convenceu-se de que ele iria regressar, mas não. A equipa de Vasin tornou-se uma unidade amaldiçoada cujos membros não tinham peso suficiente para se porem ao fresco.

Sofia também parecia mudada. Nos dias a seguir à ordem de Vasin para passar os memorandos relacionados com Raúl Castro, em agosto, a equipa tinha estado num alerta excitado e nervoso. Vasin tinha-se encontrado com Sofia o mais que se atrevera e ordenara-lhe que mantivesse um contacto estreito com Morozov, mas a cada dia que o coronel não era apanhado em flagrante, a desconfiança de Sofia em relação a Vasin e às suas histórias incríveis de espionagem parecia ter-se derretido um pouco, como uma escultura de gelo ao sol. Passados quinze dias, com o outono instalado e sem nenhum progresso, Sofia começou a falar com Vasin num tom quase perentório.

Continuaram a encontrar-se pelo menos uma vez por semana. Sofia entregava obedientemente a Vasin um resumo dos documentos da Anadyr que passavam pela sua secretária e que a sua perspicácia lhe dizia que interessariam a Morozov. Um ou dois dias depois, com a autorização de Vasin, Sofia passava-os a Morozov, geralmente enquanto bebiam café no Shokoladnitsa ou jantavam numa tasca búlgara perto da Belorusskaya, onde ele gostava de ir. O fluxo de informações da Anadyr de Sofia para Morozov tornou-se constante, mas sem uma única escorregadela, sem nenhum contacto observável entre Morozov e os americanos.

Todas as manhãs, no fim do verão, Vasin tinha acordado com a mesma pergunta na cabeça: mas como é que ele faz? Quando o setembro chuvoso deu lugar a um outubro gélido e cinzento, a pergunta tornou-se uma enxaqueca. Morozov era o melhor espião que havia ou... não era um espião. Mas esta via racional não estava disponível para Vasin. Orlov tinha designado Morozov como um espião americano, e Orlov construía a sua própria realidade.

Na manhã a seguir ao jantar de Vasin com Kuznetsov no Aragvi, o sol mal se viu — o céu clareou levemente para além das cortinas ao som da barulheira habitual do pequeno-almoço de Vera e Nikita. Vasin sentiu-se quase paralisado pelo desejo esmagador de ficar na cama, de puxar o lençol para cima da cabeça e de se retirar do mundo. Cobriu o rosto com a almofada e gemeu quando se lembrou da noite anterior. Depois de um maremoto de comida e bebida no restaurante georgiano, Kuznetsov tinha-o arrastado para o bar do Nacional e depois para ver um extravagante espetáculo cigano no Hotel Moskva. E depois para uma espelunca, um antro de negociantes do mercado negro e de escroques caucasianos de segunda. Vasin tinha mesmo vomitado para os arbustos quando cambaleavam para a paragem de táxis? A acidez biliosa na garganta parecia confirmar que sim.

Os ponteiros do relógio em cima da mesinha à frente do sofá-cama de Vasin rastejaram para as dez. Porra. Ele tinha de autorizar Sofia a passar os documentos mais recentes. A sua irascível equipa de vigilância estava à espera de instruções sobre a preciosa rotação na piscina. Vasin desemaranhou-se dos lençóis e levantou-se.

Depois da noite de conversa embriagada e convivial com Kuznetsov, Vasin sentiu-se ainda mais sozinho. Tinha sido bom falar com alguém. Vasin, a cambalear ligeiramente ao pé do telefone da cozinha, ligou o número do escritório de Sofia. Vasin costumava dizer-lhe que a consulta dela no dentista tinha sido adiada para a semana seguinte — o sinal para ela avançar —, mas sentiu-se súbita e profundamente farto de toda aquela charada. Quando Sofia atendeu, ele não falou em código.

— Olá. Sou eu, o Sasha. Preciso de a ver. À hora de almoço? No metro?

Sofia pareceu assustada.

— O que se passa?

— Nada. Só preciso de falar. À uma está bem?

Vasin desligou e encostou a cabeça ao peito.

6

Estação de Arbatskaya, Moscovo
4 de outubro de 1962

À espera ao pé de estações de metro. À coca em apartamentos. À escuta com microfones. Vasin sentiu que já não era um homem, mas sim uma espécie de sombra predatória, eternamente à espera de que o silêncio e o tédio se transformassem em algo concreto. Pelo menos, as sombrias nuvens matinais tinham sido empurradas pelo fresco vento outonal, e viam-se fragmentos de céu azul por cima das árvores nuas da avenida.

— O que aconteceu? Conte-me.

Sofia apareceu ao lado de Vasin. Ela também tinha ignorado o balé habitual em que eles se seguiam um ao outro até um local discreto. Vasin achou emocionantemente ilícito falar com uma pessoa na rua, à vista de todos.

— Olá, Sofia.

— Ele está bem?

— Ele quem? O Morozov está bem. O seu irmão está bem.

— Então o que é isto?

— Só quero falar.

— E se alguém do meu escritório nos vê?

Parecia que nada do que Vasin pudesse ter feito era mais preocupante para Sofia do que o súbito abandono das suas cuidadosamente ensaiadas precauções. Ela olhou à sua volta com nervosismo. Uma torrente de transeuntes da hora de almoço passou por eles rumo à estação de metro Arbatskaya, muitos deles com uniformes militares. Vasin sentiu uma leve vertigem.

— Sofia. Eu só quero dizer... que pode avançar com a entrega desta semana.

— Ótimo. E...?

— E... quero fazer-lhe mais uma pergunta. Acerca do Morozov. Uma pergunta pessoal. Não para o *kontora*, para mim.

Sofia olhou enigmaticamente para ele, como se estivesse a vê-lo bem pela primeira vez. O seu rosto forte e belo enrugou-se de preocupação.

— Está-se a sentir bem, coronel?

— Peço desculpa. Mas quero que me responda a uma pergunta sobre o Morozov. Do fundo do coração. Só para mim. É mesmo impossível que ele esteja a trair o nosso país?

Sofia semicerrou os olhos e procurou no rosto de Vasin sinais de um complexo *bluff* duplo. Vasin sentiu-se desfalecer por dentro, mas resistiu ao impulso de fechar os olhos. Ele estava a infringir todas as regras da sua profissão — todas as regras técnicas e pessoais. Em vez de esperar pela reposta, abriu-se.

— Estou cansado. E frustrado. Depois destes meses todos, continuamos sem nada. Mas conhece-o, Sofia. Tem a certeza de que ele não é um traidor, Sofia? Tem a *certeza*?

Vasin ficou completamente surpreendido ao sentir os olhos a encherem-se de lágrimas. A sua imprudência era tão chocante para ele como qualquer outra linha que ele tinha ultrapassado. Mas o choque de adrenalina que o atingiu foi tão reanimador como uma golfada de ar depois de muito tempo debaixo de água. Sofia estava imóvel, a olhar para ele. Ela abriu a boca para falar, mas não disse nada. Olhou para o lado e depois para as mãos. Vasin leu angústia na hesitação dela. E dúvida.

— Não posso responder a essa pergunta.

Sofia virou-se abruptamente e desapareceu na multidão. Vasin encostou-se ao frio parapeito de granito e olhou para um farrapo de céu azul. Sentiu-se atordoado, como que a flutuar fora do seu próprio corpo. Ela não tinha dito, «Tenho a certeza de que o Morozov está inocente». Mas Vasin tinha claramente falhado. Como poderia dizer ele a Orlov que nunca apanharia a baleia branca? Vasin podia admitir a sua derrota pessoal, mas nunca conseguiria pôr fim à caçada obsessiva de Orlov.

7

Piscina Chaika, Moscovo
5 de outubro de 1962

O coronel Oleg Morozov entrou no apinhado troleicarro B e encostou o seu corpanzil à massa de gente até conquistar centímetros suficientes para a porta se fechar atrás dele. O veículo meteu-se no meio do trânsito, deixando o jovem vigia Lyubimov no meio dos que não conseguiram entrar.

Dois meses antes, Lyubimov fora ativo, mas a rotina e o tédio diário da vigilância infrutífera tinham-lhe afetado o entusiasmo. Lyubimov ficou aliviado ao ver o troleicarro afastar-se com o alvo a bordo. Ele sabia o destino de Morozov: o raio da piscina.

Morozov apeou-se na junção da Rua Metrostoyevskaya com a Circular e dirigiu-se a passo rápido para a piscina Chaika. Num dos bolsos da gabardina, levava uma embalagem de pastilhas de hortelã-pimenta comprada no quiosque da estação de metro da Mayakovskaya. Morozov tirou as pastilhas da embalagem com o polegar com uma satisfação quase inexplicável.

À entrada para o complexo desportivo, Morozov apresentou o cartão mensal e recebeu uma faixa de borracha com a chave de um cacifo. Morozov subiu as escadas para os balneários, abriu o cacifo e vestiu o fato de banho. Ao dirigir-se à piscina, Morozov pensou que o clube tinha sido uma excelente ideia. Era membro havia dois meses e já nadava dois quilómetros por sessão. No escritório, toda a gente o tinha cumprimentado pela sua forma esguia. Os amigos diziam que ele estava a tentar impressionar uma nova amante. Era quase verdade.

Enquanto se secava com a toalha, Morozov não resistiu a olhar para os outros entusiastas. Havia rostos conhecidos, apareciam todas as semanas, mas isso era normal nos clubes desportivos. Morozov vestiu-se e, ao tirar a gabardina do cacifo, deixou a embalagem de pastilhas amachucada num dos cantos do fundo, com um rolinho de microfilme no interior.

Morozov não sabia quem o vigiava na Chaika — que era um método excelente, muito melhor do que o desajeitado esquema do número de telefone errado que ele tinha usado no verão para sinalizar que estava pronto para entrar em contacto. Mas Morozov sabia, ao sair do clube, que alguém estava de olho nele — e no cacifo aberto e vazio, com o seu bocadinho de lixo insignificante.

8

Rua Frunze, 3, Moscovo
22 de outubro de 1962

A manhã estava novamente cinzenta. O céu tinha a cor de um cano de esgoto e o chuvisco caía sem parar sobre os montes de folhas outonais no pátio do prédio de Vasin. O universo estava de acordo: não havia alegria para ninguém, em lado nenhum.

Vasin abriu a caixa do correio, instalada no átrio. Continha um único papel, um envelope-recordação com um panorama da Catedral de São Demétrio, em Vladimir. No interior, havia uma morada datilografada: Avenida Leningradsky, 78/2, apartamento 181. Sem assinatura.

Só podia ser o Tokarev.

Vasin amachucou o envelope com uma pontinha de culpa. A mulher de Tokarev, Saida, já estava havia dois meses no manicómio e Vasin não a conseguira ajudar. Não é que pudesse ter feito muita coisa. Só Orlov tinha a possibilidade de a tirar de lá, e Tokarev tinha-o enfurecido. Ela não podia ser ajudada por Vasin, pelo menos enquanto ele não apanhasse a sua presa e recuperasse as boas graças de Orlov.

Vasin dirigiu-se rapidamente ao carro. Ainda levaria três horas a concluir os seus afazeres de rotina — reuniões no escritório e a visita ao posto de observação. Quando terminou, era quase hora de almoço, e o trânsito de sexta-feira para norte, na estrada de Leninegrado, foi de uma lentidão irritante, semáforo a semáforo.

O prédio de Tokarev era idêntico aos que o rodeavam e inseria-se num dos quarteirões de edifícios prefabricados recém-construídos que se espraiavam pelos novos subúrbios do norte de Moscovo. As árvores jovens plantadas nos passeios eram magras e nuas, e os recreios dos pátios estavam desertos. Vasin encontrou a entrada, apanhou o elevador para o último andar e ficou à escuta no patamar. Nada.

Seria uma armadilha? A GRU nunca mais aparecera desde o confronto entre Zimin e Vasin na estação de comboio, em agosto, mas Vasin achou o silêncio ameaçador. Vasin desceu silenciosamente dois andares pelas escadas, até ao apartamento 181. Do outro lado da porta almofadada, ouviu o som baixo de um rádio e os pequenos barulhos de alguém a mexer-se. Vasin recuou até à janela do patamar para verificar o pátio à procura de um trânsito invulgar ou de estranhos escondidos. Depois, tocou à campainha.

— Está aberta! — A voz de Tokarev pareceu estranhamente abafada. Vasin pressionou o fecho e entrou.

Tokarev estava de pé, ao fundo da entrada. Parecia ter envelhecido uma década em semanas. Tinha o rosto encovado e as bochechas forradas de pelos cinzentos. Trajava as calças do uniforme, estava de peúgas e tinha um roupão pendurado nos ombros. O olhar avaliador de Vasin fez Tokarev endireitar os ombros.

— Obrigado por ter vindo, camarada coronel.

O tom exageradamente formal de Tokarev fez Vasin levantar a guarda. Vasin vasculhou o apartamento. Era pequeno e estava atulhado de coisas, com duas salas cheias de livros e bugigangas. Pela porta do quarto, viu uma pilha de roupa por lavar. Era evidente que a casa não era limpa desde que a mulher de Tokarev tinha sido levada. Aquele lar modesto não era uma grande recompensa para um veterano de guerra condecorado, e também não era um sítio provável para uma emboscada — era demasiado exíguo e não oferecia esconderijo a uma equipa de sequestradores.

— Escreveu-me.

— Escrevi.

— Por isso, vim. Tem alguma coisa para me dizer?

— Queres um chá?

Vasin seguiu Tokarev até à cozinha minúscula onde um rádio velho e enorme com mostradores exageradamente grandes estava a debitar conselhos do *Hora da Mulher*, da Rádio Mayak. Vasin não se atreveu a ajudar o velho cavaleiro. Vasin reparou que chaleira, o bule e a latinha do chá não tinham tampa. Tokarev era tão jeitoso com as próteses que quase parecia ter mãos — mas entornou as folhas do chá pelo balcão e deixou cair uma chávena no lava-louças. Depois de colocar a chaleira no fogão — um modelo elétrico que não carecia de fósforos —, Tokarev sentou-se à mesa da cozinha e fez um gesto a Vasin para ele se sentar também.

— A Saida está a morrer. Não me deixaram vê-la. Só a mantiveram no Instituto Serbsky o tempo suficiente para a certificarem como doida. Depois levaram-na para um sítio qualquer do KGB. É evidente que o nosso amigo Orlov não quis que os meus chefes, os militares, a tirassem de lá. Durante um mês, não me disseram onde ela estava, mas um dos meus antigos camaradas de guerra conhece um médico no Serbsky, fez uns telefonemas e disse-me que a Saida estava algures perto de Zagorsk, numa instituição psiquiátrica inacessível do *kontora*. Disse-me que ela estava fortemente sedada e que se recusava a comer. Na semana passada, começaram a alimentá-la através de um tubo.

Tokarev falou num tom rouco e bem articulado, como se estivesse a ler um relatório oficial. Vasin engoliu em seco, impressionado com a dignidade de Tokarev, e quis desesperadamente ajudá-lo.

— Por isso, Vasin, disseste que eu tinha de descobrir qualquer coisa para o Orlov, em troca da Saida. E eu descobri. Aumenta o volume do rádio e pega no teu livro de apontamentos. Tenho tudo na cabeça.

Vasin obedeceu. Pelo menos, Tokarev conhecia as técnicas básicas da contravigilância: o rádio tornava praticamente impossível a captação da conversa por microfones. Vasin pôs o volume no máximo:

E assim, camaradas, hoje vamos falar sobre cozedura. Nós achamos que já aprendemos tudo o que era preciso sobre a cozedura com as nossas mães, mas quais são as diferenças reais — científicas — entre usar fermento e bicarbonato de sódio? Temos hoje connosco uma nutricionista, a Dra. Yulia Mitskovaskaya, para explicar...

Vasin tirou um lápis e um bloco de notas do bolso do casaco e sentou-se. O major começou sem nenhum preâmbulo.

— No dia 2 de outubro, uma esquadrilha de quatro submarinos partiu da Base Naval de Polyarniy, no Mar Branco, rumo às Caraíbas. Submarinos B-36, B-130, B-4 e B-59, todos da classe Projeto 641. São *diesel*-elétricos, com oitenta e nove metros de comprimento. São caçadores de submarinos de grande autonomia, concebidos para patrulhas de até 20 000 milhas. *Não são* submarinos de mísseis balísticos, estão armados exclusivamente com torpedos. Está tudo?

Vasin olhou penetrantemente para Tokarev. Sabia que a informação estava correta porque constava de um dos relatórios que Sofia tinha passado a Morozov. Uma esquadra de navios de superfície e — sim — quatro submarinos tinham saído para o mar no âmbito do apoio a Cuba.

— Agora, ouve com muita atenção. Além de vinte e um torpedos convencionais, cada submarino está equipado com uma arma especial: uma variante nuclear do torpedo T-5, que é a nossa arma antinavio convencional mais potente. Cada um destes torpedos nucleares tem uma ogiva de 4,8 quilotoneladas.

Cinco toneladas conferiam a cada torpedo 25 por cento da potência da bomba atómica largada pelos ianques em Hiroxima em 1945, ou seja, no entendimento de Vasin, cada torpedo era capaz de destruir 25 por cento de uma cidade, ou de afundar um grupo de batalha americano com porta-aviões.

— Tokarev, como é que sabe isto?

— Já sabia que ias perguntar isso. Um antigo universitário que se alistou em 41, tal como eu, foi oficial da Flotilha Fluvial. Transportou mantimentos para Leninegrado através do lago Ladoga, durante o cerco, contra a artilharia e os bombardeiros de voo picado alemães. Três dos barcos em que serviu foram destruídos. Passou uma noite inteira a boiar na água gelada, agarrado a um destroço. Conseguiu chegar a terra, mas tinha as pernas cheias de estilhaços, e depois arrastou-se ao longo do lago até chegar às nossas linhas. Ficou sem os pés, estavam congelados. Podes imaginar onde nos conhecemos. Eu chamo-lhe Sem Pés, ele chama-me Maneta.

Tokarev fez uma espécie de sorriso amargo.

— O meu amigão, o muito condecorado veterano de guerra Sem Pés, é vice-ministro dos Transportes Fluviais. Há duas semanas, participou no Congresso da Construção Naval Pesada da União, em Moscovo. Às tantas, encontrou um velho camarada que agora trabalha no Ministério da Construção de Maquinaria Média. Julgo que os navios pesados requerem máquinas médias. O tal camarada estava com um colega que fabrica torpedos. Embebedaram-se os três no bufete, e o Sr. Torpedo começa a expressar o seu entusiasmo porque uma superarma que ele fabricou vai fazer as primeiras provas de mar. Super como?, pergunta o Sem Pés. *Supernuclear*, responde o gajo. E põe o dedo em cima do nariz a pedir segredo, e remata: «*E vai dar uma lição aos ianques em Cuba.*»

Por enquanto, pensou Vasin, era tudo plausível: a coscuvilhice gabarolas dos mandachuvas entre a sua gente, o tipo de tagarelice que era um dos eternos pesadelos do *kontora*, como toda a gente dos Casos Especiais sabia. Quase todos os *apparatchiks* de topo achavam que os segredos eram para a arraia-miúda. E os generais também. Escutar aquele tipo de coisas fora a primeira tarefa da carreira de espionagem de Morozov — se é que ele era mesmo um espião.

— Dois dias depois do encontro, telefonei ao Sem Pés. Tenho estado muito em contacto com ele ultimamente, com ele e com os meus outros velhos camaradas, desde que levaram a Saida, à procura de boatos, de qualquer coisa que eu possa usar. Percebi que o Sem Pés estava danadinho para me contar qualquer coisa. Encontrámo-nos no Clube dos Oficiais, na Avenida Tsvetnoi, e ele falou-me nos torpedos — tal como acabei de te contar. Ou seja, fico a saber que pelo menos um submarino terá saído para o mar com um torpedo nuclear, rumo a Cuba. O resto foi unir os pontos. Sabes como é. Há todo o tipo de segredos escondidos à vista, basta saber onde procurar. Não foi preciso ler as ordens confidenciais da esquadra para descobrir que quatro submarinos da Esquadra do Norte foram equipados e abastecidos para uma grande patrulha a partir de Severomorsk.

— Mas como é que sabe que os submarinos estão a caminho de Cuba?

— Não me interrompas... ouve. Comecei à procura na correspondência que sai do gabinete do comandante-em-chefe da Marinha soviética, o almirante Gorshkov. O protocolo burocrático é o seguinte: duas cópias de cada ordem operacional para cada destinatário relevante, Esquadra do Norte, Esquadra do Pacífico, etc., donde depois descem pela cadeia de comando até aos oficiais no terreno; outra cópia para o arquivo do Almirantado, e outra para o Estado-Maior-General. E no caso de todas as mensagens confidenciais, ultrassecretas e com prioridade urgente, outra vai... para onde, Vasin?

— Para a GRU.

— Correto. Para o arquivo secreto da GRU.

— Onde você entrou. Como?

— Não se entra no arquivo. Fala-se com pessoas que entram. É a mesma coisa... sabemos o que procuramos, e de repente toda a gente parte do princípio de que pertencemos ao círculo mágico. Não perguntamos: «Posso aceder às ordens ultrassecretas do almirante Gorshkov?» Perguntamos: «Chegou alguma coisa de novo em relação à esquadrilha das Caraíbas? Submarinos B-36, B-130, B-4 e B-59. Apareceu na secretária de alguém, meninas?» E alguém diz: «Oh, sim. Arquivei qualquer coisa relacionada com isso há uns dias.» E assim ficamos a saber.

— A saber o quê?

Tokarev estava a gostar de esticar a história do seu trabalho de detetive.

— No dia 2 de outubro, o Comando da Esquadra do Norte enviou uma mensagem à esquadrilha com a autoridade do almirante Gorshkov. Ele ordenou formalmente aos quatro submarinos que rumassem a Cuba e fundeassem na Base Naval de Mariel. E dias depois, o Gorshkov deixou ao cuidado de cada comandante a decisão de utilização da arma especial. Percebes o que estou a dizer, Vasin?

— Estou completamente à nora. O que é isso?

— Significa que o comandante de cada submarino dispõe de autoridade para disparar o seu torpedo nuclear em caso de ataque inimigo. Não precisa de pedir autorização ao Comando da esquadra. Por conseguinte, existem quatro oficiais soviéticos, a navegarem algures no Atlântico, neste momento, com uma arma nuclear nas mãos. E, por fim, a coisa mais importante: a esquadrilha zarpou no dia em que recebeu as ordens, 2 de outubro. O tempo de navegação estimado até Cuba são vinte e dois dias.

Vasin fez as contas a agarrou-se à mesa, subitamente atordoado. Estava-se em 22 de outubro, o que significava que a esquadrilha chegaria ao norte das Caraíbas... daí a dois dias. O cérebro de Vasin encheu-se com uma tempestade de pensamentos. Quem autorizara a esquadrilha nuclear e as suas ordens suicidas para furar o bloqueio da esquadra americana? E quem teria autoridade para a mandar parar?

— Mas espera. Há outra coisa que precisas de saber. Temos um infiltrado na NSA.

— Na National Security Agency?

— Exato. Que faz parte do Departamento da Defesa dos EUA. Estão sempre à escuta, são os gajos que monitorizam as nossas comunicações rádio e que tentam escutar as linhas telefónicas das nossas embaixadas. Temos um espião lá dentro.

— Mas como é que sabe isso?

— Da mesma maneira de sempre. Trabalhando com papelada. Fazendo conjeturas. Mais uma vez, o arquivo do Aquário. Analisei os registos de todos os relatórios que chegam de agentes. Não os relatórios, não tenho estatuto de segurança para isso. Mas os relatórios vão para que departamentos? Está tudo nos registos diários do arquivo. E sabes o que descobri? No verão passado, começaram a chegar cinco vezes mais relatórios para o departamento do Aquário que monitoriza as comunicações secretas dos EUA. O quíntuplo da informação a chegar de alguém no terreno. E pus-me à procura. Os dossiês têm todos o mesmo código de agente, ou seja, aquilo tudo é enviado por um único gajo. E a origem é a *rezidentura* da GRU em Washington. Verifiquei quais eram os departamentos para onde eram enviadas as informações do homem: informações navais; informações da Força Aérea; informações do Exército; praticamente nada para os mandachuvas políticos. Nada marcado «urgente» nem «confidencial». Por conseguinte, são coisas técnicas, de nível bastante baixo, mas abundantes e detalhadas. Coisas operacionais das Forças Armadas americanas, o que significa que provêm de alguém com acesso a uma vasta gama de comunicações americanas dos três ramos. Muito provavelmente, é alguém do NSA.

— Porque é que eu tenho de saber isso?

— Por causa da sala de navegação da Marinha.

— Estou outra vez à nora, Tokarev.

— Há uma lista de distribuição das ordens em vigor, digamos assim, com as quais os departamentos veem as cópias dos relatórios de todos os agentes. Poderás pensar que é o documento mais enfastiante do mundo, mas não é. Os procedimentos burocráticos podem dizer-nos muita coisa. São sempre enviadas cópias dos relatórios dos nossos espiões para a sala de navegação da Marinha, com prioridade urgente. É o lugar onde os nossos marinheiros determinam a localização de todos os navios inimigos dos quais temos conhecimento, em qualquer parte do mundo. Ora isto significa...?

— Que ele está a dar informações sobre as movimentações navais americanas?

— Exatamente! Exatamente!

— E acha que ele nos vai informar se a Marinha americana detetar a nossa esquadrilha?

— É muito provável.

— Mas se ele informar, como vamos saber? Disse-me que não tem acesso ao conteúdo das mensagens do gajo.

— Com o mundo à beira de uma guerra? Julgo que o nosso posto em Washington marcará uma mensagem dessas como «urgente». E vamos ver os americanos a mobilizarem a esquadra deles para intercetarem os nossos submarinos. É assim que vamos saber.

— E se quisermos ler essa mensagem urgente? Para não estarmos só a especular.

O rosto de Tokarev, que estava animado de um entusiasmo quase pueril ao explicar as suas investigações, converteu-se numa máscara de ansiedade.

— Se isso acontecer, vou pensar em alguma coisa. Mas estas informações todas... não serão suficientes para trocar pela Saida?

— Sim. Isto é... acho que sim.

— *Achas?*

— Conhece o Orlov. Não vai ser fácil arrancar-lhe clemência. Mas... está a pagar-lhe numa moeda que ele compreende. E foi um trabalho brilhante. A sério.

Vasin levantou-se rapidamente, metendo os apontamentos no bolso. Tokarev também se levantou, com alguma rigidez. Vasin estendeu o braço por cima da mesa e pegou numa das mãos de plástico do velho.

— Onde poderei encontrá-lo, major? Para atualizações.

— Liga para um telefone público no edifício ao lado. Posso lá ir todos os dias, às cinco da tarde.

Vasin escreveu o número no livro de apontamentos e, com a força do hábito, acrescentou um 1 a cada dígito por uma questão de segurança.

— Vou informar imediatamente o Orlov. Pelo menos isto prometo.

9

Mar dos Sargaços
22 de outubro de 1962, 18h48, Fuso Horário Oriental

As nuvens baixas de chuva tropical deslocavam-se no horizonte ocidental, empilhando-se em furiosos zigurates negros sobre as Bermudas. Durante alguns minutos, antes do ocaso, o sol irrompeu pelas nuvens numa bola de fogo, e depois desapareceu.

A esquadrilha de Arkhipov vinha cavalgando há oito dias os vagalhões atlânticos criados pelo furacão *Ella*, em ação no Golfo do México, a 500 milhas a sudoeste. O navegador do B-59 disse que era a pior tempestade das Caraíbas, e a vida a bordo era miserável.

As cinco toneladas de baterias do B-59 ocupavam a maior parte do casco, mas tinham de ser carregadas pelo menos seis horas por dia, o que significava navegar com os motores a *diesel*, que necessitavam de ar. Navegar com um submarino à superfície no meio de uma tempestade tropical era equivalente a descer uma montanha dentro de um barril. Havia cerca de doze feridos, homens violentamente atirados contra os milhares de alavancas, válvulas, gaxetas e tubos projetados a todos os ângulos por todo o submarino. Um jovem aspirante partiu um braço ao ser atirado pela escada que conduzia à sala das máquinas. O ajudante do cozinheiro abriu a cabeça no exaustor do fogão e entornou em cima de si próprio uma panela com quarenta litros de sopa a ferver. E até Arkhipov, não obstante os seus vinte anos de mar, sofreu uma concussão no compartimento dos torpedos a ré quando uma oscilação inesperada do submarino o atirou contra a pesada câmara de aço de um dos seis tubos de torpedos.

No primeiro dia da tempestade, os oficiais e os sargentos deixaram de comer nas suas messes e passaram a comer de tigelas nos beliches — tal como as praças tinham de fazer sempre. Arkhipov passara a maior parte do tempo no camarote, sentado, encostado à antepara e com os pés apoiados na mesa de pinho oposta, demasiado enjoado para ler ou pensar. Todos os compartimentos tresandavam a vomitado. Até Savitsky, o machão, que ocupava o camarote oposto ao de Arkhipov, vomitava de meia em meia hora para a pia. As ondas eram tão grandes que rebentavam no topo da torre de vigia do B-59, com os seus seis metros de altura, transformando a vista das janelas da ponte num biombo de espuma verde-acinzentada.

No segundo dia, perderam contacto com o B-36. À superfície, os submarinos podiam comunicar com rádio VHF. Submersos, dependiam de um sistema telefónico submarino que captava os sinais acústicos emitidos de um submarino para outro através de hidrofones instalados na parte da frente da torre. Todavia, a fúria eletromagnética do furacão *Ella* lançou o caos no rádio e o turbilhão de correntes criado pela força da tempestade afetou os sinais subaquáticos, reduzindo o alcance do telefone de dez quilómetros para menos de um.

Ao oitavo dia, a fúria do mar começou finalmente a diminuir. Mas a tempestade tinha oferecido uma vantagem tática: os aviões de luta antissubmarina americanos não tinham podido descolar, e os vagalhões tornavam praticamente impossível avistar os cascos negros dos submarinos. Com a diminuição das ondas, diminuiu também a invisibilidade do B-59.

Na sala do sonar — um compartimento mais pequeno do que o seu camarote —, Arkhipov estava nervosamente de pé a observar o ecrã do operador. Em ambos os lados do B-59, havia um ponto verde, equidistantes do submarino a dois quilómetros a noroeste e sudoeste, e num rumo idêntico, em direção a Cuba. Eram provavelmente o B-4 e o B-130. Ninguém sabia onde estava o quarto submarino da esquadrilha de Arkhipov.

Além dos dois outros submarinos soviéticos, a área em torno do submarino de Arkhipov estava vazia, com a exceção de uma constelação de pontinhos que cintilavam e desapareciam enquanto o sensor do sonar rodava 360°. O mais provável era serem cardumes ou florestas de algas flutuantes. O mar estava sempre cheio de barulhos fantasmas, de ecos que subiam das profundezas. Mas no raio de vinte e cinco quilómetros do sonar não havia nenhum navio.

Tranquilizado, Arkhipov deixou a popa e dirigiu-se à sala das comunicações.

— Nada de Moscovo?

O oficial de comunicações pendurou um dos auscultadores na orelha e abanou a cabeça. Não havia notícias do Comando da esquadra havia mais de uma semana, desde a ordem enviada à esquadrilha para manter o silêncio rádio. O B-59 tinha de navegar mudo, a ouvir passivamente quaisquer mensagens de rádio de Moscovo e a comunicar com os outros submarinos exclusivamente pelo telefone submarino ou através do rádio VHF.

— Mais alguma coisa na rádio local?

O jovem oficial virou-se na cadeira rotativa e ligou os auscultadores a um rádio diferente que ocupava a parede oposta da exígua sala das comunicações, um potente rádio AM/FM sintonizado com uma estação de rádio local. A rádio americana abundava obviamente em mentiras e propaganda capitalista, mas por enquanto, na ausência de instruções de Moscovo, os excertos de rádio dos Estados Unidos eram as únicas informações do B-59 sobre o mundo exterior.

O subtenente Kostev sorriu discretamente e pôs o sinal AM na coluna. Uma mistura de barulho baixo e ensurdecedor deu lugar à parte final de uma música de *rock and roll.*

— Estamos a captar relativamente bem uma estação de Miami, comandante.

— Mais alguma coisa acerca do Kennedy?

Oito horas antes, durante o período de navegação à superfície, Kostev tinha captado num boletim noticioso um anúncio importante do presidente americano, feito quando eles estavam submersos. Kostev, um dos poucos oficiais que falavam inglês, tinha passado a última hora a tentar captar um sinal nítido para ouvir as notícias.

— Às sete menos dois, há o boletim noticioso da noite, comandante. Faço a ligação para o camarote do comandante Savitsky?

Arkhipov acenou com a cabeça e correu para o camarote. Savitsky e o oficial político Maslennikov estavam à espera dele. Arkhipov sentou-se ao lado dos seus camaradas no banco de dois metros que fazia de beliche. Savitsky ligou a coluna instalada na antepara sobre a pequena mesa de navegação e ajustou o volume enquanto o sinal ia e vinha até se estabilizar num momento de silêncio seguido de uma série de toques eletrónicos.

«Daqui WLRN, Miami, e são as notícias das sete, segunda-feira, 22 de outubro de 1962, com o patrocínio de Total. O presidente

Kennedy anunciou esta noite que...» As palavras do locutor foram obliteradas por uma explosão de estática. Quando o sinal estabilizou, momentos depois, ouviu-se uma gravação da voz aflautada de Kennedy, com o seu sotaque de Boston: «... será a política deste país considerar o lançamento de um míssil nuclear de Cuba contra qualquer nação do hemisfério ocidental um ataque da União Soviética aos Estados Unidos, que exigirá uma plena resposta retaliatória contra a União Soviética.»

O sinal voltou a desaparecer e Savitsky deu uma palmada no rádio, como que a castigar uma criança irritante. A voz do locutor tornou-se novamente audível: «... qualquer tentativa de um navio soviético para furar a quarentena naval americana de Cuba será considerada um ato de guerra.»

Os três oficiais inclinaram as cabeças concentrando-se para tentarem perceber as palavras através da estática, mas o sinal foi engolido pelo turbilhão magnético da tempestade, a noroeste.

— Ele disse «estado de guerra?» — Arkhipov releu as notas que tinha escrevinhado. — Ouviu aquilo, Maslennikov? E o que raio é uma «quarentena» naval?

O inglês do oficial político, aprendido no Instituto Superior Naval de Guerra, era o menos enferrujado dos três.

— Acho que ele falou num *ato* de guerra, comandante. E parto do princípio de que «quarentena» quer dizer bloqueio. Então o Kennedy fez um ultimato. Furar o bloqueio será considerado um ato de guerra. Foi o que eu ouvi.

Savitsky desligou a coluna. Os três homens permaneceram um longo momento em silêncio. Savitsky pegou na carta das Caraíbas Orientais que tinha em cima da mesa. A posição deles estava marcada a lápis azul no acrílico que cobria a carta.

— Estamos a cerca de 900 milhas de Cuba. Para lá chegarmos, temos três opções. Podemos rumar diretamente a Santiago de Cuba, como planeámos, entre o Haiti e as Turcas e Caicos. Podemos seguir a rota norte, pelas Baamas. Ou podemos ir pelo sul, passamos por Porto Rico e seguimos a costa sul da República Dominicana.

— Espere. — Arkhipov inclinou-se à frente de Maslennikov para estudar a carta. — Temos de partir do princípio de que os americanos vão usar essas ilhas como parte do bloqueio.

Arkhipov pegou no lápis e traçou um grande arco da ponta da Florida, ziguezagueando um pouco através das ilhas do arquipélago das Baamas e pelas Índias Ocidentais, até à ilha de Hispaniola. De seguida, pegou no lápis e continuou a linha na costa sul de Hispaniola, passando pela Jamaica e entrando nas Caimãs.

— Isto é o bloqueio, camaradas. Quatrocentas ilhas — só entre Porto Rico e Miami. A maioria são recifes de coral. Águas pouco profundas e límpidas. É aqui que os ianques vão estar à nossa espera.

Savitsky inclinou-se para a carta e começou a murmurar, como que para consigo.

— A navegar à superfície, à velocidade máxima, durante as oito horas da noite, fazemos cento e cinquenta milhas. Depois, navegamos oito horas submersos, mais cento e trinta. Três horas na cota periscópica a um terço da velocidade para carregar as baterias... mais quinze milhas. — Savitsky passou um dedo pela carta. — Amanhã, por esta altura, estaremos aqui, a quinhentas e quarenta milhas de Santiago. Mais um dia e...

— Mais um dia e esbarramos com o bloqueio americano — interrompeu Arkhipov. — Ou antes, mais provavelmente.

Savitsky fez uma careta.

— De certeza.

— Talvez tenha um plano para passar pela massa de sonares da 2.ª Esquadra americana sem sermos detetados, Savitsky?

— Fazemos o jogo do gato e do rato. Evasão ao sonar. Treinámos isso mil vezes.

— No mar alto, talvez conseguíssemos, mas só treinámos contra uma meia dúzia de caçadores, não contra toda a Esquadra do Atlântico americana.

— Nas Caraíbas, também há lugares onde podemos mergulhar fundo. A Fossa de Porto Rico, aqui. Podíamos navegar a cem metros com oito mil metros debaixo do casco. Navegamos rápido ao longo da Bacia de Hispaniola, à profundidade máxima, mantemo-nos perto do lado íngreme do desfiladeiro...

— Savitsky, está a propor que confiemos as nossas vidas às cartas do Almirantado? Não estou interessado em chocar contra uma parede rochosa a quinze nós. Os ianques conhecem estas águas, nós de certeza que não.

Savitsky recostou-se, cruzou os braços sobre o peito e lançou um olhar fulminante a Arkhipov. A tensão era a de uma mangueira esticada.

— E qual é a sua sugestão? Ficamos aqui à espera de que os americanos nos encontrem? Rumamos a casa? A radiação levou-lhe os tomates, camarada comandante?

O choque da grosseira quebra de cortesia de Savitsky fez Arkhipov pestanejar. Savitsky era um pouco mais velho do que Arkhipov e tinham a mesma patente — capitão-de-mar-e-guerra. Enquanto comandante da esquadrilha, a autoridade de Arkhipov era superior à de Savitsky, mas Savitsky era o comandante do B-59, e naquele exíguo mundo de aço, ele era czar e Deus.

— *Chto ty skazal?* O que é que disseste? — Arkhipov, na sua indignação, usou inadvertidamente o tratamento por «tu», que era insultuoso a menos que usado entre amigos próximos. Era pura agressividade.

Maslennikov, esmagado entre os dois comandantes, tossiu ligeiramente, e Savitsky e Arkhipov olharam para o jovem oficial político.

— Camaradas comandantes. Posso referir que até serem revogadas, ainda temos as nossas ordens? O camarada comandante Savitsky está correto. A única opção que temos é rumarmos a Cuba.

Os oficiais de Marinha e os *politruks* não gostavam muito uns dos outros e Arkhipov antipatizava particularmente com aquele — em especial, porque o raio do homem tinha razão. Um boletim noticioso indistinto de uma estação de rádio de Miami não era suficiente para ignorar as ordens do almirante Gorshkov.

— Naturalmente, rumamos a Cuba. — Arkhipov esforçou-se por não deixar transparecer a sua irritação e dirigiu-se a

Savitsky, como se o presunçoso Maslennikov não tivesse falado. — Mantemo-nos vigilantes. Se restabelecermos o contacto com qualquer outro dos nossos submarinos hoje à noite, usamos o telefone submarino ou o semáforo para confirmarmos o nosso rumo para Cuba. Não vamos quebrar o silêncio rádio.

— E se entrarmos em contacto com os americanos, comandantes? — Maslennikov olhou para a esquerda e para a direita, para os rostos de pedra dos seus superiores.

Arkhipov levantou-se sem responder — não tinha resposta.

10

Mar dos Sargaços
23 de outubro de 1962, 18h48, Fuso Horário Oriental

As escotilhas da ponte do contratorpedeiro americano *Bache* estavam abertas. O navio navegava muito lentamente no agitado Mar dos Sargaços. As vagas ainda eram grandes, mas os ventos furiosos do furacão *Ella* tinham-se transformado numa forte brisa de ar quente e húmido proveniente da República Dominicana. O calor tropical, que estava misericordiosamente a diminuir com o crepúsculo, fora agravado pelo equipamento elétrico na retaguarda da ponte — o radar e o sonar mais recentes fabricados pela Lockheed Martin. O Departamento da Marinha tinha adquirido o melhor para a geração mais nova de contratorpedeiros caçadores de submarinos.

O comandante Dave Billings perscrutou o mar cada vez mais escuro no lado abrigado do vento da asa da ponte, uma espécie de varanda elevada em torno da frente da superestrutura do navio. Vinte e cinco outros navios da Marinha dos EUA — vinte e dois contratorpedeiros, dois cruzadores e o porta-aviões *Randolph* — navegavam num arco de quatrocentas milhas que se estendia muito para além do horizonte, patrulhando a faixa de oceano a norte e a leste de Hispaniola como uma linha de cães de caça a desentocarem a presa.

Dois dias antes, a Marinha americana tinha intercetado um submarino do Projeto 461 — na gíria da NATO, um caçador de submarinos *diesel*-elétrico da classe Foxtrot — perto da costa da Florida. Estava à superfície, quase estacionário, sem tentar esconder-se. O comandante referiu danos nos motores. O submarino estava em águas internacionais e a Marinha americana não tinha o direito de o abordar ou afundar. Tanto quanto Billings sabia, o submarino ainda lá estava, vigiado pela Guarda Costeira, à espera de um rebocador soviético. Mas, segundo os crânios do Departamento de Informações Navais, em Suitland, no Maryland, não existiam grandes dúvidas de que o submarino tentara furar o bloqueio e rumar a Cuba. Por conseguinte, a 2.ª Esquadra — e, sobretudo, os caçadores de submarinos, como o *Bache* — estava em alerta máximo à procura de outros submarinos soviéticos.

Submarinos de merda.

Billings estava no seu beliche no cruzador pesado USS *Chester* quando o navio fora atingido de través por um torpedo japonês ao largo das Novas Hébridas, em 20 de outubro de 1942 — fora o primeiro combate de Billings, quase há vinte anos certos. O aspirante Billings estava a dormir o sono negro e sem sonhos decorrente da exaustão quando o torpedo explodiu. A detonação fez o casco de aço do cruzador de 9000 toneladas tocar como um sino gigante. A titânica onda de choque atirou-o ao chão e ele acordou aos gritos no escuro, espezinhado pelos pés nus dos outros aspirantes do seu quarto de vigia. Billings era capaz de jurar que tinha ouvido, através do chão metálico, a entrada súbita da água e o ranger do aço deformado.

Billings vestiu as calças, enfiou o colete salva-vidas e o capuz ignífugo e correu para o seu posto de combate, mas o submarino japonês já tinha desaparecido havia muito. O *Chester* tinha perdido onze homens e tinha um rombo abaixo da linha de água, mas conseguiu arrastar-se até Espírito Santo, em Vanuatu, para reparações. Enquanto o cruzador navegava adornado devido a dois compartimentos inundados, com as bombas a trabalharem ao máximo, foram dobrados os vigias em todos os postos para prevenir um novo ataque. Billings recordava-se do enorme medo/ódio que tinha sentido nos seus quartos de vigia. Venham, japoneses de merda. Venham. Mostrem-se. Rebentamos convosco.

Tal como a maior parte dos marinheiros, Billings temia e odiava os submarinos, mas ao contrário da maior parte da sua jovem guarnição, ele passara pela experiência de sobreviver ao que um submarino podia fazer a um navio de guerra. O comandante baixou os binóculos, inclinou o boné para trás e limpou o suor da testa com a manga. Porra. Os *sovs* estavam mesmo a mexer com ele.

O imediato entrou na asa da ponte apoiando-se com as mãos por causa do balanço do navio. A continência de Pete Kimble foi o mais próxima possível de um «olá» descontraído. A amizade que os unia remontava aos seus tempos de cadetes em Annapolis, e Billings sabia que por baixo do cavalheirismo da Carolina, que era típico de Kimble, estava o instinto de um matador. Kimble, que tinha comandado torpedeiros, tinha uma reputação de valentia ou mesmo de temeridade. Talvez fosse por isso que Billings ostentava os «ovos mexidos» da insígnia de comandante na pala do boné e Kimble não. Mas quando tinham ido às codornizes nos arredores da base de submarinos de Kings Bay, na Geórgia, Kimble tinha pegado na caçadeira como se ele é que estivesse a ser *caçado* pelo raio das aves. Não tinha deixado uma única no céu, e nos seus disparos na horizontal quase tinha rebentado com a cabeça de Billings por mais de uma vez.

Kimble pegou nos binóculos que o seu superior lhe passou silenciosamente e perscrutou o crepúsculo caribenho.

— Achas que os barcos dos *sovs* estão a regressar a casa como o presidente lhes disse para fazerem, comandante?

— Está-se mesmo a ver, Pete.

— Denunciavas-me se eu dissesse que espero que não estejam a regressar?

— Estás desejoso de combater, Pete?

O imediato não respondeu. Baixou os binóculos e sorriu sinistramente para o seu velho camarada. Billings reconheceu a expressão: Kimble queria sangue.

11

Estádio TsSKA, Moscovo
23 de outubro de 1962

Vasin atravessou a linha de fundo do campo de futebol do Clube Desportivo do Exército soviético. As bancadas estavam vazias. Dois funcionários da limpeza de fato-macaco castanho estavam a varrer as folhas no outro lado do relvado lamacento. Mais à frente, havia um arco de betão com a inscrição ATLETISMO por baixo do emblema do clube, uma estrela vermelha. Um soldado pequenito com um uniforme grande demais estava de guarda à entrada, mas afastou-se ao ver o cartão de Vasin. Vasin atravessou o túnel e chegou ao estádio, que também estava deserto, com a exceção de quatro guarda-costas armados com *Kalashnikovs* e uma figura atarracada que corria lentamente na pista de gravilha.

Orlov aproximou-se de Vasin. Tinha o rosto molhado de suor e chuva. O general olhou para Vasin quando passou por ele e continuou a correr. Vasin e os guarda-costas seguiram Orlov com o olhar enquanto ele dava penosamente mais duas voltas à pista. Seis homens, cada um com a sua solidão, debaixo da chuva moscovita.

Orlov parou, a arfar, e pôs as mãos nos joelhos. Tirou uma toalha empapada de chuva da vedação e limpou inutilmente o rosto e o pescoço. Depois, virou-se para Vasin e fez-lhe sinal para se aproximar.

— É algo de urgente. Vejo na tua cara, Sasha, mas não é suficientemente urgente para eu parar. — Orlov atirou a toalha encharcada a Vasin. — Ainda tenho forças para mais uma volta. Anda.

Vasin praguejou para consigo e começou a correr para apanhar Orlov.

— General, obtive informações sensacionais... — Depois de cinquenta metros de corrida, Vasin já estava sem fôlego.

— Se tivesses apanhado o cabrão do Morozov, estavas todo sorrisos. Mas parece que vais enfiar um ovo de ganso no cu. Parto do princípio de que não o apanhaste.

— Não, general. Mas o major Tokarev veio ter comigo. É muito urgente.

Fizeram a primeira curva. Os pesados sapatos de cabedal Vasin começaram a esfolar-lhe os pés.

— E que quer o Tokarev a troco das suas informações *sensacionais*?

— Uma troca, general. O senhor mandou internar a mulher dele num dos nossos estabelecimentos psiquiátricos. O Tokarev espera que já não seja necessário continuar a puxar o anzol. Ele diz que a situação é crítica, general.

— Antes de o pescador afrouxar a linha, Sasha, tem de puxar o que apanhou. O que nos trouxe o Tokarev?

Vasin olhou para Orlov, que continuou a olhar em frente.

— Tem que ver com Cuba, general.

Orlov não respondeu e fizeram a segunda curva. A respiração dele era pesada. Vasin prosseguiu.

— É uma questão gravíssima para a segurança nacional, general.

Terceira volta. Vasin estava a começar a ter dificuldade em respirar e amaldiçoou todos os *Orbitas* que já tinha fumado.

Estavam a chegar ao fim da quarta e última curva, e Vasin rezou para que Orlov não fizesse mais nenhuma volta. Misericordiosamente, o general parou, a arfar. Dobrou-se e estendeu a mão. Vasin demorou um segundo a compreender que ele estava a pedir a toalha que Vasin tinha levado ridiculamente na mão durante o percurso. Orlov endireitou-se, cuspiu e sorriu.

— Conheces-me tão mal, Vasin. Quanto mais me provocas, menos eu acredito. Diz-me uma coisa: se o nosso camarada Tokarev já cantou a sua canção, porque é que ainda precisamos dele? Ou precisamos de fazer alguma coisa por ele?

Vasin sentiu as fontes a latejar por causa do exercício inesperado. Não percebeu imediatamente o que Orlov tinha dito. O chefe prosseguiu suavemente.

— Demos um choque à desgraçada da mulher. Julgo que podemos partir do princípio de que por causa do choque, o Tokarev deixou de ser nosso amigo? Não é. Não é de todo nosso amigo.

Está-nos a fornecer essas informações como uma transação, o que só por isso levanta suspeitas.

— Camarada general... — Vasin esforçou-se por encontrar palavras que contrariassem a lógica de Orlov. — Eu verifiquei algumas partes cruciais da história, é...

Orlov interrompeu-o com a mão enquanto vestia o capote que um dos guarda-costas lhe trouxera.

— Importante, dizes tu?

O tom do general era francamente trocista. Vasin acenou devagar com a cabeça e olhou significativamente para os jovens guarda-costas que os rodeavam. Orlov inclinou a cabeça ao seu jeito de ave e semicerrou os olhos a avaliar Vasin. Sem tirar os olhos de Vasin, virou-se um pouco para o guarda-costas mais próximo.

— Diz ao Khrustalev que telefone do carro para o escritório. Vou chegar meia hora atrasado. — E, depois, para Vasin: — Vamos aquecer-nos.

A sauna cheirava a suor masculino fresco, sabão de pinheiro e detergente. As paredes estavam decoradas com mosaicos de soldados em poses atléticas. Orlov despiu descontraidamente as calças de fato de treino e as cuecas, revelando um corpo cor-de-rosa e anafado, mas poderoso. Enquanto Vasin se despia apressadamente, dois jovens saíram da sauna.

— Cá estou eu, camarada general. — O corpulento funcionário do balneário parecia um bandido de *cartoon* das montanhas do Cáucaso, todo pelos e músculos. — Massagem?

— Hoje não tenho tempo, Grisha.

Orlov fez sinal a Vasin para o seguir. A sauna, forrada a tábuas de pinheiro, tinha uma temperatura infernal, e Orlov tornou-a ainda mais insuportável atirando uma grande colher de água para a fornalha. Vasin detestava a fisicalidade rude da sauna, o calor horrível e as cataratas de suor. Orlov instalou-se pesadamente num banco com três níveis, e estendeu as coxas musculosas sobre as tábuas quentes. Vasin esforçou-se por se manter concentrado no meio do calor do vapor.

— General, o Tokarev forneceu informações alarmantes. Uma esquadrilha de submarinos partiu de Severomorsk para Cuba... ele deu-me os números dos submarinos. Estão armados com torpedos nucleares.

Orlov grunhiu prudentemente.

— Depois de alguns dias de navegação, os comandantes foram autorizados, a nível individual, a usarem as armas nucleares caso fossem atacados.

O general não disse nada. O calor do vapor estava a conferir-lhes um tom cor-de-rosa vivo. Sentaram-se com a cabeça inclinada para baixo e os cotovelos nos joelhos, com os pingos de suor a evaporarem-se quando tocavam no chão.

— Peço desculpa, general, tenho de...

Vasin saiu a cambalear da sauna para a frescura relativa do balneário. O funcionário apontou para uma porta que conduzia a uma enorme piscina de mármore. Vasin também detestava aquela parte. Inspirou fundo e saltou, e a água gelada queimou-lhe a pele e atordoou-o com o choque. Um momento depois, o corpanzil de Orlov mergulhou ao lado de Vasin, fazendo uma onda poderosa. Orlov chafurdou e fungou como uma morsa, subiu os degraus e regressou à sauna.

Orlov só voltou a falar depois de estarem novamente lado a lado em cima das tábuas purgatórias.

— Muito bem. Dizes que a Marinha decidiu enviar submarinos com armas nucleares para Cuba. Suponho que enviam constantemente esse tipo de submarinos para todo o lado. Mas achas que essa informação é particularmente importante.

— Foram enviados para Cuba, general. Para o bloqueio que o Kennedy acabou de anunciar.

— A declaração do bloqueio pelos ianques significa que as Forças Armadas soviéticas devem fazer o que lhes mandam e manter-se à distância?

— Não, general. Mas é quase como se alguém quisesse...

— Começar uma guerra?

— Exatamente, general.

Daquela vez, Vasin deu graças pela mente rápida de Orlov. A dele estava a ficar perigosamente baralhada por causa do calor insuportável. Orlov lançou-se numa ridícula corridinha saltitante para a piscina e mergulhou avidamente na água fria. Vasin seguiu--o com menos entusiasmo.

— Chega. — Orlov limpou a água do cabelo ralo e saiu por outra porta para um salão alcatifado e com sofás de cabedal vermelhos. Orlov tirou uma toalha de algodão de uma pilha junto da porta, enrolou-a à volta da barriga e deixou-se cair num sofá. Um despenseiro de uniforme de messe branco apareceu com uma bandeja com chá.

— Conta-me mais coisas. Quem é que falou ao Tokarev nos submarinos e no seu armamento?

— Um velho amigo de escola dele, que é vice-ministro. Mas os submarinos também são referidos nos documentos que foram passados ao coronel Morozov. A informação está confirmada por duas fontes.

— E essa história de os comandantes terem sido autorizados a dispararem à vontade?

— Consta do arquivo do Aquário, general. O Tokarev descobriu uma cópia das ordens operacionais confidenciais do almirante Gorshkov.

— E *tu* tens uma cópia dessas supostas ordens? Tens a confirmação de que são autênticas?

Vasin abanou a cabeça. Fez-se uma pausa enquanto Orlov olhava para Vasin com uma suspeição evidente.

— Põe-te no meu lugar, Vasin. Tu acreditavas nesta história se te fosse contada por um informador comprometido?

— Centenas de militares sabem da esquadrilha de submarinos. Centenas sabem das armas especiais. E sim... alguns homens sabem das duas coisas. Podemos confirmar tudo em poucos dias. Mas, general... a esquadrilha deve estar a chegar à sua posição. Pronta para furar o bloqueio. Agora.

Orlov encostou a cabeçona quase careca ao peito, fazendo uma pausa para pensar, com os olhos semicerrados. Passou um minuto.

— E que sugeres que eu faça com essas informações, Vasin?

— Julgo que conhece pessoas que ficariam alarmadas com uma provocação tão perigosa, general.

Orlov semicerrou os olhos.

— Pessoas? Que *pessoas* conheço eu, coronel?

Vasin não ia dar a Orlov a satisfação de dizer: «A Katya disse-me com quem fala ao jantar.»

— Camarada general. — O entorpecimento doloroso causado pela sauna e pela piscina tinha desaparecido e o cérebro de Vasin estava mais claro e mais concentrado. O tom de Vasin tornou-se subitamente mais duro. — Não estejamos com rodeios. Sabemos ambos que há militares nossos que querem humilhar os americanos. Mas não dispomos de mísseis de longo alcance suficientes para atingir os ianques. Partimos do princípio de que o Morozov é um traidor. Por conseguinte, os americanos já sabem da nossa fraqueza. O envio de mísseis para Cuba para compensarmos a lacuna nas nossas defesas é um segredo de polichinelo que enviámos. Metade do campesinato cubano viu os mísseis a serem transportados pelo país. O Congresso americano guincha todos os dias por causa dos mísseis. Mas nós estamo-nos nas tintas porque os mísseis já lá estão. O embuste terminou. Agora, aguentamos a tempestade de protestos do fracalhote e tímido Kennedy e esperamos que ele se habitue à nova realidade. É o que pensam os nossos generais, não é?

Vasin procurou no rosto de Orlov uma centelha de emoção, um ínfimo sinal revelador, mas a cara do homem era de pedra. Vasin prosseguiu.

— Digamos que os americanos se vêm obrigados a aceitar a presença dos mísseis em Cuba, tal como fizeram quando construímos o muro debaixo dos narizes deles, em Berlim, no verão. E digamos que os nossos generais têm razão, e que os ianques têm demasiado medo do nosso bombão. Os americanos chamam-lhe «Bomba do Czar», para nos desafiarem. Tudo bem. Mas esta esquadrilha de submarinos com torpedos nucleares é uma coisa mais perigosa. Os mísseis de Cuba são uma arma em cima da mesa. Não tarda, os ianques vão mostrar ao mundo que eles lá estão. Mas os torpedos nucleares debaixo de água são uma arma escondida. O que vai acontecer quando a esquadrilha for descoberta a tentar chegar a

Cuba? Se os americanos atacarem, sem saberem das armas especiais? Os submarinos podem aniquilar uma esquadra inteira. E depois estamos em guerra, general. Uma guerra nuclear.

O olhar de Orlov nunca tinha sido mais intenso. Vasin sentiu a coragem a desaparecer sob a ferocidade do olhar de Orlov, que parecia um maçarico, dolorosamente ciente de que tinha falado muito mais tempo do que era seguro — ou sensato.

— General, penso que isto pode ser uma provocação dos falcões das nossas Forças Armadas. Uma provocação contra a liderança do Partido.

— Uma *conspiração*, coronel? Contra o camarada secretário-geral? — A voz de Orlov era perigosamente calma e lenta. — É isso que me estás a sugerir, Sasha?

O coração de Vasin batia a cem à hora e a sua respiração estava entrecortada. A única alternativa era continuar.

— Não tenho provas de nenhuma conspiração. Mas não acha que a esquadrilha pode ser uma espécie de gatilho nuclear? Uma armadilha? Será que o secretário-geral sabe o que a Marinha anda a fazer?

— A tua pergunta é: quem é que vai carregar no gatilho nesta guerra... a Marinha ou o Khrushchev? — Orlov falou quase para si próprio. Juntou as palmas das mãos e bateu com os dedos no queixo, a pensar. Um despenseiro aproximou-se com um prato com sanduíches de salame, mas Orlov ignorou-o. O general parecia ter retirado para um local remoto da sua mente. Depois de um longo silêncio, Orlov saiu do seu devaneio tão abruptamente como tinha entrado.

— Vasin, não vais fazer mais nada, nem vais falar com ninguém acerca disto. Vais terminar as tuas investigações sobre a esquadrilha, sobre o Morozov, sobre tudo. Vais tirar este assunto da cabeça. Por enquanto, não te vou mandar para fora de Moscovo, nem vou garantir o teu silêncio. Nunca me ouves dizer que confio em alguém, porque não confio. Mas acredito que tens suficientemente em conta os teus interesses pessoais e o meu poder para me obedeceres. Vais ficar a postos para o caso de eu precisar de ti.

Julgo que não preciso de te dizer que as tuas investigações te levaram para um terreno perigoso. E os pensamentos desse teu grande cérebro foram ainda mais perigosos.

Vasin arregalou os olhos como se Orlov o tivesse esbofeteado, e ouviu-se a gaguejar.

— Foi o que o general me ensinou. Disse-me que a missão de um oficial dos Casos Especiais é olhar para sítios onde outros órgãos de segurança temem entrar.

— Sim. Sim, eu disse isso, Sasha. Discordas das minhas instruções?

— Concordo e obedeço, general. Mas general... o que vai fazer?

— *Fazer*, Sasha? Vou *fazer* o que achar apropriado, em ambas as questões. E tu não vais *fazer* absolutamente nada. Não vais ouvir nada. Não vais ver nada. Não vais pensar nada. És um cepo chamado Aleksandr Vasin.

Orlov levantou-se e Vasin pôs-se em sentido, absurdo com a sua toalha húmida. Vasin viu o general ir-se embora e ficou a tremer de frio no balneário.

12

Avenida Kutuzovsky, Moscovo
23 de outubro de 1962

Vasin encostou a testa à janela fria. Os olhos moveram-se de uma faixa da avenida para a outra, com as pupilas a saltarem de faróis traseiros para faróis traseiros. O frio do vidro, os pontos vermelhos das luzes em movimento — concentrar-se em coisas concretas e sem significado ajudou Vasin a acalmar-se.

Katya Orlova abraçou-o e encostou a cara às costas dele.

— *Kalgestellt*.

— O quê?

— *Kalgestellt*. Congelado. Era o que os alemães diziam. Quando somos congelados. — Katya pôs uma mão confortadora no braço de Vasin. — Sabes que eu e o Yuri fomos destacados para a Alemanha depois da guerra?

Vasin estava no apartamento de Orlov — durante um momento, tinha-se quase esquecido. Estava no *apartamento de Orlov*. Vasin endireitou-se de repente. Mas o que lhe tinha dado para vir para ali? Ele lembrava-se de ter saído do Clube Desportivo do Exército soviético. De ter parado para fazer um telefonema. Do trânsito. De conduzir sem destino. E lá estava ele.

Vasin virou-se para a mulher de Orlov, libertando-se dos seus braços, e olhou para ela com incompreensão.

— Katya, que tem a Alemanha que ver com isto?

— Estou só a dizer... que os alemães têm um nome para isso. Para onde tu estás. Para o que o Orlov te fez. Congelou-te. Mas antes congelado do que morto, não é?

Os pensamentos regressaram à mente de Vasin como consumidores a invadirem uma loja cheia de coisas boas, e exigiram a sua atenção. Para ele agir.

— Katya. Se houver uma guerra nuclear, todos nós vamos morrer.

— Chiiiu. És tão dramático, Sasha. Preocupas-te demais. Um conselho: não te preocupes tanto.

Katya largou o casaco de Vasin e dirigiu-se a cambalear para o bar. Vasin ouviu o gelo a cair nos copos. Ainda faltava um bocado para a hora de jantar, mas quando ele chegara, Katya já estava semiembriagada. O que esperara Vasin ouvir dela? Será que aquela mulher era a única pessoa na qual ele podia confiar?

— Sabes, Sasha, hoje, quando telefonaste e disseste que precisavas de falar comigo com urgência... pensei que talvez tu ainda... tu sabes... me quisesses. Como antigamente. — Katya meteu um copo cheio de rum na mão de Vasin e bateu-lhe com o seu. — Não pensei que fosse para tagarelar sobre submarinos e o Kennedy e torpedos nucleares.

Vasin recorreu a todas as suas forças para controlar a irritação.

— Katya, eu não estive a tagarelar. Estou aterrorizado. *Tu* devias estar aterrorizada. Não brinques com isto.

Katya assumiu rigidamente uma posição mais vertical. O sorriso sensual dela foi substituído por um beicinho petulante.

— Meu Deus, Sasha, às vezes és tão entediante. Não percebes? O Orlov está a libertar-te. Não conseguiste apanhar o espião, o Morozov, mas ele respeita-te demasiado para te castigar. Ele só te vai... libertar. Para um trabalho qualquer seguro e monótono onde não terás de salvar o mundo. Nunca vi acontecer isto antes.

— Katya: eu juro que dava o braço direito para ter um trabalho seguro e monótono, mas agora temos de decidir o que vamos nós fazer.

— *Nós?*

— Tudo bem. Eu tenho de decidir o que vou fazer.

— Acerca do quê, querido? Dos teus submarinos?

— Dos meus submarinos.

— Que queres que eles façam?

Vasin pousou o copo em cima de uma mesa, sem beber, e passou a mão pelo cabelo.

— Quero que parem. Que deem meia-volta.

— Experimenta telefonar à Marinha.

A voz de Katya denotava sarcasmo.

— Katya, foi o raio da Marinha que os enviou. Tal como te contei. Foram ordens de cima. Mas só o Orlov consegue falar com aquela gente. E acabou de recusar. Pôs-me no gelo, como tu dizes. Por isso, estamos fodidos.

— Querido Sasha. Relaxa. — Katya aproximou-se de Vasin, e ele sentiu no rosto o hálito doce a rum. — Vai tudo correr bem. Foi o que disse o Orlov. Anteontem à noite. Tinha chegado de uma reunião com alguém do Politburo. Chegou a casa e disse: «Acabou, graças a Deus. Vão acabar com a aventura das Caraíbas.»

— Vão acabar... *como*?

— O Orlov disse que o Khrushchev está pronto para recuar. Para fazer o que o Kennedy pediu. Tirar os mísseis de Cuba em troca de os americanos tirarem os seus mísseis de outro sítio qualquer? Não fiz perguntas sobre esta parte. Seja como for, está decidido. Agora, é salvar a face de toda a gente. Mas acabou.

Vasin fechou os olhos. De repente, a indiferença brutal de Orlov às informações sensacionais de Vasin começou a fazer um pouco mais de sentido. O Politburo tinha cedido. Tinha recuado da beira do abismo. Uma humilhação para Khrushchev — mas paz. — O fim da loucura das Caraíbas — tinha Orlov dito à mulher. Mas...

— Espera, Katya. Ouve. Dizes que o Orlov acredita que acabou tudo. Talvez o Khrushchev também acredite. E se o Khrushchev não sabe da existência da esquadrilha nem das suas ordens? E se a missão suicida dos submarinos se destinar *precisamente* a impedir o Politburo de recuar?

Katya olhou para Vasin com um ar confuso.

— A tua velha canção. Alguém, uma cabala desconhecida de gente misteriosa quer a guerra? A tua...

— A minha conspiração. Sim.

— Mas, Sasha, porque é que estás sempre a insistir que sabes mais do que toda a gente no mundo?

— Por causa do que acabaste de me dizer. A nova política é a paz, certo? O compromisso. Mas os submarinos têm ordem para furarem o bloqueio e dispararem torpedos nucleares contra qualquer navio americano que lhes barre a passagem. É uma ordem para desencadear uma guerra, e é precisamente o contrário da política do governo soviético.

O beicinho de Katya transformou-se em algo mais zangado e hostil.

— Sasha. Tu és esgotante. Sabes o que eu acho? Acho que te queres destruir a ti próprio. Decidiste que estás descontente com a tua vida, e estás desesperado para encontrares um Gólgota para o teu glorioso martírio.

Vasin afastou-se de Katya. Estava farto. Não havia mais nada que ela pudesse fazer por ele.

— E sabes o que eu acho de *ti*, Katya? Acho que estás tão habituada a ser uma abelha-mestra, a ser uma grandiosa aristocrata do Partido, que a tua cabeça deixou de funcionar. Não consegues conceber um mundo em que o Orlov não seja o teu amo e senhor, e estás ao lado dele para decidir sobre a vida da arraia-miúda.

O que te estou a dizer é demasiado grande para caber nessa cabecinha tacanha.

Os dois velhos amantes miraram-se furiosamente. Ambos recuaram quando Vasin parou de falar. Katya tinha os punhos cerrados e o rosto era um nó de raiva.

— Sasha. Se estás convencido de que as tuas informações são vitais para a paz mundial, talvez devas entrar em contacto com os americanos.

Vasin olhou à sua volta. O armário de bebidas dos Orlovs, o mobiliário ostentoso, as paisagens pomposas e os retratos de militares. À sua frente, Katya. Com peso e maquilhagem a mais, a tentar feri-lo com a sua ironia arrogante. Meu Deus, pensou Vasin. E são *estes* os guardiões da nossa segurança. Os que matam, encarceram e aterrorizam em nome de manterem os nossos filhos a salvo. *Estas pessoas*. Que estão mais preocupadas com as suas intrigas do que com as vidas dos milhões de pessoas que confiam nelas.

— Sabes que mais, Katya? Sou mesmo capaz de fazer isso.

PARTE CINCO

A CAÇA AO B-59

Se vos esbofetearem na bochecha esquerda, não os deixem esbofetearem-vos na direita.

— ALMIRANTE VITALIY A. FOKIN, VICE-COMANDANTE DA MARINHA SOVIÉTICA, INSTRUÇÕES AOS COMANDANTES DA ESQUADRILHA DE SUBMARINOS DA OPERAÇÃO ANADYR, 3 DE OUTUBRO DE 1962

1

Mar dos Sargaços
Quinta-feira, 25 de outubro de 1962, 06h12, FHO / 13h12, hora de Moscovo

O cláxon ensurdecedor ecoou em todos os compartimentos do B-59, acompanhado pelo barulho da água a encher os tanques de lastro. O submarino mergulhou em segundos, atirando ao chão as cartas e as réguas que estavam em cima da pequena mesa no centro de operações.

— Porra... — praguejou Savitsky, agarrando-se à parte de baixo da cadeira para não ser projetado para a frente. Arkhipov encostou-se ao veio do periscópio para dar espaço ao aspirante que operava freneticamente um conjunto de válvulas para regular o submarino durante o mergulho. O matraquear dos motores a *diesel* foi abruptamente substituído pelo gemido dos motores elétricos. Um som metálico enorme ecoou do compartimento do periscópio, por cima do centro de operações, indicando o encerramento apressado da escotilha superior da torre. Arkhipov ouviu o profundo ruído pneumático do periscópio e das antenas de rádio a recolherem para os seus poderosos veios, mesmo atrás dele. O manómetro da profundidade, mesmo à sua frente, tremeu e deslocou-se para os cinco metros e depois para os dez. O submarino desapareceu debaixo de água em menos de trinta segundos.

Ivanov, o oficial de quarto, gritou para o centro de operações:

— Avião diretamente por cima. — Logo a seguir, o jovem marinheiro que estivera de vigia na torre deslizou pela escada a escorrer água do oleado para fazer o seu relatório a Savitsky.

— Parecia um avião militar americano, camarada comandante. Com hélices, não era um jato. Rumo duzentos e setenta graus. Vislumbrei-o por entre as nuvens.

— Viram-nos?

— Julgo que não, comandante, por causa dos vagalhões.

Savitsky inclinou-se para a direita, puxou a alavanca que controlava o leme vertical, e o submarino fez uma viragem apertada para bombordo. De seguida, colocou as três alavancas do telégrafo das máquinas, por cima da sua cabeça, em «muito devagar». Passado um momento, um tinido do telégrafo confirmou que a sala das máquinas tinha cumprido a ordem.

Os homens que estavam no centro de operações ficaram num silêncio ansioso, olhando para o teto de aço enquanto se esforçavam por ouvir alguma coisa.

Uma ténue transmissão de sonar ecoou pelo casco. Arkhipov virou-se de imediato para Savitsky.

— O maldito avião largou uma boia-sonar.

Os dois comandantes sabiam que a melhor hipótese de fuga ao sonar era mergulharem rapidamente para águas profundas.

— Cota 120 metros — ordenou Savitsky. Os únicos sons que se ouviam no centro de operações eram o matraquear abafado dos motores elétricos e a lenta deslocação da água nos tanques de lastro.

Uma transmissão de sonar mais ténue do que a primeira ecoou pelo submarino.

O ponteiro do manómetro de pouca profundidade parou no máximo: sessenta metros. O manómetro de grande profundidade chegou aos oitenta metros, depois aos cem. O aspirante que controlava o mergulho, a suar de concentração, puxou os lemes de profundidade da vante e da ré enquanto o seu camarada operava uma quantidade desconcertante de instrumentos para equilibrar a água nos tanques de lastro. O ponteiro da profundidade fixou-se nos cento e vinte metros.

Arkhipov ficou à escuta, quase sem respirar. Não se voltou a ouvir o sonar.

2

Mar dos Sargaços
Quinta-feira, 25 de outubro de 1962, 06h49, FHO / 13h49, hora de Moscovo

O comandante Billings estava a terminar o pequeno-almoço na messe dos oficiais do USS *Bache* quando o oficial de comunicações apareceu à porta.

— Comandante, os aviões de reconhecimento localizaram um submarino, talvez dois.

Billings tirou a mensagem da mão do tenente. Era uma ordem do almirante, a bordo do *Ramsay*, para o *Bache* e outros cinco contratorpedeiros se deslocarem à velocidade máxima para uma posição a quarenta milhas a este.

— O que é que localizaram?

— As boias-sonar detetaram um contacto, senhor. O Posto Aeronaval do Rio Patuxent analisou as gravações dos aviões. Parecem ser dois submarinos soviéticos. Rumo desconhecido e sem contacto visual. Perdemo-los em minutos.

Billings praguejou baixinho. O furacão *Ella* tinha trazido massas enormes de água fria das profundezas do oceano. A camada onde a água fria se encontrava com a água mais quente perto da superfície chamava-se termoclina. As diferenças de densidade e salinidade entre as duas massas criavam uma barreira onde o sonar ricocheteava como a luz de um espelho. Os submarinos soviéticos tinham mergulhado abaixo da termoclina e eram invisíveis para os sonares americanos.

Mas um contacto era melhor do que nada, e a previsão meteorológica indicava melhorias no tempo. Um dia de calma e as duas massas de água misturar-se-iam e dissolveriam a capa de invisibilidade que dissimulava o inimigo.

— Muito bem. Confirme a receção da comunicação do *Randolph* e informe que estaremos em posição daqui a quatro horas. E diga ao comandante Kimble que vá ter comigo à ponte. Diga-lhe que vamos à caça.

3

Forte George G. Meade, Maryland
Quinta-feira, 25 de outubro de 1962, 08h50, FHO / 17h50, hora de Moscovo

Jack Dunlop fez uma curva apertada com o seu potente *Cadillac* Coupe de Ville 59 e saiu da Estrada 175. Estava um dia de outono maravilhoso e os abetos e castanheiros ao longo da estrada eram uma chama dourada e vermelha. Dunlop parou no outeiro sobranceiro aos portões do Forte G. Meade, um edifício tipo cabina de portagem que abarcava quatro faixas de rodagem e parecia uma antiga ponte coberta, com ripas de madeira e um coruchéu como o de uma igreja. À sua frente, havia uma enorme fila de automóveis, muito mais do que o habitual, cujos condutores esperavam pacientemente para apresentarem os seus livre-trânsitos aos polícias militares que guardavam as instalações. Passava-se qualquer coisa.

Os antigos camaradas de Dunlop tinham gozado por causa de ele ter comprado aquele carro pouco depois de sair do Exército, no ano anterior — um sargento com um bólide de oficial?

— Tornem-se funcionários civis do Exército, como eu, e podem comprar um igual, seus nabos — disse ele. — Mas antes disso, têm de arranjar um cérebro.

Dunlop reconheceu vagamente o miúdo negro que escrutinou o seu livre-trânsito. Era muito parecido com um dos maçaricos que ele tinha mandado para a prisão uns dois anos antes, quando surpreendera uma festa de sábado à noite carregadinha de cerveja. As suas suspeitas foram confirmadas pelo olhar carrancudo da praça.

— Bom dia, rapaz — disse Dunlop, carregando no acelerador e deixando a sentinela envolta numa nuvem de poeira.

A sede da National Security Agency parecia um aparelho de ar condicionado com dez andares. A única coisa que distinguia o mamarracho dos edifícios adjacentes — burocracias do Departamento da Defesa — era a fileira de bolas de golfe gigantes no telhado: os mais sofisticados recetores de rádio e de radar do mundo. E dizia-se que em breve haveria outra engenhoca no telhado para comunicar com satélites.

Dunlop procurou um lugar no enorme parque de estacionamento, praguejando baixinho à medida que se ia afastando da entrada do edifício. O parque estava invulgarmente cheio. Depois de estacionar, Dunlop verificou a gravata e o penteado no retrovisor, pegou no sobretudo e rumou ao seu posto de trabalho.

Apesar do seu elegante fato de *tweed* e do seu corte de cabelo à escovinha, Dunlop era apenas um motorista. É verdade que era o motorista do chefe do estado-maior da agência, o major-general Thomas M. Watlington, e que auferia o triplo da sua antiga remuneração de sargento, mas não deixava de ser essencialmente um criado. E quando não estava a transportar o chefe para e de Washington na grande limusina *Buick* preta, Dunlop fazia de mensageiro, aliás, fazia de mensageiro da secretária do chefe, Mrs. Lovelace — um nome bonito, uma mulher feia. Nas costas dela, Dunlop chamava-lhe Mrs. Fuckface.

Há uns meses, um dos antigos camaradas de Dunlop tinha-lhe chamado Stepin Fetchit*, e todos se tinham rido às gargalhadas. A vontade de Dunlop fora derrubá-lo com um soco, mas ele tinha o dobro do seu tamanho e Dunlop fizera um sorriso amarelo, fingindo achar graça. Era uma coisa que Dunlop fazia muito. Sorria e aguentava, e passava o dia a fazer o menos possível. Mas sempre que Fuckface lhe dava na cabeça por ele se demorar na cafetaria ao almoço, ou o punha a entregar ou a ir buscar dossiês por todo o edifício, Dunlop lembrava-se do seu segredo... e sorria.

— Bom dia, Mrs. L! Está um dia lindo! — Dunlop nunca conseguia resistir à tentação de carregar no seu sotaque de Bogalusa, na Luisiana, sempre que falava com ela.

Fuckface olhou para cima com o habitual beicinho que parecia o ânus de um cão. Ela detestava que lhe chamassem «Mrs. L», mas

---

* Alusão a um ator negro americano contemporâneo celebrizado pela representação da personagem de um mandrião chamado Stepin Fetchit. (*N. do T.*)

havia mais qualquer coisa de errado. Ela tinha a maquilhagem borrada e dois anéis escuros de exaustão à volta dos olhos.

— Nunca lê o jornal, Jack, nem ouve a rádio?

— Só se não puder evitar, minha senhora. Gosto de dormir bem à noite.

— Isso explica a sua boa disposição.

— Há alguma coisa que eu deva saber, Mrs. Lovelace?

— Ontem à noite, o presidente colocou o Comando Aéreo Estratégico em DEFCON 2. Faz alguma ideia do que isto significa, Jack?

— Significa que não é nada de bom?

— Significa que vamos bombardear a Rússia.

— Uau! Mas vamos dar cabo deles, certo? Vão ter o que merecem.

A luz do intercomunicador acendeu-se no telefone da secretária.

— Não tem filhos, Jack.

Lovelace atendeu, murmurou um «sim» e desligou.

— O general Watlington tem de estar no Pentágono ao meio-dia.

— Com certeza, minha senhora.

Dunlop olhou para a caixa de saída da secretária, que estava cheia de dossiês provenientes do chefe.

— Quer que leve aquilo para a datilografia? Fica no meu caminho.

Sem esperar pela resposta, Dunlop pegou no molho de dossiês com o seu sorriso mais encantador e saiu do gabinete. A meio do corredor, Dunlop entrou numa sala sem janelas que albergava a mais recente maravilha técnica do departamento: o protótipo da fotocopiadora Xerox 813 era impressionantemente minúsculo, parecia uma pequena máquina de lavar roupa. Dunlop esperou que uma das secretárias mais giras terminasse de tirar as suas cópias e sorriu-lhe timidamente, mas ela não retribuiu o sorriso e foi-se embora. Dunlop começou a folhear os dossiês e assobiou baixinho. Bombardeiros pesados B-59 com bombas nucleares em alerta aéreo permanente — vinte e três enviados para pontos à distância de bombardeamento da União Soviética. Bombardeiros médios B-47 nas proximidades de Cuba, em estado de prontidão em quinze minutos, também armados com bombas nucleares. Cento e quarenta e cinco mísseis balísticos intercontinentais dispersos por silos por todos os Estados Unidos em alerta máximo. Contacto com dois submarinos russos ao largo de Porto Rico.

— Porra!

Dunlop fotocopiou os documentos mais importantes o mais rápido que a máquina permitia.

No início da sua carreira de espionagem, Dunlop fora uma pilha de nervos. Nas primeiras vezes que saíra do escritório com um molho de documentos roubados debaixo do casaco do uniforme, tinha ficado à espera de ouvir os alarmes e de ver polícias militares a surgirem de todos os lados. Mas nunca se ouvia um alarme e os PM mandavam-no sempre passar — ou nem reparavam nele. Dunlop era assim: magricelas e com dentes salientes, parecia uma daquelas pessoas naturalmente sem importância. Às vezes, o general até trocava o nome dele, chamava-lhe Jim em vez de Jack. Parvalhão.

Dunlop percebeu rapidamente que a melhor maneira de se esconder era à vista de todos. No ano em que vinha trabalhando para o general, toda a gente se tinha habituado a vê-lo a entrar ou a sair do gabinete do chefe com montes de papéis, e os amanuenses também se tinham habituado a ver Jack a tirar fotocópias. E ser um funcionário civil era uma grande ajuda. As pessoas tinham mais respeito quando não viam uma insígnia no colarinho ou nas mangas — ficavam mais indecisas. Por isso é que Dunlop se vestia sempre com elegância: de fato, ele podia ser qualquer pessoa. Quase.

Depois de fotocopiar os documentos, Dunlop repôs rapidamente os dossiês pela ordem certa e meteu as cópias num envelope que colocou no fundo do molho. Quando entrou na sala de datilografia, olhou para o relógio. Tinham passado menos de vinte minutos desde que ele tirara os documentos da caixa de saída do general.

Dunlop descarregou os dossiês em cima da secretária da datilógrafa-chefe, acenou alegremente e seguiu o seu caminho com o envelope castanho na mão. Aquelas informações não podiam obviamente esperar.

O chefe tinha de estar no Pentágono ao meio-dia. De Forte Meade a Arlington, eram quarenta e cinco minutos ou uma hora, mesmo com a escolta da polícia. O mais provável era que o chefe ficasse em Washington até às duas da tarde. Era tempo mais do que suficiente para passar os documentos à hora de almoço.

Dunlop dobrou o envelope ao meio e meteu-o num bolso interior do sobretudo, que pendurou no braço. Depois, apanhou o elevador para a garagem da cave. Tinha quase uma hora para pôr os cromados do *Buick* a brilhar, e para fazer um telefonema rápido do escritório dos mecânicos para um número do Maryland que era sempre atendido pela mesma mulher, fosse noite ou dia, e sempre ao terceiro toque.

— Olá, querida! Vamos comer uma sanduíche em Arlington? Ao almoço.

4

Crystal City, Virgínia
Quinta-feira, 25 de outubro de 1962, 12h00, FHO / 19h00, hora de Moscovo

Dunlop nunca tinha percebido exatamente como é que os russos o tinham encontrado. Um fala-barato espertalhaço, num bar rasca de Millersville, a dizer que o Exército era a última coutada dos idiotas. Dunlop, que ainda estava na tropa, pensou em dar um murro no gajo — para defender a honra e etc. —, mas o tipo disse que era um veterano do Dia D, da 101.ª Aerotransportada. Começaram a beber e o que o velhote disse acerca do complexo industrial-militar e da opressão dos trabalhadores fez algum sentido. Dunlop também tinha muita coisa para dizer acerca dos idiotas do corpo de oficiais, e acerca de como a NSA o explorava, a ele e a outros militares, pondo-os a fazer trabalho administrativo por uma fração do salário real.

Meio embriagados, combinaram encontrar-se na semana seguinte, mas quando Dunlop apareceu no bar o veterano estava com um amigo, um tal Mickey, um tipo corpulento com ar de lutador de rua e um forte sotaque de Boston. O Mickey tinha dominado a conversa, que fora geralmente como o governo estava a foder os trabalhadores, e como ele tinha descoberto um milhão de maneiras de enganar o Estado quando estava na Marinha. Roubava gasolina, colchões, rações de combate e sabe-se lá mais o quê do camião que conduzia. E sabem o que se vende *bem*? Papel, pá. Bocados de papel. Conheço gajos que te pagam dez dólares por folha.

Duas semanas depois, Dunlop roubou os primeiros documentos, tirados ao acaso da secretária do seu superior hierárquico. Um cavalheiro mais velho, elegantemente vestido e que se esforça infrutiferamente para disfarçar um sotaque estrangeiro, encontrou-se com Dunlop no parque de estacionamento do bar e deu-lhe cento e vinte dólares pelos papéis. Mickey tinha razão: dez dólares por folha.

E assim começou. Em dois anos, Dunlop, segundo as suas contas, ganhou cerca de quarenta mil dólares — em numerário. Dunlop não sabia ao certo quem lhe pagava, e para dizer a verdade, estava-se nas tintas. Mas também não era um idiota chapado. Tinham de ser os russos, é óbvio, e também era evidente que ele estava a trair o seu país. Mas a política era entediante para Dunlop. A parte de que ele realmente gostava — para além do dinheiro, obviamente — era a sensação profunda e quente que tinha sempre que saía do Forte George G. Meade com os documentos no bolso, a emoção de se vingar de todos os oficiais/gestores/palhaços do governo que o tinham humilhado.

O Electric Diner localizava-se no fim de um centro comercial banal nos arredores de Crystal City, ao pé da autoestrada interestadual. Ficava a cinco minutos de carro do Pentágono.

Dunlop estacionou o vistoso *Buick* à frente de uma bomba de gasolina ao lado do restaurante e entrou na loja para comprar pastilhas elásticas, cigarros e um jornal. Entrou no restaurante, sentou-se ao balcão e encomendou o almoço. Depois de uma dúzia de «encontros», Dunlop sabia que o prato menos rasca da ementa era sandes de pasta de atum e café. Dunlop devorou a sanduíche e ficou impacientemente à espera enquanto ia mexendo as borras do café. Passado um bocado, como de costume, um homem insignificante, careca e com um fato rasca, apareceu ao seu lado. Dunlop acenou silenciosamente à criada, pôs dois dólares em cima do balcão e cedeu simpaticamente o lugar ao recém-chegado.

O homem só dizia uma coisa:

— Este jornal é seu, amigo?

— Já acabei, é todo seu.

O careca sentava-se sem olhar outra vez para Dunlop e metia o jornal e os documentos no bolso da gabardina. Quando Dunlop chegava ao *Buick*, lá estava o habitual envelope com seis notas de cinquenta dólares, metido pela ligeira abertura que Dunlop deixava na janela do condutor.

Dunlop esperou cerca de dois minutos e depois ligou relutantemente o potente motor do *Buick* para ir buscar Watlington. Se ia realmente haver uma guerra, o Pentágono era o último lugar da terra onde ele queria estar.

5

Embaixada soviética, Washington, D. C.
Sexta-feira, 26 de outubro de 1962, 15h15, FHO / 22h15, hora de Moscovo

Aleksandr Semyonovich Feklisov estava no sótão da secção do KGB a olhar por cima do telhado do YMCA para os campanários da Catedral de São Mateus. Os últimos dias tinham sido os mais stressantes da vida de Feklisov, mas, agora, o chefe da secção do

KGB em Washington estava a tremer literalmente com a pressão. Feklisov pousou a chávena de café e forçou-se a respirar devagar.

Feklisov vinha-se preparando havia meses para a altura em que os americanos descobrissem o envio dos mísseis para Cuba. Ainda bem que o seu novo chefe, o embaixador Anatoliy Dobrynin, era mais inteligente do que os broncos do Kremlin. Logo no início, ele tinha concordado com Feklisov que o projeto dos mísseis em Cuba era uma loucura, mas Khrushchev tinha decidido que Kennedy era um otário e fracalhote depois do seu encontro em Viena, no verão. O problema era que Khrushchev não conhecia a América, nem os americanos. Mas Feklisov conhecia. Estava intermitentemente destacado na América desde 1941, e sabia muitíssimo bem que o horizonte dos americanos era muito local. Kennedy não ia iniciar uma guerra mundial por causa da remota Berlim, mas iniciaria uma por causa de Cuba, a cento e cinquenta quilómetros da América.

Feklisov nunca tivera a mínima dúvida de que o inevitável sururu por causa de Cuba seria muito maior do que o Kremlin previa, mas a crise estava a agudizar-se com uma intensidade e uma rapidez que ele nunca julgara possível.

DEFCON 2.

Feklisov mal podia acreditar. Desde que Kennedy emitira a ordem, às dez da noite, dois dias antes, o mundo estava oficialmente a quinze minutos de uma guerra nuclear.

Nos últimos dias, Feklisov tinha feito por se convencer de que as partes estavam à beira de engendrar um compromisso que lhes salvasse a face. O seu chefe, Dobrynin, vinha falando em privado com o irmão de Kennedy, Bobby, sondando a possibilidade de uma solução diplomática, e também com Khrushchev, suplicando praticamente ao camarada secretário-geral que acreditasse que Kennedy estava a falar a sério em relação à guerra.

Mas agora, apesar da frenética diplomacia de bastidores, uma intensificação súbita. O DEFCON 2 não fazia sentido. Os Kennedys *sabiam* que Khrushchev estava pronto para ceder. Seria um *bluff* para intensificar a pressão ou — queira Deus que não! — um sinal de que os militares americanos estavam a atuar por conta própria?

— Aleksandr Semyonovich? — O secretário de Feklisov assomou à porta, quebrando-lhe a linha de pensamento. — O camarada embaixador regressou e está à sua espera.

Dobrynin estava de pé, atrás da secretária, a folhear nervosamente uma pilha de radiotelegramas.

— Como correu com o jornalista?

A ideia de falar com a comunicação social tinha partido de Feklisov. Ele sabia que John A. Scali, da ABC News, tinha bons contactos no círculo íntimo de Kennedy. Fazer uma proposta sumamente importante através de um repórter não era de todo o estilo do *kontora*, mas viviam-se tempos desesperados. O embaixador tinha um bom canal de bastidores para Kennedy, mas com os bombardeiros americanos em patrulha, provavelmente a poucos minutos das fronteiras da União Soviética, Feklisov e Dobrynin precisavam que o mundo soubesse que os soviéticos estavam abertos a conversações urgentes.

O embaixador falou diretamente com o chefe do KGB e pediu a aprovação do Politburo. A autorização para Feklisov almoçar com o jornalista tinha chegado naquela manhã.

— Correu bem, camarada embaixador. Pedi ao Scali para dizer aos seus amigos na Casa Branca que estamos prontos para uma solução diplomática, e ele concordou de imediato. Os termos foram os que eu sugeri, obviamente aprovados pelo Politburo. A União Soviética garantirá a remoção dos mísseis sob a supervisão da ONU, e o Castro assinará uma declaração segundo a qual não voltará a aceitar aquele tipo de armamento. Em troca, os EUA declararão publicamente que não invadirão Cuba. Parto do princípio de que o Scali passou imediatamente a proposta aos Kennedys. E eles ficaram a saber que a imprensa sabe. E Moscovo?

O embaixador encheu as bochechas num gesto de irritação.

— Moscovo é Moscovo. Ainda estão a falar uns com os outros.

— Vamos receber hoje, do camarada secretário-geral, uma proposta formal para apresentarmos à Casa Branca?

Dobrynin encolheu lentamente os ombros, como se estivesse a levantar um peso enorme.

— Sabe o que o Robert Ivanovich me disse um dia destes? — Robert, filho de John, o nome que os dois russos usavam em privado para Bobby Kennedy. — «Constrói uma ponte dourada para o teu inimigo poder retirar», citando aparentemente um antigo livro chinês. Mas em vez de uma ponte dourada, temos uma moca suspensa por cima da nossa cabeça, e um monte de estrume para atravessarmos. Kennedys idiotas. Sempre arrogantes. A pior coisa que podiam ter feito agora era intensificarem a pressão. O Khrushchev não gosta de ser apertado. Por conseguinte, só Deus sabe quando é que ele vai escrever a carta. Ou se a vai escrever.

Ao subir a escadaria da grandiosa e antiga mansão da embaixada, Feklisov parou para olhar para a rotunda de Thomas. Quando é que ele, filho de um ferroviário pobre, se tinha tornado o intermediário dos líderes mundiais? O seu guia e intérprete? Feklisov recordava-se do vapor oleoso do estaleiro ferroviário da Estação Moscovo-1, onde tinha trabalhado antes de entrar para o *kontora*, pouco antes da guerra. A camaradagem despretensiosa dos jovens operários, a conversa fácil. Estar encostado à barriga quente das locomotivas nas manhãs frias. O gosto metálico do chá feito com água das caldeiras. A vida era simples: os únicos problemas eram um tubo de caldeira estragado ou uma fuga numa válvula.

Feklisov fechou os olhos. Mas quando é que o merdas do teimoso do Khrushchev ia admitir a derrota?

6

Marginal Frunze, Moscovo
Sexta-feira, 26 de outubro de 1962

Vasin passou a noite em casa, num transe estupidificado. Todas as manhãs, depois de ele sair para o trabalho, Vera insistia em dobrar o sofá e tirar a roupa de cama. De modo igualmente obsessivo, arrumava a roupa e o calçado de Vasin no guarda-fatos do corredor. Parecia que Vera passava os dias a tentar apagar todo e qualquer vestígio da presença do marido no apartamento até ele regressar do *kontora* ao fim do dia e reafirmar inconsideradamente a sua existência na vida dela. Mas Vasin sentiu-se como se fosse invisível, um fantasma a vaguear pelos lugares da sua vida anterior.

A noite de outubro estava invulgarmente quente, e a brisa crepuscular trazia o som de crianças a brincarem no pátio através da janelinha superior que ventilava os lares russos. Vasin deitou-se de barriga para baixo e viu a noite cobrir os telhados como se a janela fosse um ecrã de cinema. Não acendeu a luz nem fechou a janelinha para não apanhar o frio da noite. Pensar causava-lhe dores no cérebro, era como tocar numa nódoa negra. Vasin manteve-se imóvel e tentou não pensar em nada.

Vera entrou de repente e acendeu a luz como se dar com o marido sentado na escuridão fosse perfeitamente normal. Depois de um momento de procura, pegou num arco vermelho de plástico, a última moda da ginástica. Fechou a janelinha com força e ao sair parou com a mão no interruptor.

— Deixo a luz acesa?

Vasin não respondeu. Formou-se-lhe uma frase na mente, qual bolha a sair de um pântano, mas ele não se deu ao trabalho de a proferir.

A porta do apartamento abriu-se e fechou-se. Nikita despiu o casaco e largou o bornal. Uma cabeça com o cabelo preto esguedelhado assomou à porta da sala de estar, e ouviu-se um cumprimento murmurado. Da cozinha, chegou o barulho de tachos e louça.

— Pai... tem fome? — Vasin ouviu Vera a responder por ele, algo breve e impercetível. A porta da cozinha fechou-se. O rádio começou a palrar. A seguir, seriam a prática no piano e os trabalhos de casa. A higiene noturna. Um «boa noite» formal de Nikita. Vera sentar-se-ia para fumar à janela da cozinha. Falaria cerca de uma hora ao telefone com as amigas. Iria para a cama. Depois, o silêncio cairia sobre o apartamento, sobre o pátio e sobre a avenida, sobre a metrópole. Vasin sentiu todo o silêncio do mundo concentrado em si próprio.

E pronto.

Kaltgestellt. Congelado. Então era assim. A vida continua, mas sem nós. Deixamos de poder falar: somos interpretados. Não nos podemos mexer. Não, pior: mexemo-nos, mas ninguém nos vê nem ouve, nem a nossa família. O tenente-coronel Vasin, devido a uma ordem do seu chefe, tinha-se abruptamente transformado numa nulidade. O mar de informações no qual Vasin tinha boiado, mergulhado e nadado durante meses tinha-o engolido. Ele afogara-se, arrastado para o fundo pelo peso das suas ideias tresloucadas. Bastara uma leve pressão de Orlov e ele afundara-se, tal como o pobre Tokarev previra, no negro reino aquático por baixo da merda de baleia.

O apartamento silencioso parecia um purgatório insuportável. Vasin saiu da sua posição fetal e esticou os músculos presos. Sentiu fome e dirigiu-se à cozinha no meio da escuridão. O relógio elétrico em cima do frigorifico disse-lhe que passava das duas da manhã. Vasin encontrou no fogão uma caçarola com couve cozida fria e comeu com as mãos. Depois de se limpar na camisa, pegou na lata de café onde Vera guardava os seus trocos. Para sua surpresa, a lata estava cheia de notas de vinte e cinco rublos — quase mil rublos, na sua estimativa. Será que acumular o dinheiro das compras para a casa era uma vingançazinha de Vera? E se era, porquê? O que poderia ela comprar com aquele dinheiro? Para onde poderia ir? Será que ela estava a pensar deixá-lo? Fugir? Vasin apenas sentiu confusão. Pegou num punhado de notas e tirou o melhor fato e os melhores sapatos do guarda-fatos.

Vasin não tinha plano nenhum, mas quando fechou a porta — devagar, para não acordar Nikita — sentiu que estava a deixar a sua vida para sempre.

A noite estava húmida. Vasin não se deu ao trabalho de olhar em redor quando se dirigiu para o *Moskvich*, preferindo não ver a equipa do *kontora* que o estava certamente a vigiar. O motor despertou depois da habitual meia dúzia de tentativas. Vasin atravessou o arco e entrou na avenida. Gostou de sentir o volante nas mãos — um bocadinho de controlo. Vasin precisava de café.

Precisava de pensar. E de falar, talvez. Falar com... quem? Talvez com Kuznetsov?

Vasin passou o vermelho, virou à esquerda para a Marginal Frunze e rumou à Lubyanka.

7

Quartel-general do KGB, Moscovo
Sábado, 27 de outubro de 1962

A enorme cafetaria da cave do *kontora* estava aberta vinte e quatro horas por dia. As criadas tinham os olhos congestionados, mas os seus vestidos pretos simples e os seus aventais com folhos estavam imaculados. Vasin pôs café, pãezinhos frescos e um grande copo de conhaque na bandeja e instalou-se num canto com vista para as duas caixas registadoras. Noutro canto, algumas secretárias jovens de uniforme riam-se e coscuvilhavam quase aos sussurros. A cafetaria estava ocupada por diversos oficiais de meia-idade sentados sozinhos, como Vasin, e em várias fases de mau génio e de fadiga noturna. Quais andariam a vigiá-lo, pensou Vasin? Será que Orlov se tinha dado ao trabalho de o mandar vigiar no quartel-general do KGB? Ou estariam apenas a vigiar o seu carro, no parque de estacionamento dos oficiais superiores, nas traseiras do edifício?

O enorme relógio de parede indicava 03h55, pelo menos duas horas antes da correria para o pequeno-almoço. Vasin tirou da pasta o espesso livro de apontamentos com as suas notas sobre o caso Morozov. Não era nada de sistemático, apenas um conjunto de perguntas e datas, transcrições dos principais documentos que Sofia tinha passado a Morozov, recortes de jornais e excertos de notícias da TASS. Vasin sentiu-se aquecer com o café e o conhaque, e começou a reler e a organizar os apontamentos.

Às seis menos quinze, a cafetaria começou a encher-se de oficiais subalternos e amanuenses que comiam rapidamente o pequeno-almoço antes de iniciarem os seus turnos. Kuznetsov não estava entre eles. Quando o relógio passou as seis, apareceu um grupo mais lento, que se espreguiçava e bocejava depois do fim do turno. Vasin tinha os apontamentos e os recortes espalhados em cima da mesa para defender a sua posição no canto contra todos os recém-chegados. Nas mesas em redor, os comensais mudaram três vezes. Os vigias estariam havia horas agarrados a inúmeros cafés.

Às oito, começaram a chegar oficiais mais graduados, majores e coronéis de fora da cidade que ficaram pasmados com o teto altíssimo e com as extravagantes pilhas de guloseimas, e encheram as bandejas com bolos e doces. Chegou um major-general, a conduzir uma delegação de camaradas caucasianos trigueiros. Mas Kuznetsov, nem vê-lo.

Vasin praguejou baixinho. Dos tempos em que tinham partilhado um apartamento em Arzamas, Vasin lembrou-se de que Kuznetsov não era um madrugador. Preferia perder o pequeno-almoço a meia hora de sono. Ou talvez não tivesse de estar no escritório. Ou talvez tivesse regressado a Cuba. Vasin procurou recordar o que Kuznetsov lhe tinha dito durante a jantarada sobre a sua data de regresso. Pensou em pedir à sua secretária que fizesse alguns telefonemas para ver se encontrava Kuznetsov no prédio, mas era uma ideia ridícula — Vasin estava congelado. Ninguém ia fazer um recado a uma nulidade.

Às dez da manhã, Vasin já tinha memorizado praticamente os apontamentos todos, e enchera as páginas restantes com fluxogramas cheios de pontos de interrogação e cruzes. Quanto mais pensava no problema da esquadrilha de submarinos, menos opções parecia ter. Vasin recostou-se, esticou-se e pestanejou.

Não lhe saía da cabeça uma coisa que Orlov lhe tinha dito em tempos: «Os factos não são a verdade, e a informação não é conhecimento», dissera o velho sacana com o seu ar condescendente. Mas tinha razão. Vasin tinha factos. Tinha informação. Mas será que o que ele sabia lhe permitia tirar as conclusões que tinha tirado? E será que os factos o obrigavam a agir — quiçá a agir de forma suicida?

Vasin esperou até à pausa para o café a meio da manhã, reuniu os seus papéis e levantou-se rigidamente. Estava desequilibrado e sentiu-se subitamente embriagado de fadiga. Mas pelo menos tinha a certeza de que não estava a ser vigiado por Orlov.

A Lubyanka era como uma cidade vertical, com estradas principais e secundárias, espaços públicos, zonas privadas, casinhotos e mansões. Albergava cafetarias e carreiras de tiro, salas de refeições e bibliotecas elegantes, sótãos e quartéis, arsenais e casas da guarda, saunas e pátios, cinemas e câmaras de tortura, lavandarias e cozinhas. Mas ao contrário de uma cidade normal, uma parte invulgarmente grande daquela comunidade secreta era subterrânea — um enorme complexo prisional, arquivos gigantescos, um conjunto de câmaras de execução bastante usadas e *bunkers* secretos à prova de bombas. E a Lubyanka subterrânea, qual fungo gigante, estendia-se pelos edifícios adjacentes e emergia em meia dúzia de postos separados do edifício principal por ruas e vielas ao nível da superfície.

O quartel-general do Comité da Segurança do Estado também estava obviamente cheio de postos de controlo, sentinelas e portas trancadas à chave. Contudo, por simples razões práticas, as milhares de pessoas que trabalhavam na Lubyanka necessitavam de livre acesso às áreas comuns — a sala de leitura do arquivo central, a cafetaria principal, os átrios, elevadores e corredores que ligavam todas partes do edifício. Vasin deu-se conta de que se se abstivesse de tentar entrar em zonas restritas ou de assinar documentos do arquivo, poderia viver, dormir, comer e talvez mesmo tomar banho na Lubyanka durante dias sem ser detetado. Ou talvez mesmo durante semanas. A menos que encontrasse Orlov, a bufar pelos corredores do labirinto como um minotauro faminto e furioso.

Vasin subiu até ao segundo andar num elevador apinhado. A Sala de Leitura Central da Cidade de Lubyanka era o equivalente sumptuosamente equipado de uma biblioteca pública. Espraiava-se por um lado inteiro do edifício e as paredes estavam cobertas de prateleiras com livros e periódicos soviéticos e estrangeiros. O ambiente era de seriedade silenciosa. Vasin dirigiu-se a uma mesa com montes de revistas e jornais recentes, escolheu alguns matutinos e pegou num periódico espesso como um romance.

Era a primeira cópia do número do próximo mês da revista literária *Novy Mir*, inteiramente dedicado ao mais recente romance de um escritor chamado Aleksandr Soljenítsin, intitulado *Um Dia na Vida de Ivan Denisovich*. Vasin tinha ouvido os seus colegas a criticarem os sarrabiscos do ex-condenado, mas não tinha tido tempo de os ler. Se o *kontora* detestava o livro, era provavelmente magnífico.

8

Quartel-general do KGB, Moscovo
Sábado, 27 de outubro de 1962, 12h57, hora de Moscovo / 05h57, FHO

Vasin acordou em sobressalto e olhou imediatamente para o relógio. Era quase uma da tarde. Ele devia ter adormecido a meio do jornal. Vasin reuniu apressadamente as suas notas e meteu a *Novy Mir* — que tinha o carimbo NÃO RETIRAR DA BIBLIOTECA — no bolso da gabardina.

A cafetaria estava à cunha. Vasin passou pela fila, que chegava ao corredor, e pôs-se atrás de uma coluna a observar a sala. Felizmente, a barba de Vadim Kuznetsov destacava-o num mar de homens barbeados e carecas de uniforme. Kuznetsov estava a gesticular com um copo de vinho na companhia de alguns camaradas oficiais numa das grandes mesas laterais que eram reservadas para grupos e para celebrações. Parecia ser a sua festa de despedida.

Vasin praguejou. Para bem de Kuznetsov, ele tinha de o apanhar sozinho. Não seria nada bom para o seu amigo ser visto com o seu camarada congelado. O pensamento desencadeou uma onda de paranoia que subiu à garganta de Vasin como bílis. Vasin estava à vista de uns quatrocentos oficiais do *kontora*, incluindo muito provavelmente pessoal dos Casos Especiais. E Vasin preferia ficar invisível aos olhos omnipresentes de Orlov. Vasin simulou um ataque de tosse, cobriu o rosto com o lenço e enfiou-se na casa de banho, onde esperou meia hora. Quando se arriscou a sair, o grupo de Kuznetsov estava a atacar a sobremesa e o conhaque.

A conversa tinha evidentemente passado para as cubanas, a julgar pelos gestos que Kuznetsov estava a fazer à frente do peito.

Já passava muito das duas quando o alegre grupo de Kuznetsov dispersou. Kuznetsov levantou-se a cambalear e dirigiu-se à casa de banho de braço dado com um colega, conversando animadamente. Vasin, ao pé das portas da cozinha, começou a entrar em desespero. Seguiu o grupo até ao canto noroeste do terceiro andar, o Departamento de Relações Internacionais com os Países Socialistas e depois, cheio de impaciência, viu os colegas de Kuznetsov desaparecerem um por um para os respetivos gabinetes depois de um frenesim de abraços e adeuses. Só quando Kuznetsov ficou a falar com o último colega é que Vasin se atreveu a aproximar-se nas costas do oficial e a olhar Kuznetsov nos olhos, com um dedo nos lábios em sinal de silêncio.

Kuznetsov ficou atónito, mas estava suficientemente sóbrio para perceber o gesto pantomineiro de Vasin e continuou a falar. Kuznetsov deu um grande abraço ao seu companheiro, impedindo-o de olhar à sua volta enquanto Vasin recuava para a segurança relativa da escadaria mais próxima. Passados dois minutos, Kuznetsov juntou-se a Vasin.

— Vadim. Graças a Deus que te encontrei. Estás de partida?

— Vou apanhar o voo da noite para Madrid. E comecemos pelo seguinte: a lamechice horrível e assustadora que me vais de certeza contar não me vai fazer perder o avião. E já agora, continuas com um aspeto de merda. Ficaste sem lâminas de barbear?

— Estou a viver como sem-abrigo nos corredores da Lubyanka. Ainda não encontrei a barbearia.

— Não? Há duas. Uma ao pé do quartel da prisão norte, na primeira cave, e uma mais chique no anexo do outro lado da Rua Pervomaiskaya, o departamento dos disfarces. Há um túnel...

— Obrigado pelo conselho higiénico, Vadim.

— Deixa-me adivinhar. Meteste-te num grande sarilho e precisas da minha ajuda.

Kuznetsov estava genuinamente preocupado. Vasin quase chorou de gratidão.

— É mais ou menos isso. O Orlov congelou-me. Tirou-me do caso do espião. Mandou-me para casa. Mandou-me estar quieto e não dar um pio.

— E tu obedeceste mudando-te para a Lubyanka e procurando os teus amigos para lhes contares a história. Certo. Continua.

— Não procurei todos os meus amigos. O único amigo que tenho no *kontora* és tu.

— Fazes-me sentir tão bem... E?

— E... o Khrushchev está prestes a recuar em relação aos mísseis de Cuba. Foi decidido ao nível do Politburo. Vai ceder, tal como tu previste. Já agora, esta informação veio do topo. Passou-ma a Katya Orlova.

Kuznetsov fez beicinho durante um longo momento e depois acenou com a cabeça.

— Faz sentido. Acho que ninguém esperava que o Kennedy ficasse tão fodido. Mas é uma vergonha para o Khrushchev. É humilhante.

— Exatamente. Mas o Khrushchev não sabe que há quatro submarinos com torpedos nucleares a caminho de Cuba com ordens para furarem o bloqueio ianque. E foram oficialmente autorizados a dispararem à vontade se forem atacados. E devem estar a chegar às Caraíbas.

— Estás a brincar, não estás?

— Nunca falei mais a sério em toda a minha vida.

— E os submarinos... foram enviados por quem?

— Ao certo? Não faço ideia. Devem ter sido uns mandachuvas das Forças Armadas que querem uma guerra.

— E como é que sabes isso tudo?

— Foi o infiltrado do Orlov no Aquário. Viu a ordem de fogo do Comando da Esquadra do Norte. Assinada pelo almirante Gorshkov. E nós já sabíamos dos submarinos. Lembras-te dos telegramas que eu te li há semanas? Referiam os submarinos. Mas não os torpedos nucleares.

Kuznetsov fechou os olhos e encostou-se à parede enquanto digeria as informações. Dois jovens amanuenses com pilhas de dossiês nos braços desceram as escadas e, ao passarem pelos dois oficiais, abrandaram respeitosamente o passo.

— E tu contaste isso tudo ao Orlov, e ele disse o quê?

— Mandou-me calar e desaparecer. Essencialmente.

— OK. Mas não te disse o que ia fazer com as informações?

— Parto do princípio de que o Orlov não vai fazer absolutamente nada.

— Porquê?

— Porque está obcecado com a sua vendeta. Quer dar cabo do Serov.

— Serov... o chefe da GRU?

— Sim. Se calhar, acha que o Serov está metido nisto, e está à espera de que ele faça merda.

— Faça merda... como?

— Se esta gente conseguir transformar a crise numa guerra, o Khrushchev cai e os generais vão tomar conta do poder. Vai ser um golpe de Estado. A única coisa que interessa ao Orlov é sair da trapalhada ainda mais forte...

Kuznetsov pôs a mão no ombro de Vasin.

— Sasha. Meu amigo. Para aí. Estás a ouvir o que estás a dizer? Tens a noção de que pareces um maluquinho? O Serov? Golpe de Estado? Guerra nuclear?

Vasin libertou-se do amigo com um olhar coruscante.

— Talvez pareça uma maluqueira, mas é a verdade. E nós temos de fazer qualquer coisa.

— Ai temos? E o quê?

A voz de Kuznetsov tinha um tom inconfundível de troça, do desprezo sarcástico que Vasin tinha ouvido na voz de Katya na noite do seu congelamento. Vasin queria desesperadamente abalar Kuznetsov para o tirar da sua complacência, para o obrigar a agir. Dizer-lhe que a única solução que lhe ocorria era avisar os americanos? Isso apagaria o sorriso do rosto de Kuznetsov. Mas não. Vasin sabia que isso seria injusto para Kuznetsov. Ele seria obrigado a agir — a ajudá-lo... ou a travá-lo.

Vasin forçou-se a respirar fundo e a ficar calado. Aliás, o que esperara ele ouvir de Kuznetsov? Que conselhos ou ajuda podia ele esperar de um homem como ele? Kuznetsov era um sobrevivente, não era um ator. Era um observador distanciado da vida.

— Escuta, Sasha. — Kuznetsov desceu um degrau na direção de Vasin e baixou a voz como um confidente. — Tu és um gajo porreiro. E esse é o teu problema. És sempre o mais inteligente. Queres consertar o mundo.

O mais inteligente. Era exatamente o que os seus chefes do departamento dos homicídios lhe chamavam — mas não como um elogio.

— Aquilo que fizeste em Arzamas, o ano passado? — prosseguiu Kuznetsov. — Desconheço os pormenores, mas sei que foi preciso ter tomates. Fizeste as coisas nas costas dos chefes. Seguiste a tua pista. Apanhaste o espião. Tu não tens medo, Vasin. E eu admiro-te por isso. Mas... o que estás a pensar fazer em relação aos submarinos? Que maluqueira estás a pensar fazer? Suplico-te... não faças. Porque apesar de seres um idiota irritante, eu gosto de ti. Devia haver mais gajos como tu no mundo. E até no *kontora*.

O rosto de Vasin estava inexpressivo.

— Obrigado pelo conselho, Vadim. É possível que não nos voltemos a ver.

Kuznetsov franziu os lábios e acenou com a cabeça.

— Tudo bem. Faz o que tens a fazer, Sasha. E... antes que me peças, eu não te vi aqui. Podes confiar em mim.

Apertaram as mãos.

— Diverte-te em Cuba, Vadim.

— É capaz de ser difícil, Sasha. Segundo dizes, a ilha está prestes a ser reduzida a um monte de escombros fumegantes e radioativos.

9

Quartel-general do KGB, Moscovo
Sábado, 27 de outubro de 1962, 16h00, hora de Moscovo / 09h00, FHO

Vasin tinha uma hora para fazer o telefonema acordado com Tokarev, mas encontrar uma linha para o exterior na Lubyanka que não estivesse guardada por uma secretária ou um manga de alpaca revelou-se mais difícil do que ele julgava. Vasin acabou por encontrar um telefone no bengaleiro da entrada principal. As esposas do *kontora* usavam-no para perguntarem por lenços e luvas perdidos, e o pelotão dos bengaleiros usava-o para tratar da sua vida pessoal. Uma das funcionárias ia a meio de uma tirada contra a inútil da filha quando Vasin a interrompeu mostrando-lhe o seu cartão.

O número estava impedido, só podia ser uma alma gémea da górgona do bengaleiro. Vasin conseguiu ligar à quinta tentativa.

— Estou a ouvir.

Tokarev estava sem fôlego e tinha a voz tensa.

— Que se passa?

— O adversário principal descobriu os submarinos submersos.

O «adversário principal» eram os americanos na gíria do KGB.

— Merda.

As avozinhas que estavam a ouvir descaradamente a conversa emitiram um coro de expressões de reprovação, e Vasin lançou-lhes um olhar furioso.

— *Cabrões*. Quer dizer que foram descobertos e intercetados?

— Só foram localizados, ontem de manhã. Dois submarinos detetados através de meios eletrónicos. Estão a ser caçados por uma dúzia de navios.

— E os nossos têm alguma hipótese de escapar?

— Não sou um especialista, mas acho que não têm muitas.

— Então vai acontecer o que temíamos.

— Vai acontecer, rapaz. Não sei o que estás a pensar fazer, mas sim... o inimigo sabe. E anda à caça.

Vasin apertou o auscultador com tanta força que magoou as mãos.

— Espere... como é que obteve essa informação? Disse que não tinha acesso aos detalhes das mensagens.

— Como é que achas que foi? — Tokarev estava rouco. — Roubei-as para ti. Para o teu chefe.

— Foi corajoso. Mas muito estúpido. — Vasin lançou outro olhar furioso às mulheres. — Eu preciso de si vivo e em liberdade, velhote.

— Certifica-te de que o Orlov sabe o que eu fiz por ele, está bem?

— Com certeza... Vou-lhe dizer. — Vasin ficou com a mentira quase entalada na garganta. Tokarev não tinha como saber que Vasin estava congelado. — Amanhã à mesma hora?

— Se Deus quiser.

Vasin desligou e passou, sem ver nada, pelas fileiras de capotes e chapéus militares que pareciam uma formatura de homens vazios.

Vasin só conseguiu pensar numa pessoa em Moscovo que o poderia ajudar. E ela não ia concordar facilmente. Mas, primeiro, ele tinha de fugir da Lubyanka sem ser detetado pelos vigias de Orlov.

10

Quartel-general do KGB, Moscovo
Sábado, 27 de outubro de 1962, 17h15, hora de Moscovo / 08h15, FHO

O anexo do *kontora* situado no outro lado da Rua Pervomaiskaya era sarcasticamente conhecido por «Guarda-roupa dos Artistas». Vasin nunca lá tinha estado, mas sabia que se especializava em trajos e disfarces para a vigilância secreta. Na cultura machista do *kontora*, os funcionários do «Guarda-roupa dos Artistas» eram gozados como sendo travestis efeminados, mas quando Vasin saiu do corredor subterrâneo que conduzia ao «Guarda-roupa», ficou admirado ao ver o caminho bloqueado por um corpulento sargento siberiano que parecia um lutador profissional. O homem estava sentado a uma secretária minúscula, no canto de uma escada, e parecia um palhaço a conduzir um automóvel em miniatura.

— Que departamento é que procura? — perguntou ele, com um sotaque muito acentuado.

Em cima da secretária, em vez de um registo, o sargento tinha um livro de histórias aos quadradinhos, o que o fazia parecer mais uma espécie de porteiro do que guarda. Mas Vasin mostrou-lhe o seu cartão, com o polegar em cima do apelido.

— Barbearia.

— Rés do chão. Segue pelo corredor, à esquerda. Tresanda a perfume, não há que enganar.

Vasin acenou com a cabeça e subiu rapidamente as escadas. Deixou passar uma mulher entroncada que empurrava um grande cabide com rodas cheio de roupas, e passou por portas abertas que revelaram uma oficina de costureira, um provador e um ateliê equipado com filas de cabeças de manequins, cada uma com uma peruca. Vasin parou e espreitou para o interior, assustando uma rapariga vestida à civil que estava a escovar minuciosamente uma longa peruca loura.

— Posso ajudá-lo?

— Sim. Acho que sim. — Vasin olhou para as mesas e viu uma peruca ruiva em cima da bancada de trabalho que parecia um gato particularmente peludo. — Posso espreitar pela sua janela? O Yuri Gagarin deve estar a passar de carro.

— Uau! O Gagarin? Não acredito! — A jovem levantou-se de um salto, correu para a janela e subiu para o parapeito com uma excitação infantil.

Vasin correu pelo corredor com a peruca roubada na cabeça. Ainda bem que o cabelo só ia até ao queixo. Passado um minuto, estava na porta da rua. O sargento gritou-lhe qualquer coisa quando Vasin saiu para o ar fresco da tarde cinzenta e correu para o refúgio anónimo do metro.

11

B-59, Mar dos Sargaços
Sábado, 27 de outubro de 1962, 10h15, FHO / 17h15, hora de Moscovo

Arkhipov limpou o suor da testa com uma manga encharcada em transpiração. O sexto compartimento do B-59 alojava os três enormes motores elétricos. À velocidade máxima, no seu conjunto, geravam mais de 6000 kW, aquecendo o compartimento como uma sauna. Arkhipov tinha tomado o seu duche semanal na véspera, no único cubículo equipado para tal, mas já tresandava outra vez, apesar de o cirurgião distribuir diariamente, pela guarnição, panos de algodão empapados em formaldeído para a higiene pessoal da noite.

— Estão quase sem carga, comandante. — O oficial de máquinas, o capitão-tenente Boris Davydov, olhou para os mostradores das baterias. A maior parte estava no zero, e os restantes estavam pouco acima.

Arkhipov acenou com a cabeça. Vinte e cinco horas submersos, cinco delas à velocidade máxima. Ele nem estava à espera de que as baterias durassem tanto tempo. Fora provavelmente a água quente das Caraíbas que deixara o B-59 extrair um pouco mais de energia dos motores elétricos.

— Ainda é muito cedo para fazermos superfície. Ainda temos nove horas de dia. Podemos navegar esse tempo com o motor elétrico de emergência?

Os dois homens olharam para o quarto motor elétrico, que era geralmente usado como dínamo para carregar lentamente as baterias durante longos períodos de navegação à superfície, mas que numa situação de emergência podia propulsionar as três hélices do B-59 a uma velocidade de três nós.

— Se desligarmos o ar condicionado e as arcas frigoríficas da cozinha, não deve haver problema.

— Excelente, Davydov. Pode avançar.

O engenheiro dirigiu-se aos controlos dos motores principais, cujas pegas estavam cobertas por uma borracha espessa para isolamento, e pôs os magnetos no zero. O gemido elevado dos motores elétricos foi substituído por um silêncio fantasmagórico. À profundidade a que navegavam, não havia barulho da água, que exercia uma pressão dez vezes maior do que a atmosférica.

Arkhipov atravessou a sala das máquinas e a messe dos sargentos e chegou ao centro de operações. A cada dois passos, Arkhipov tinha de se esgueirar por entre dois homens. Em comparação com o seu anterior submarino nuclear, o B-59 era opressivamente exíguo. Na linha de água, o B-59 tinha quase noventa metros de comprimento, mas no interior do casco havia menos de sessenta metros entre os tubos dos torpedos da proa e da popa. Este espaço minúsculo era habitado por setenta e nove oficiais, sargentos e praças, que partilhavam duas casas de banho e uma cozinha. Viviam literalmente no interior de uma máquina e eram servos e acólitos das suas funções vitais.

Arkhipov tinha passado a sua vida profissional nos submarinos, e a exiguidade era natural para ele. Ele gostava da vida de camaradagem a bordo de um submarino, onde cada homem era uma parte de uma máquina de guerra eficiente, mas mais de um dia debaixo de água, sem ver o mar nem o céu, estava a afetá-lo. O único consolo para a exiguidade de um submarino *diesel*-elétrico era ter de subir à superfície para respirar.

Arkhipov encontrou Savitsky inclinado sobre uma carta na sala de navegação, um cubículo entalado entre os veios dos periscópios e a parte esquerda do casco, oposto ao centro de operações. Quando Arkhipov assomou à escotilha, Savitsky calou-se e lançou-lhe um olhar hostil.

— Os motores pararam. — Savitsky falou num tom inexpressivo.

— Temos potência suficiente para usar o motor de emergência até ao crepúsculo...

— Deu ordem para desligar os motores.

— Dei, Valentin Grigorievitch.

— Talvez eu não tenha lido a ordem mais recente do Comando da Esquadra. Passou a ser o comandante deste submarino, Vasily Aleksandrovitch?

Savitsky tinha razão. Operacionalmente, o B-59 estava sob o seu comando — a esquadrilha era comandada por Arkhipov. A linha entre as duas autoridades era indefinida, mas Arkhipov percebeu que tinha cometido um erro idiota, ainda que passível de ser ignorado por um comandante menos colérico.

— As minhas desculpas. Eu não devia ter dado a ordem. Chamo o Davydov para o comandante a confirmar?

Savitsky esforçou-se por controlar a sua fúria:

— Eu não vou confirmar a sua ordem, vou rescindi-la. Vamos fazer superfície para carregar as baterias.

— Comandante, ainda é dia.

— Eu sei, obrigado. Quero manter a velocidade para chegar à Fossa de Porto Rico o mais depressa possível.

Arkhipov mordeu o lábio.

— Camarada Popov, dá-nos um momento, por favor?

O capitão-tenente Gleb Popov, o navegador do B-59, estava entalado entre Savitsky e a antepara. Passou entre Savitsky e a girobússola, e depois entre Arkhipov e a mesa de navegação, deixando os dois comandantes sozinhos no espaço exíguo.

— Camarada Savitsky, está a deixar-se levar pela fúria.

O comandante agarrou a mesa com ambas as mãos e olhando intensamente para a carta, contrariando o impulso de insultar novamente Arkhipov. Depois de se recompor, espetou um dedo na posição do submarino, a oeste das Caicos.

— Estamos a mais de trezentas milhas de onde os americanos nos localizaram. A Fossa de Porto Rico situa-se a quase cem milhas a sudeste. Segundo o sonar, a termoclina quase desapareceu, o que nos torna detetáveis pelos sonares dos ianques. Por conseguinte, aceleramos.

Arkhipov ficou calado. A fossa tinha mais de quatrocentas milhas de comprimento e mais de oito mil metros de profundidade. Seria efetivamente um bom refúgio, mas rumar à fossa de dia era um risco perigoso e que, na perspetiva de Arkhipov, Savitsky tinha decidido correr naquele momento só para exercer o seu poder. Era uma atitude fraca e perigosa, tal como ambos sabiam.

— Muito bem, camarada comandante, se essa é a sua decisão...

Savitsky passou por Arkhipov sem olhar para ele. O posto do comandante no centro de operações ficava a quatro passos da sala de navegação. O comandante ligou os três intercomunicadores que se projetavam da antepara acima do seu assento, com os bocais cremes que pareciam um trio de narcisos.

— Preparar o navio para fazer superfície!

12

Rua Malaya Gruzinskaya, Moscovo
Sábado, 27 de outubro de 1962, 20h15, hora de Moscovo / 13h15, FHO

A fresca noite outonal envolvia os passeios, transformando os transeuntes apressados em sombras. Vasin subiu a gola para se proteger contra o vento e postou-se junto de um conjunto de cabinas telefónicas. Ele tinha passado as duas horas anteriores a deslocar-se de metro, mudando de estações ao acaso, invertendo o sentido e indo até ao fim da linha. Não havia ninguém a segui-lo, e tanto quanto ele sabia, também não havia ninguém a vigiar a casa de Sofia.

Apesar do bojudo casaco militar e do lenço na cabeça, Sofia era sempre inconfundível. Vasin virou-lhe as costas quando ela passou e depois entrou no prédio atrás dela. Apanhou-a entre a porta principal e a que dava para o vestíbulo.

— Você! — disse Sofia, surpreendida. — Que está aqui a fazer?

Vasin agarrou-lhe no pulso com força.

— Venha comigo. É importante. Siga-me daqui a meio minuto.

Vasin largou Sofia e, de cabeça inclinada para baixo, saiu do prédio e dirigiu-se apressadamente a um conjunto de tílias ao lado da entrada. Durante um longo momento, Vasin receou que Sofia não o seguisse, mas ela abriu a pesada porta principal e olhou em redor.

— Aqui! — sussurrou Vasin, e enveredou por um túnel escuro de arbustos, afastando-se da rua. Vasin ouviu as passadas de

Sofia, a vinte metros atrás dele. Vasin meteu-se debaixo do arco da entrada do prédio vizinho quando a chuva começou a bater na folhagem.

— Mas que está a fazer? — perguntou Sofia, indignada. Vasin sentiu-se aliviado pela escuridão do arco não lhe permitir ver a fúria no rosto dela.

— Sofia. É uma emergência. Tem de me ouvir durante dois minutos. Agora.

— Eles disseram-me que tinha sido tirado do meu caso.

— Deram alguma razão?

— Não. E eu não perguntei. Disseram-me que o meu novo controlador era o Pushkov, o velho carniceiro que me sequestrou a primeira vez. É mais fácil trabalhar com ele. Pelo menos, não finge que é meu amigo. Não me conta mentiras.

— Tem razão, o Pushkov é um carniceiro. Mas eu não lhe menti.

Sofia não disse nada. Vasin sentiu que ela estava a arranjar coragem para lhe virar as costas e ir-se embora.

— Sofia. Tudo o que eu lhe disse sobre o seu irmão é verdade. Disse-lhe muito mais do que devia. Infringi as regras por si. Achei que devia saber tudo.

Sofia fungou e olhou para o lado. Mais uma vez, Vasin agradeceu as sombras oscilantes lançadas pelas tílias. Ele não teria aguentado o olhar dela enquanto procurava desesperadamente algo para dizer que estabelecesse algum grau de confiança. Vasin prosseguiu.

— E tudo o que eu lhe disse acerca do Morozov também é verdade. Ele é um traidor. Está a passar os maiores segredos da pátria ao inimigo. Mas a situação alterou-se. Preciso de falar com ele. Preciso que ele faça algo por nós. É urgentíssimo. É por isto que preciso de falar consigo.

— Fazer algo por *nós*? «Nós» quem? O *kontora*?

— A nossa pátria soviética.

— Coronel Vasin, o senhor é ridículo. Não precisa de mim para falar com o Morozov. Basta ir ao gabinete dele. Tenho a certeza de que o seu cartão abre todas as portas.

— É preciso que ele confie em mim.

— E como é que está a pensar obrigá-lo a fazer isso?

— Vai ser a minha fiadora.

— Vou? Porquê?

— Por causa do que eu lhe vou agora contar. Só a si. E ao Morozov. Porque está a acontecer algo que nem o Khrushchev sabe. Algo incrivelmente perigoso. Algo que vai provocar uma guerra. Está a acontecer agora.

— Acho que já ouvi o suficiente.

Sofia olhou à sua volta, virou as costas a Vasin e saiu para a chuva. Vasin apanhou-a a meio caminho da entrada do seu prédio. Agarrou-lhe num ombro e obrigou-a a virar-se.

— Os americanos localizaram submarinos soviéticos a caminho de Cuba...

Vasin viu claramente o rosto de Sofia, iluminado por um candeeiro, molhado da chuva. Segurou-a pelos ombros enquanto falou numa voz baixa e urgente. Ela era quase da mesma altura que ele, e forte. Se ela se debatesse, ele não tinha hipóteses de a segurar. Enquanto falava, Vasin sentiu os músculos dela a relaxarem. Vasin continuou a segurá-la, silenciosa e desalentada.

— Mas nós não estamos sempre à beira de uma guerra com os americanos? — murmurou Sofia. — E seja como for, que vamos fazer?

Vamos. O primeiro vislumbre de esperança. Vamos: ela e Vasin ou ela e Morozov?

— Temos de passar uma mensagem aos americanos, temos de os avisar de que os submarinos têm armas nucleares.

— Está mesmo maluco. Isso é traição. Largue-me.

Sofia tentou libertar-se.

— Não! Estamos a salvar o nosso país dos esquemas de uns loucos que querem provocar uma guerra.

— Coronel, seja fuzilado se quiser. Não me meta nisso. Vá àquela cabina e telefone para a embaixada americana. Conte-lhes a sua conspiração maluca.

— Sofia. Eles têm de ouvir de alguém em quem confiam. Do espião deles.

— O Morozov.

— Exatamente.

— E porque haveria o Morozov de acreditar em si? E porque haveria ele de passar essa informação só porque lhe pediu?

— Mostramos-lhe os documentos.

Sofia deixou de se debater e aproximou-se de Vasin, com a voz cheia de sarcasmo.

— Ai mostramos? Mostramos? E que documentos são esses? São documentos que alguém roubou para si, não é, coronel? E quando lhos mostrar, o senhor, um oficial do KGB que ele não conhece de lado nenhum, ele vai logo acreditar que não são forjados ou que não se trata de uma armadilha, e vai fazer-lhe a vontade. É esse o seu plano, coronel Vasin?

— Vou oferecer-lhe uma saída. Vou garantir-lhe o meu silêncio. Em troca, ele passa a minha mensagem. A última mensagem dele. Depois, destrói o equipamento de espionagem que tiver, tudo o que for incriminador, e jura que não voltará a contactar os americanos.

— Que generosidade...

Um pensamento insinuou-se na mente de Vasin: será que existia afeto genuíno entre Morozov e Sofia?

— Sofia, ouça-me com muita atenção. Vou oferecer a vida ao Morozov. O *kontora* está a tentar apanhá-lo em flagrante há meses. Eu tenho andado a tentar. Mas não descobrimos nada. Estamos à espera de que ele se comprometa. Que saia da toca. Mas não saiu... até agora. Tem sido bastante cuidadoso. Ou muito melhor do que nós. Ou seja, ele ainda se pode safar, em especial com os amigos poderosos que tem. Se ele parar agora, livra-se de tudo. Caso contrário, o *kontora* vai destruir-lhe a vida. Vamos virar tudo do avesso, até encontrarmos a câmara, os códigos, tudo. E depois ele vai ser preso e vai morrer. Sabe que é assim, não sabe, Sofia? A vida do seu amigo Morozov está nas suas mãos.

O rosto de Sofia deixou transparecer uma sucessão de emoções antagónicas.

— O que o leva a pensar que ele é meu amigo?

— Foi um palpite.

A chuva intensificou-se, matraqueando nos parapeitos de metal do prédio de Sofia.

— E porque haveríamos nós de confiar em si? — Pronto. Ela preocupava-se mesmo com Morozov. Queria que ele vivesse. — O senhor está desesperado para o apanhar, Vasin. São as suas palavras... ele tem sido muito cuidadoso. Mas, agora, engendrou uma história para o apanhar, para o obrigar a sair da toca.

Vasin teve de aceitar a lógica de Sofia. As mentiras podiam multiplicar-se e esticar-se indefinidamente. Agora que ele estava a falar verdade, viu as suas opções brutalmente limitadas.

— Tem razão, Sofia, e eu não tenho resposta para isso. Não fui treinado para lidar com a verdade. A minha vida no *kontora* resume-se exclusivamente a mentiras. Mas estou a falar verdade em relação aos submarinos. E posso prová-lo. Faça uma coisa por mim: venha comigo quando eu for falar com o Morozov.

— Hoje à noite?

— Não. Amanhã, bem cedo. O apartamento dele está a ser vigiado dia e noite pela malta do *kontora*. Temos de nos encontrar num local seguro. Só para eu falar. Só nós os três.

O cérebro de Vasin estava a analisar as opções com base nas resmas de relatórios de vigilância sobre o quotidiano de Morozov. Sim. Havia duas semanas, Morozov tinha ido a uma consulta. Perfeito.

— Vamos fazer com que ele vá ao cardiologista, na Primeira Policlínica do Kremlin, na Rua Sivtsev Vrazhek, ao pé da Rua Arbat. Conhece?

— É claro que conheço.

— Vem comigo?

Sofia tirou o cabelo molhado dos olhos.

— Porque se eu não for, o senhor vai fazer qualquer coisa horrível ao meu irmão? Eu ouço o que não diz tão bem como o que diz, Vasin.

— Não, Sofia. Nada de ameaças. Nós não vamos tocar no Vladimir.

Ela cheirou o ar fresco e abraçou o casaco.

— Tudo o que me contou acerca do Vladimir é verdade? Que ele corre perigo?

Vasin tentou libertar-se do emaranhado das mentiras, mas os tentáculos surgiram do passado e envolveram-no.

— Tudo o que eu disse é verdade, Sofia. Juro.

A mentira chegou-lhe demasiado facilmente aos lábios para o seu gosto. Vasin recordou-se de outra coisa que Orlov lhe tinha dito: toda a gente acredita que tem razão, e age por razões que considera boas. Aplicava-se aos sádicos mais monstruosos do *kontora*, e aplicava-se a Vasin. Mesmo congelado, fora da autoridade de Orlov e da tortuosa hierarquia de comando do *kontora*, Vasin não conseguia deixar de mentir. Mas ele tirou o pensamento da mente e prosseguiu.

— Temos de telefonar da clínica, caso contrário, os escutas do *kontora* vão desconfiar. Temos de entrar em contacto com o Morozov antes que ele saia para o trabalho ou para a dacha. Encontramo-nos na clínica amanhã de manhã, às sete e meia?

— Quer que *eu* telefone ao Morozov? Ele vai reconhecer a minha voz.

— É isso mesmo, para ele perceber que se trata de uma emergência.

— Por amor de Deus...

— Tem um plano melhor?

— Tenho. Ir para casa.

Sofia virou-se, mas Vasin agarrou-a pelo braço.

— Sofia. Se quer salvar a vida dele, tem de fazer isto.

— E salvar o mundo também, segundo diz.

— E salvar o mundo.

13

B-59, Mar dos Sargaços
Sábado, 27 de outubro de 1962, 14h32, FHO / 21h32, hora de Moscovo

Arkhipov estava a deslocar-se ao som do barulho ensurdecedor da sala das máquinas quando se ouviu o cláxon. Os três motores a *diesel* de dois mil cavalos, produzidos pela Fábrica de Locomotivas de Kolomna, cada um suficientemente potente para puxar um comboio, pararam abruptamente. As ventoinhas gigantescas do teto começaram a trabalhar ao máximo para ventilarem os motores nos poucos segundos que restavam antes de a torre desaparecer debaixo de água. Arkhipov dirigiu-se à proa o mais rapidamente possível, amparando-se com as mãos no convés bastante inclinado, e passou pela escotilha estanque entre a sala das máquinas e a câmara dos sargentos pouco antes de ser fechada por um marinheiro corpulento.

Quando Arkhipov chegou ao centro de operações, já não se ouvia a água a entrar nos tanques de lastro e o B-59 estava a afundar-se como uma pedra. Savitsky estava a interrogar o jovem oficial da vigia, com o oleado a escorrer água ao fundo da escada para a torre. Arkhipov aproximou-se para ouvir, mas era mais do que evidente.

— Tem a certeza de que nos avistaram, tenente?

— Os aviões americanos rumaram ao submarino, comandante. Depressa e baixo. Abaixo do nosso radar. Julgo que...

O oficial foi interrompido pelo som de um objeto pesado a atingir a água diretamente por cima deles. O jovem olhou para o comandante em pânico.

Uma carga de profundidade?

Arkhipov esforçou-se por ouvir durante um segundo. Savitsky respondeu à pergunta não formulada.

— Boia-sonar.

Como que a confirmar, uma transmissão de sonar ecoou pelo submarino como se alguém tivesse dado uma forte martelada no casco. Segundos depois, ouviu-se a transmissão de uma boia mais distante. Os olhos de Savitsky encontraram os de Arkhipov e cintilaram de raiva e humilhação.

14

USS Beale, Mar dos Sargaços
Sábado, 27 de outubro de 1962, 14h52, FHO / 21h52, hora de Moscovo

O comandante Billings tinha acabado de entrar na ponte do *Beale* com uma caneca de café salgado da Marinha quando o avião sobrevoou a proa do contratorpedeiro. O Lockheed P-3 Orion, o mais recente avião de patrulha marítima da Marinha, voava a sessenta metros de altitude. O piloto sobrevoou o navio num círculo e abanou as asas em sinal de vitória.

— Os aviadores encontraram qualquer coisa! — disse Billings ao oficial de quarto. A Marinha tinha criado um novo sistema de comunicações cifrado, de alta velocidade e curta distância que estava seguramente em contacto com o P-3 enquanto o avião fazia um círculo lento sobre o contratorpedeiro. O objetivo era não transmitir informações sensíveis a longa distância em frequências de rádio abertas. Billings acalentou a esperança de que o raio da coisa estivesse a funcionar. — Estamos a captá-los bem?

O jovem capitão-tenente, que estava a escrevinhar notas de auscultador ao ouvido, ergueu silenciosamente um polegar. Depois de confirmar a receção da mensagem da sala das comunicações, desligou com um sorriso largo como uma talhada de melancia.

— Tiveram contacto visual, comandante. É um submarino soviético, parece ser da classe Foxtrot. Navega à superfície, todo atrevido. Temos duas boias-sonar na água. A sala das comunicações recebeu as coordenadas e está a sintonizar o sinal das boias. O submarino estará a cerca de trinta e uma milhas a este-nordeste de nós, e ruma a sul. E parece que somos o navio mais próximo deles.

Billings sentiu a emoção familiar e poderosa do combate. Durante toda a manhã, a sala do sonar tinha informado a inexistência de contactos até ao fundo do mar. A termoclina tinha desaparecido. Quando o *Beale* estivesse em cima deles, os *sovs* não teriam onde se esconder.

— Muito bem. Transmita a mensagem ao *Randolph*. Calcule um rumo de interceção. Máquinas avante toda.

15

B-59, Mar dos Sargaços
Sábado, 27 de outubro de 1962, 15h22, FHO / 22h22, hora de Moscovo

Passados cinquenta minutos, Savitsky mandou desligar os motores elétricos. Já deviam estar a umas quinze milhas das boias-sonar. Era altura de fingirem que eram um buraco na água e de ficarem à escuta dos caçadores, que iriam convergir sobre o local do contacto.

Os submarinos navegavam às cegas. As vibrações dos motores e da água a fluir sobre o bolbo sonar do B-59 interferiam nos instrumentos. Enquanto Arkhipov e Savitsky esperavam que o submarino parasse, um despenseiro distribuiu silenciosamente canecas com chá. Arkhipov teve um arrepio depois do primeiro gole. O chá estava quente, mas tinha um gosto químico desagradável — a água provinha do sistema de refrigeração dos motores elétricos. Com a cozinha inoperacional para canalizar a energia das baterias para os motores, o permutador de calor era a única fonte de água quente a bordo.

Mas talvez tivessem tido sorte. Talvez os americanos pensassem que o B-59 tinha mantido o rumo em vez de virar acentuadamente para oeste. No entanto, a manobra poderia ter despistado os perseguidores, mas não aproximara o B-59 do refúgio da Fossa de Porto Rico.

Arkhipov seguiu Savitsky até à sala do sonar. Tirou os auscultadores de baquelite do operador e escutou enquanto o jovem aspirante seguia o mostrador durante uma evolução completa. Só se ouvia o barulho abafado e constante produzido pela assinatura sónica da água profunda. Mas depois, tal como o barulho fantasma da rebentação, Arkhipov ouviu o som inequívoco das hélices de um navio. Arkhipov ergueu silenciosamente a mão. O operador pôs outros auscultadores e começou a afinar o mostrador. Ouviu-se outro som inconfundível, apesar de distorcido pelos cento e vinte metros de água por cima deles: a transmissão do potente sonar ativo de um navio de guerra. Já não era um, mas sim dois sinais de sonar, um diretamente à frente deles e o outro a quinze graus a sul. O mostrador de distância do sonar colocou-os a quinze milhas.

— Os ianques estão à nossa espera, comandante, mesmo no nosso caminho. — Arkhipov passou os auscultadores a Savitsky. Maslennikov apareceu ao lado de Arkhipov e inclinou-se enigmaticamente para a sala do sonar. O raio do oficial político tinha uma espécie de sexto sentido para os sarilhos.

— Esperem... — O rosto do operador do sonar estava enrugado de concentração. — Há mais qualquer coisa. Cavitação a noroeste. Parece um dos nossos.

Cavitação: a assinatura sonora dos submarinos, as pequenas bolhas de vácuo produzidas pela rotação da hélice, uma nuvem que desaparecia imediatamente devido à pressão da água com um barulho de amarfanhamento. Era a maldição dos submarinos quando tentavam esconder-se.

Savitsky tirou lentamente os auscultadores, que ficaram pendurados no cabo.

— Apanharam-nos. — Savitsky virou-se para Arkhipov e falou com uma voz baixa e firme. — Dois submarinos na armadilha. Seja. Vamos resistir. Estamos suficientemente bem armados para enfrentar qualquer ataque.

— Nem pensar, Valentin Grigorievich. Fugimos. Agora. Enquanto podemos.

— *Fugimos?*

A ténue luz de emergência quase dissimulava a expressão do rosto de pugilista de Savitsky, mas Arkhipov detetou a ameaça na voz.

— Como acabámos de ouvir, somos dois submarinos. Logo, estou a comandar uma manobra de esquadrilha. Correto, Maslennikov?

Arkhipov olhou para o oficial político, que acenou com a cabeça e encolheu nervosamente os ombros à guisa de confirmação.

— Tem a noção de que só carregámos as baterias a trinta e cinco por cento antes de mergulharmos?

— Tenho, comandante. Por conseguinte, navegamos a meia velocidade enquanto as baterias aguentarem, e depois usamos o motor de emergência para chegarmos à fossa.

— A sua escolha não é combater, mas sim fugir do inimigo, e depois arrastarmo-nos pelo mar... percebi bem, Vasily Aleksandrovich?

— Prefere travar um duelo? Como no *Gusarskaya ballada*?

Antes de zarpar de Severomorsk, três semanas antes, o B-59 tinha recebido a bordo uma dezena dos filmes mais recentes, especialmente produzidos pela Mosfilm em película de vinte milímetros para poupar espaço. Quando o mar não estava agitado, montavam um ecrã na sala dos torpedos da proa para as muito desejadas sessões de cinema. *Gusarskaya ballada* era o filme predileto de Savitsky — uma exuberante comédia histórica que tinha como herói um hussardo mulherengo e ferrabrás. A expressão de Savitsky ensombrou-se com o golpe baixo de Arkhipov, e Maslennikov emitiu um som de espanto.

— Vou escrever uma mensagem para os nossos camaradas e tentaremos comunicar pelo telefone submarino logo que eles parem — prosseguiu Arkhipov. — Para já, navegamos na esteira deles para diminuirmos o risco de colisão.

Os dois homens olharam-se durante um longo momento, mas Savitsky não tinha alternativa — a ordem de esquadrilha era imperativa. Savitsky, carrancudo, passou por Arkhipov e dirigiu-se ao centro de operações.

— Máquinas! — disse Arkhipov, com um vigor desnecessário. — Máquinas avante meia. Rumo 115.

16

Primeira Policlínica do Kremlin, Moscovo
Domingo, 28 de outubro de 1962, 07h00, hora de Moscovo / 00h00, FHO

Ainda estava escuro quando Vasin chegou à Policlínica do Kremlin, no fim do turno da noite, às sete da manhã. A entrada era um zigurate gigante de mármore púrpura, cheia de enfermeiras exaustas do turno da noite ou a caminho do turno da manhã, grogues de sono.

Vasin tinha passado a noite num dos enormes átrios de mármore do Hotel Ukraina, a dormitar num cadeirão no canto do café, que estava sempre aberto. O seu fato respeitável e a sua pasta jugoslava cara tinham impedido os seguranças de o incomodarem. Vasin tinha pedido a uma criada para o acordar às seis com o pequeno-almoço, acompanhado de café. Vasin tinha passado a noite inteira a tentar lembrar-se do nome do cardiologista de Morozov, mas não conseguira. Era um nome caucasiano.

Como sempre, o cartão de Vasin bastou para ele entrar na policlínica sem lhe fazerem perguntas. Vasin apanhou o elevador para o terceiro andar e vagueou pelos corredores quase desertos à procura do Departamento de Cardiologia e de uma placa com um nome que lhe avivasse a memória. Não foi difícil: MUSAYEV, RASSOUL IBRAGIMOVICH. O consultório estava fechado, mas atrás da porta da sala das enfermeiras Vasin encontrou uma bata branca de médico e vestiu-a. Vasin esperou que as enfermeiras e assistentes do turno da manhã aglomeradas à volta da secretária da enfermeira-chefe dispersassem e depois aproximou-se. O cartão vermelho do KGB garantiu-lhe o uso de uma sala de exames com telefone.

Só faltava Sofia. Eram quase sete e meia e o céu chuvoso estava a ficar cinzento. Vasin desceu para esperar por Sofia abrigado pelo pórtico, onde podia fumar. Ela tinha obviamente razão. Não havia motivo nenhum para que Morozov confiasse em Vasin, e havia todos os motivos para que Morozov pensasse que se tratava do que Sofia tinha desconfiado: uma armadilha complexa. Que poderia Vasin dizer para o convencer? Que Morozov só poderia salvar a pele incriminando-se? Vasin sabia que a sua ideia era desesperada e suicida. Todos os instintos de Morozov — enquanto oficial das informações, espião e pessoa sã de espírito — levá-lo-iam a afastar-se daquilo como de um fogão ao rubro.

Sofia caminhava sozinha na rua deserta, com a cabeça inclinada e o rosto cinzento sob a pálida luz matinal. Parecia mal dormida.

— Ainda bem que veio.

Ela não olhou Vasin nos olhos.

— Sim, vim. O senhor não me deu alternativa.

— Temos de nos apressar. Temos de apanhar o Morozov antes de ele sair de casa. — Vasin pegou em Sofia pelo braço e avançou pelo meio dos doentes que enchiam o átrio.

Só voltaram a falar na sala de exames. Vasin pegou no telefone e fez sinal a Sofia para se sentar.

— Ouça-me com atenção. Vai falar da parte do Dr. Rassoul Ibragimovich Musayev. O nosso amigo veio a uma consulta há duas semanas e o médico disse-lhe que estava tudo bem. Mas o médico reviu os resultados dos exames e precisa de falar com ele com urgência. Hoje. Aqui. Se o nosso amigo reconhecer a sua voz, faça-o perceber que não é uma conversa privada. Garanta que ele vem imediatamente, custe o que custar. Compreendeu?

Sem esperar pela concordância de Sofia, Vasin ligou para uma linha exterior e depois marcou os sete dígitos do número da casa de Morozov. Quando o telefone começou a chamar, ele passou a Sofia o auscultador e um papel com o nome do médico.

— Está? Cidadã Morozova? Posso falar com Oleg Vladimirovich, por favor? Fala do consultório do... — Sofia olhou para o papel. — Dr. Musayev.

A mulher de Morozov foi chamá-lo. Sofia tapou o auscultador com a mão e começou a falar, mas Vasin pôs um dedo nos lábios e abanou a cabeça. Morozov veio ao telefone.

— Oleg Vladimirovich? Fala do consultório do Dr. Musayev. O doutor reviu os seus exames de há duas semanas e pede-lhe que venha falar com ele... Sim, sim, eu sei que esteve com ele este mês, mas há uma questão sobre a qual ele quer falar consigo com urgência. Hoje. Esta manhã... Sim, camarada, eu sei que é domingo.

Vasin aninhou-se ao lado de Sofia e virou ligeiramente o auscultador para o seu ouvido para perceber o que Morozov estava a dizer.

— Isso é muito preocupante. O Rassoul Ibragimovich garantiu-me pessoalmente que estava tudo bem comigo.

Sofia engoliu em seco e começou a ficar com a voz rouca.

— Mesmo assim. O doutor tem a próxima hora livre, se quiser vê-lo antes de ele começar as visitas.

Houve uma longa pausa.

— *Sofia?* És tu?

Vasin abanou a cabeça com uma ênfase teatral e fez «não» com os lábios.

— Não... não, Oleg Vladimirovich. Está a confundir-me com outra pessoa...

Vasin bateu com o indicador no relógio de pulso e apontou com urgência para o chão.

— Mas o Dr. Musayev fica à sua espera. Logo que for possível, no consultório dele. Obrigado. Adeus.

Vasin desligou o telefone com o dedo. Olharam um para o outro, chocados e preocupados.

17

Primeira Policlínica do Kremlin, Moscovo
Domingo, 28 de outubro de 1962, 08h12, hora de Moscovo / 01h12, FHO

Vasin viu Morozov sair do elevador e dirigir-se à secretária da enfermeira-chefe. Vasin deixou a sua posição de vigia ao pé das escadas e pôs-se ao lado de Morozov. Era estranho, depois de tantos meses a vigiar cada som e movimento de Morozov, estar tão perto da sua presa. Morozov era mais velho do que Vasin e um pouco mais baixo, estava a ficar careca e a engordar. Cheirava bastante a água-de-colónia *Troinoi.*

— Oleg Vladimirovich? Preciso de um momento do seu tempo, por favor.

Os olhos de Morozov encheram-se instantaneamente de medo, e ele recuou quando Vasin tentou agarrá-lo pelo cotovelo.

— Quem é o senhor? Segurança do Estado?

— Somos seus amigos. Silêncio, por favor. A Sofia está cá.

Vasin rezou para que Morozov lhe obedecesse quando passaram pela sala das enfermeiras, seguidos pelos olhares curiosos da enfermeira-chefe e da sua assistente. Era bastante provável que ambas reconhecessem o doente Morozov, mas Vasin tinha de correr o risco. Vasin orientou firmemente o coronel até à sala onde Sofia os aguardava. Morozov olhou em redor, lançou um olhar fulminante a Sofia e recuou instintivamente para o canto mais afastado da saleta quando Vasin trancou a porta.

— Onde está o Rassoul Ibragimovich? — A voz de Morozov tornou-se ainda mais aflautada por causa do medo.

— O Rassoul Ibragimovich não tem novidades para si. Mas eu tenho. Sou o tenente-coronel Aleksandr Vasin, do Departamento dos Casos Especiais do Comité da Segurança do Estado. Ando a vigiá-lo há onze meses porque o *kontora* suspeita que é um espião por conta dos americanos. Eu sei que é um espião. Mas agora, neste preciso momento, quero salvar-lhe a vida.

Vasin tinha passado metade da noite a ensaiar o discurso para ser frontal e exato, mas apercebeu-se de que a sua franqueza talvez estivesse a ser demasiado brutal.

O rosto de Morozov enrugou-se de medo e ficou roxo como se ele estivesse a sufocar. Ainda bem que estamos na cardiologia, pensou Vasin.

— Não sei o que esta jovem lhe disse, mas pode ignorá-lo — disse Morozov, gesticulando extravagantemente para Sofia, que ficou de olhos arregalados. — É uma histérica, uma lunática. É uma ciumenta e vai dizer seja o que for para me prejudicar. A sua insinuação é absolutamente disparatada. Tenho de falar imediatamente com os meus superiores hierárquicos. Isto é completamente irregular!

A última palavra foi quase gritada, como se fosse um insulto terrível. Morozov recuou para o peitoril e repetiu, ainda com mais ênfase:

— Completamente *irregular*!

— Coronel. Acalme-se e ouça. Tem razão, isto é irregular. Completamente. Pense. Se o *kontora* quisesse a sua pele, levavam-no para a Lubyanka. A esta hora, já estava numa cela fria e solitária, sem suspensórios nem gravata, com um militar a espreitar pelo postigo de cinco em cinco minutos. Acredite em mim, eu sei como é.

Raios. Vasin tinha pretendido tranquilizar o homem, conquistar a sua confiança, mas estava a ameaçá-lo com as celas da Lubyanka. Vasin fez uma pausa para se controlar.

— Oleg Vladimirovich. Estou aqui inteiramente por conta própria. Ninguém sabe que estou aqui. Mas o *kontora* sabe que veio ao médico porque temos o seu telefone sob escuta. A Sofia está aqui porque lhe pedi para ajudar. E antes de continuar a denunciá-la, saiba que ela aceitou cooperar para lhe salvar a vida.

Morozov olhou impotentemente para Sofia, mas ela tinha-se virado com a mão na cara.

— Mas que raio está a...

— Cale-se e ouça. Oleg Vladimirovich, preciso que passe uma mensagem aos americanos. Com urgência. Hoje. — Morozov começou a protestar, mas Vasin falou mais alto. — Já sei que vai negar tudo. Não sabe do que estou a falar. Tudo bem. Mas mesmo assim. No passado dia 4, quatro submarinos saíram da base da Esquadra do Norte, em Polyarny, com destino a Cuba...

Vasin contou a história toda e Morozov ficou em silêncio. Vasin pensou que ele estava a tentar fugir para dentro de si próprio, tornando o rosto completamente inexpressivo e olhando resolutamente para o chão. Mas estava agarrado à secretária e os nós dos dedos revelavam a sua tensão interior.

— Por conseguinte, coronel Morozov, não tenho alternativa. Não podemos comunicar com os submarinos. Não podemos revogar as suas ordens. Sabemos que os americanos os localizaram, e vai ser só uma questão de tempo até os apanharem. O que nos deixa uma única opção. Avisar os ianques. Avisá-los para não atacarem os submarinos. Mas temos de os avisar agora. *O senhor* tem de os avisar agora.

Depois de uma longa pausa, Morozov falou com uma voz monótona, como se estivesse a recitar um texto.

— Coronel, eu ouvi a sua história amalucada porque, quando tentei falar, pôs-se aos gritos. — Morozov continuou a olhar para as mãos. — Mas tenho de declarar, em termos absolutamente inequívocos, que não sei nada disso, nada de nada.

— Por amor de Deus, homem. — Vasin bateu com as palmas das mãos na mesa. — Estou-me nas tintas para o que fez. Não quero saber se revelou segredos nacionais, nem porquê. Mas tem de fazer isto. Agora. Pela sua pátria. E pela América, se é que gosta da América. Estamos a falar numa *guerra nuclear iminente.* — Vasin bateu na mesa ao pronunciar cada uma das três últimas palavras. Sentiu a fúria a encher-lhe o cérebro como uma nódoa negra, mas não a conseguiu controlar.

— Calma. — Sofia levantou-se e pôs a mão no ombro de Vasin. — Coronel Vasin, pode deixar-nos um momento a sós?

Vasin olhou para o telefone, para a janela e para o intercomunicador em cima da secretária e acenou com a cabeça, mas recuou três passos para o canto mais afastado da sala.

— Muito bem. Como quiser. — Sofia agachou-se ao lado de Morozov, pegou-lhe na mão e falou docemente, como se ele fosse uma criança teimosa. — Oleg. Não faço ideia se o que dizem sobre ti é verdade, e se for, não consigo conceber porque o fizeste. Não me diz respeito. Eu admirava-te, tu sabes que é verdade. E uma parte de mim irá sempre admirar-te. Mas, Oleg, se ajudares, se fizeres isto pelo Vasin, viverás. Não percebes? O chekista ainda não chegou à parte das ameaças, mas vai chegar, de certeza. — Sofia lançou um olhar hostil a Vasin. — Ajuda-o e ficamos em liberdade. A vida nova que disseste que podíamos ter juntos? As coisas que falámos em fazer, depois de deixares a tua mulher? Talvez não as viagens ao estrangeiro, as delegações comerciais que me prometeste. A tua vida vai ser diferente, eu compreendo, mas não me importo. Mas estaremos juntos.

Morozov tinha a boca descaída e os olhos fixos no candeeiro da mesa. Depois de Sofia falar, instalou-se um longo silêncio. Morozov cruzou os braços. Quando falou, as suas palavras foram exatas e claras.

— O senhor é diabolicamente inteligente, coronel. Treinou-a bem. Na perfeição. Você é o anjo mau, ela é o anjo bom. Impecável.

Sofia recuou, retirando a mão e endireitando as costas, e o seu rosto endureceu.

— Digo-lhe o seguinte, coronel Vasin — prosseguiu Morozov. — Não confesso nem nunca confessarei nada porque o que está a dizer não é verdade. Não vou cair na sua armadilha porque não sou o idiota que julga que sou. Não vou sucumbir à lisonja nem às mentiras desta mulher...

— Esteja calado. — Vasin interrompeu Morozov com um sussurro agressivo. — Vou eu fazer tudo. *Eu*. Ouviu? Vou passar a mensagem aos americanos. Diga-me onde. Dê-me o código. Ou a câmara. Ou lá o que usa.

Morozov tremeu teatralmente, como se estivesse a afastar as palavras que tinha ouvido. Vasin aproximou-se, pôs as mãos nos braços da cadeira e ficou com o rosto quase encostado ao do traidor.

— Preciso que escreva uma mensagem a dizer-lhes o que eu lhe contei. Escreva sem sinais de aviso. Certifique-se de que eles sabem que é sua. Suponho que usa uma câmara para fotografar as suas mensagens, talvez uma minicâmara. Seja o que for, fotografa o documento e passa-lhes a película. E suponho que a película é recolhida num local, e não passada em movimento, a alguém. Durante um ano, não o vimos a menos de cem metros de nenhum estrangeiro. Vou partir do princípio de que a película é recolhida algures. Vai entregar a mensagem à Sofia e depois vai destruir o que precisa de destruir. A câmara. Os códigos. Todas as provas que precisa de eliminar.

Morozov começou a virar-se, mas Vasin pegou-lhe no queixo e obrigou-o a olhar para ele.

— Sinalize-lhes que precisa de passar uma mensagem com urgência. Não quero saber qual é o sinal. Um número de telefone errado, uma cortina mexida, não me interessa. E diga-me qual é o local de recolha, e o código para o indicar. Faço-me entender?

Morozov pestanejou e começou a respirar com dificuldade. Olhou desesperadamente para Sofia, mas ela não olhou para ele.

— Em troca, vou prosseguir com a minha vigilância, que vai ser inútil porque não vai voltar a contactar os americanos. Se e quando o *kontora* decidir prendê-lo, eu vou dizer que num ano inteiro a ouvirmo-lo ressonar não descobrimos nem vimos nada. O acordo é este.

Morozov passou a mão pelo rosto cinzento e depois sussurrou:

— Escreva *você*.

— O quê?

— Escreva-me um esboço do que quer que eu lhes diga. Escreva com a sua mão. Assine-o e date-o. Depois... veremos.

Vasin endireitou-se e semicerrou os olhos. Filho da puta esperto. Se Morozov fosse apanhado, teria o esboço para provar que tinha escrito a mensagem a pedido de Vasin.

— Uma apólice de seguro.

Morozov ergueu ligeiramente as mãos e o sobrolho com um ar de cautela. Vasin olhou para o céu nublado, mas não viu nada que o pudesse ajudar. Sofia estava sentada no canto da mesa, dobrada sobre si própria, negando-se a olhar para eles. Cristo, pensou Vasin. Isto parece um melodrama barato do Gorky.

— Raios o partam, Morozov.

Vasin puxou uma gaveta da secretária e remexeu num monte de formulários para receitas e pedidos de análises. Não encontrando uma folha em branco, usou a parte de trás de um formulário. Vasin tirou um certificado médico emoldurado da parede e colocou-lhe a folha em cima para não deixar marcas noutros papéis que estavam na secretária — a força do hábito. Vasin viu que Morozov tinha reparado e os seus olhos encontraram-se numa fração de segundo de cumplicidade profissional. Vasin começou a escrever.

— Urgente. Quatro submarinos *diesel*-elétricos do Projeto 641 da Esquadra do Norte soviética receberam ordens para furar o bloqueio de Cuba. Cada submarino está armado com um torpedo nuclear e os comandantes foram autorizados pelo Comando da Esquadra a utilizarem-nos caso sejam atacados...

Depois de acabar, Vasin olhou para Morozov. O homem retribuiu o olhar com firmeza. Estava impassível, mas já não tinha a máscara de indignação fingida. Vasin atreveu-se a acalentar a esperança de que o seu desespero tivesse finalmente induzido o traidor a cooperar. Morozov ergueu um sobrolho e tocou com o dedo no papel. Vai-te foder, pensou Vasin. Vai-te foder todo.

Vasin assinou e datou a mensagem, tal como tinha prometido, e entregou-a a Morozov.

— Pronto. Não temos muito tempo, Oleg Vladimirovich. Tem de me dizer exatamente quando e como.

Morozov levantou-se e meteu a mensagem no bolso de dentro do casaco. Não disse nada, mas estendeu a mão, e Vasin apertou-a instintivamente. Morozov apertou com força, lutando manifestamente para controlar as suas emoções e arriscando apenas um breve olhar para o rosto de Vasin. Depois, virou-se e falou a Sofia.

— Sonyechka. Vamos a minha casa. Vou dar-te tudo o que o teu chefe precisa.

Morozov saiu primeiro. Quando Sofia ia a sair, Vasin pegou-lhe no braço.

— Metro, Mayakovskaya. Vou estar ao pé da sala de concertos. Despache-se.

Sofia acenou rapidamente com a cabeça e saiu do consultório. Vasin viu-os caminharem no corredor lado a lado, mas em silêncio. Vasin mal se conseguiu concentrar no que tinha de fazer a seguir. Vasin escrevera a sua própria sentença de morte, e Morozov tinha-a no bolso.

Morozov e Sofia desceram no elevador em silêncio. Só quando chegaram à rua é que ela parou para confrontar Morozov.

— Então o que o homem do KGB disse é verdade?

O coronel passou a mão pelo rosto e olhou furtivamente para Sofia.

— É verdade que eu tenho estado em contacto com os americanos. Mas Sofia... tudo o que fiz foi no cumprimento de ordens do general Serov.

— Então porque não telefonas já ao Serov? Porque é que não vamos falar com ele?

— Porque...

— Não me mintas, Oleg.

Morozov deu um passo atrás, como que impelido pela força da veemência de Sofia.

— É complicado, Sofia. Prometo que te explicarei tudo, não é o que estás a pensar. Mas agora temos de ir a minha casa e fazer o que ele disse.

— Porque queres salvar a vida.

— Não é o que tu queres?

Sofia fechou os olhos com força, como uma criança. Quando os abriu, tinha as pestanas cheias de lágrimas. Ela queria tanto acreditar nele.

— Sim, Oleg, eu quero que vivas.

18

Lago dos Pioneiros, Moscovo
Domingo, 28 de outubro de 1962, 09h04, hora de Moscovo / 02h04, FHO

No seu ninho de águia cheio de fumo de tabaco no outro lado do lago, a equipa de vigilância quase ia perdendo o inesperado regresso de Morozov a casa. Lyubimov estava no seu posto, ao pé dos binóculos enormes, a observar duas bonitas empregadas de loja na bicha para comprarem um gelado, quando avistou uma figura familiar num passo rápido. Lyubimov deixou cair o *donut* meio comido no chão, endireitou a cadeira e concentrou-se apressadamente no alvo.

— Lá vem ele — disse Lyubimov.

Doronin, o fotógrafo, estava na casa de banho e não conseguiu fotografar Morozov a abrir cavalheirescamente a porta do prédio a Sofia Rafaelovna Guzman. O operador de rádio, Gromov, foi a tempo. Em segundos, mudou o potente rádio do *jazz* da Rádio Luxemburgo para a frequência de onda curta que ligava o posto de vigia aos carros equipados com rádio, e emitiu três *bips*: alerta.

— *Nichego sebe*. Porra, ele vem com a namorada! — Tal como todas as equipas de vigilância, depois de onze meses, Lyubimov conhecia os hábitos da presa melhor do que os dos seus amigos mais próximos ou vizinhos, e sentiu-se quase indignado face à súbita queda do alvo na libertinagem irresponsável. — Vai levá-la para casa? A Lyudmila Aleksandrovna saiu há meia hora! Ouvidos... isto pode ser bom.

Gromov — Ouvidos — já tinha acionado os quatro gravadores ligados aos novos microfones que eles tinham dissimulado no apartamento de Morozov. Gromov verificou o sinal de cada um e aumentou ao máximo a sensibilidade do microfone do quarto. O som da porta a abrir-se foi ensurdecedor, seguido da inconfundível voz aflautada de Morozov.

— Sofia. Por favor, senta-te aqui, na sala. Parece que a minha mulher saiu.

Ouvidos amaldiçoou em silêncio o tom formal de Morozov. Não parecia ir haver ação. Se ele não tivesse aumentado o volume dos microfones, teria reparado que Morozov estava a falar exageradamente alto.

— Faço um chá?

— Boa ideia. Vou tentar despachar-me com estes papéis. Desculpa-me, por favor.

Os escutas ouviram o clique da porta do escritório a fechar-se.

19

Embaixada soviética, Washington, D. C.
Domingo, 28 de outubro de 1962, 02h04, FHO / 09h04, hora de Moscovo

A avó de Aleksandr Feklisov fora uma mulher religiosa. «É a vontade de Deus», murmurava-lhe tranquilizadoramente a avozinha ao ouvido quando ele era pequenino. «O homem propõe, Deus dispõe.» Enquanto bom comunista, o chefe de secção do KGB era obviamente ateu, mas uma parte dele invejava a calma quase bovina da velhota ignorante. Marx ensinava que a religião era o ópio do povo: era a crença no destino, em poderes superiores sobrenaturais, inventados para as massas aceitarem uma vida miserável de exploração. Contudo, nas últimas vinte e quatro horas, Feklisov tinha ansiado pela paz interior da avó porque Deus — ou qualquer outro brincalhão que estivesse a controlar a merda da crise — tinha decidido transformar o seu mundo num inferno.

Na noite passada, já bem tarde, Khrushchev tinha finalmente enviado a carta a Kennedy. Era um documento incoerente e emocional, claramente escrito por um líder debaixo de uma pressão enorme, mas pelo menos continha a proposta inequívoca de retirada dos mísseis em troca da promessa de os EUA não invadirem Cuba. Era exatamente o acordo concebido por Feklisov. Era o fim da crise. Pelo menos, fora o que Feklisov esperara ao cair exausto na cama, às três da manhã.

Mas depois, quando ele e o embaixador estavam nervosamente à espera da resposta da Casa Branca, surgiu uma nova ameaça. Pouco depois do meio-dia, chegou a notícia de que um avião espião americano U-2 fora abatido ao sobrevoar Cuba, e que o piloto tinha morrido. Era a primeira vítima mortal da crise — e, se a situação piorasse, seria provavelmente a primeira de milhões.

Feklisov e o embaixador Dobrynin sabiam que as baterias antiaéreas instaladas em Cuba para proteger as bases dos mísseis eram comandadas e operadas por tropas soviéticas, e era muito provável que Kennedy também soubesse. No entanto, Dobrynin tinha passado a tarde a mentir fluentemente, dizendo que foram os cubanos que tinham abatido o U-2, e a Casa Branca parecia disposta a fingir que acreditava.

Mais uma pequena esperança de que a Crise dos Mísseis de Cuba não descambasse para uma guerra nuclear. Mas depois chegou a notícia dos malditos submarinos.

O agente infiltrado de Feklisov na NSA avisara-o, na véspera, de que a Marinha americana localizara dois submarinos na região ocidental das Caraíbas. Desapareçam, rezara Feklisov, para longe, muito longe. Que o mar vos engula.

Mas os submarinos não tinham desaparecido. Dobrynin estava esparramado num cadeirão no seu gabinete, como um homem perfurado pela ansiedade. À sua frente, estava sentado o adido naval da embaixada. Logo que entrou, Feklisov viu nos rostos de ambos que as notícias não eram boas.

— Então, camarada comandante, os ianques descobriram os nossos submarinos?

O capitão-de-mar-e-guerra Dmitry Khvostov acenou sombriamente com a cabeça.

— Sim, embaixador. Os americanos disseram-nos que estão em perseguição dos nossos submarinos desde o meio-dia. Há catorze horas.

— Que tipo de submarinos detetaram eles? — Feklisov sentiu um aperto no peito ao fazer a pergunta. — Submarinos de mísseis?

— Não, graças a Deus. São dois *diesel*-elétricos do Projeto 641.

— Estão a tentar furar o bloqueio?

O embaixador interrompeu-o.

— Aleksandr Semyonovich, o que estão a fazer é irrelevante. O problema está aqui. — O embaixador entregou a Feklisov um memorando da Casa Branca e continuou a falar enquanto ele lia. — Como vê, os americanos pretendem obrigar os submarinos a subirem à superfície, e avisam-nos de que vão usar cargas de profundidade de exercício para lhes dizerem...

Feklisov, citando o documento, terminou a frase por ele:

— «... para evitar uma interpretação incorreta destes sinais como uma intenção hostil, vimos por esta via notificar-vos de que a Marinha dos EUA utilizará o sinal internacionalmente reconhecido de cinco detonações de cargas de profundidade de baixa intensidade a intervalos de quinze minutos...» — Feklisov olhou para o adido naval. — «De baixa intensidade»... que significa isto?

— É como o texto diz, são cargas de profundidade com um quilo de explosivos. Geram uma onda de som, mas não produzem estilhaços nem ondas de choque suficientes para danificarem um submarino.

— Então qual é o problema, comandante? Comunicamos de imediato com os submarinos e dizemos-lhes que os americanos nos avisaram. Eles sobem à superfície e desaparecem dali para fora.

O comandante Khvostov fez uma careta.

— O problema, Aleksandr Semyonovich, é que não os podemos contactar.

— *O quê?*

— Um submarino submerso não tem contacto rádio com o exterior. Só poderemos avisá-los quando vierem à superfície.

— E os americanos sabem isso?

O embaixador respondeu por Khvostov.

— Acha que os americanos vão acreditar se lhes dissermos que os submarinos estão fora do nosso controlo? Vão pensar que estamos a empatar, ou talvez mesmo a preparar um ataque. E mesmo que acreditem, vamos fazer figura de quê?

— Então vamos dizer aos americanos que passámos a mensagem deles? E deixamo-los lançar as cargas de profundidade?

O adido encolheu os ombros.

— É exatamente isso que estou a propor. Não vale a pena revelar ao inimigo as limitações das nossas comunicações.

— E se os comandantes dos submarinos recusam? Ou pensam que estão a ser atacados? Ou acreditamos que os nossos valentes submarinistas vão obedecer como cordeirinhos e subir à superfície?

Khvostov endireitou-se, picado pelo sarcasmo de Feklisov.

— As táticas de guerra submarina não estão, naturalmente, ao alcance dos conhecimentos dos órgãos da Segurança do Estado, Aleksandr Semyonovich. Posso garantir-lhe que os nossos comandantes são os mais corajosos e mais profissionais do mundo. Mas nós sabemos que estes dois submarinos estão a ser perseguidos de perto por um mínimo de uma dúzia de navios americanos. Se os submarinos dispararem torpedos, podem afundar um ou dois contratorpedeiros, mas vão ser imediatamente aniquilados, com a perda total das guarnições. Os nossos comandantes são corajosos, mas não são suicidas.

Os três homens ficaram em silêncio — Khvostov com um ar de desafio, Feklisov desesperado e Dobrynin exausto.

— Então não fazemos nada e partimos do princípio de que vai correr tudo bem?

— Sempre podemos rezar — murmurou o embaixador.

Uma piada fraca? Mas Dobrynin não estava a sorrir.

20

Lago dos Pioneiros, Moscovo
Domingo, 28 de outubro de 1962, 09h12, hora de Moscovo / 02h12, FHO

Morozov foi rápido. Pegou numa fotografia emoldurada da classe de 1939 da Academia Militar Frunze e olhou para os rostos jovens e sérios. Na primeira fila, estavam os oficiais superiores que tinham sido os seus professores e mentores. Já não havia um vivo. A maior parte fora executada pelo NKVD quando a insensata purga estalinista dizimara o corpo de oficiais do Exército na véspera de uma guerra mundial. Foram assassinados por cabrões oportunistas e cobardes do *kontora*. Muitos dos sobreviventes tinham morrido nas primeiras semanas da guerra, quando a Operação Barbarossa destroçara o Exército Vermelho, apanhado desprevenido por causa da teimosia de Estaline em ignorar os avisos de que Hitler estava a planear uma invasão da URSS. Uma chacina insensata e recorrente.

Morozov colocou uma folha de papel de escrita em cima do vidro e começou a copiar a mensagem de Vasin em maiúsculas. De seguida, dobrou o original e meteu-o num envelope. Depois de um breve momento de reflexão, escreveu uma nota e meteu-a também no envelope. Fechou o envelope e endereçou-o à mulher, para a morada da sogra, em Leninegrado. Morozov tirou um selo de uma lata decorada e guardou o envelope no bolso do casaco. Depois de Morozov meter a carta no correio, a sua apólice de seguro estaria a salvo do *kontora* — pelo menos, por enquanto.

Morozov tirou da estante a máquina fotográfica *Zenit*, um modelo volumoso de finais dos anos 40. Morozov desaparafusou o parafuso que prendia a máquina ao estojo de cabedal e abriu a parte de trás. Deslizou o obturador de tecido com o polegar, segurou numa extremidade e desencaixou-o. No interior da máquina, havia um pequeno retângulo de metal aninhado por baixo do visor. O engenho daquele dispositivo fazia-o sempre sorrir: uma máquina fotográfica escondida dentro de outra. Morozov tirou a *Minolta* com a ponta da unha — a máquina não era muito maior do que o seu indicador.

Tal como sempre, Morozov olhou para se certificar de que o estúdio estava fechado à chave antes de atravessar a sala. Morozov empurrou a mola do obturador para puxar a película e fotografou a mensagem — três vezes, para dar sorte. De seguida, pegou num abre-cartas e meteu a lâmina numa ranhura num dos lados da Minolta para rebobinar a película. Era sempre a parte mais difícil. Morozov rebobinou até ouvir um clique, abriu a câmara e deu-lhe uma pancadinha para o tubinho de metal cair em cima da secretária. Morozov tirou um lenço do bolso, cuspiu no tubinho, limpou a superfície pegajosa de impressões digitais, e depois meteu-o num envelope.

Morozov olhou para as mãos como se pertencessem a outra pessoa. Estavam a tremer, mas não de forma descontrolada. Pensa. *Pensa*. Morozov sentou-se à frente da fotografia da sua turma e começou a escrever as instruções para a entrega da mensagem de Vasin. «Rua Bolshaya Sadovaya 25. Pátio. Segunda entrada, segundo andar. Caixote do lixo. Maço de *Kazbek*.» Morozov escreveu devagar, fazendo as maiúsculas o mais quadradas e inidentificáveis possível. Morozov hesitou durante um longo momento. Deveria incluir o sinal para a recolha ou o sinal de aviso? Será que ele acreditava mesmo no lunático do Vasin? Morozov olhou incredulamente para o texto. Era óbvio que uma parte dele acreditava, ou pelo menos não lhe ocorria porque é que um oficial superior do *kontora* se arriscaria a avisá-lo, a oferecer-lhe a possibilidade de salvar a pele, sem razões muito fortes. A menos que Vasin estivesse a jogar um jogo com um significado obscuro. Talvez fosse um maldito rébus político *kontora*–Aquário. Morozov refletiu mais um momento e depois decidiu-se: bardamerda para ambas as instituições.

«Sinal caixa de correio cheia», escreveu Morozov. «Uma marca de giz horizontal no tubo de escoamento da esquina da Bolshaya Sadovaya 25 com a Malaya Bronnaya.»

Morozov, usando o lenço, meteu a nota e o tubinho no envelope. Depois de um momento pensativo, remexeu na gaveta da secretária, tirou um bocadinho de giz e meteu-o também no envelope.

O perigo extremo que Morozov corria pressionou-o como as mandíbulas de um compactador de resíduos. O estúdio, que fora um refúgio seguro, transformara-se numa mortífera armadilha de mola. Ele sentia-se num pesadelo, em cima de um palco, subitamente iluminado por um projetor que o cegava e sob o escrutínio de estranhos.

Morozov deu-se conta de que Sofia não batera à porta com o chá. Estaria ela na cozinha, com instruções do *kontora*, à espera do aparecimento súbito de uma equipa de homens armados?

No caminho para casa, Morozov sentira tanto medo que nem falara com Sofia, e pensou nela. Será que ela o tinha traído ou salvado? Será que ele tinha caluniado escandalosamente Sofia quando a insultara na presença de Vasin, aquela víbora? As possibilidades tornaram-se tão descontroladas que ele deu uma palmada na testa para pôr fim aos seus pensamentos incontidos.

— Foda-se.

Morozov tinha-se esquecido de sinalizar aos seus controladores a necessidade de recolherem uma mensagem de emergência. Olhou desesperadamente para o relógio de pulso e levantou-se de um salto para pegar na orquídea branca que a mulher lhe tinha oferecido no seu aniversário. Mudou-a do seu lugar habitual no peitoril para o lado direito e fechou metade da cortina esquerda. O sinal de emergência devia ter sido feito antes das 09h00, e já passavam vinte minutos. Ele não fazia ideia de quando o sinal era verificado, nem por quem.

A *Minolta* estava em cima da secretária, ao lado da *Zenit* transformada. Morozov pegou impulsivamente na câmara minúscula e partiu-a ao meio. Procurou freneticamente um objeto pesado para a fragmentar — um pesado busto de metal de Aleksandr Púchkin. Morozov despejou o conteúdo do obus-cinzeiro no cesto dos papéis, inverteu-o e começou a esmagar a câmara sobre o fundo.

Morozov ouviu uma pancada suave na porta e ficou paralisado.

— Oleg Vladimirovich? — A voz de Sofia era receosa. — Está tudo bem aí dentro? O chá está a arrefecer.

— Está tudo bem, está tudo bem, vou já.

Morozov praguejou baixinho. Tirou um tubo com microfilme do interior da *Zenit* e esmagou-o. Depois, embrulhou os bocadinhos de metal numa folha de papel e queimou o microfilme no cinzeiro — ardeu com uma chama viva e acre. Morozov abriu apressadamente a porta e dirigiu-se à casa de banho.

— Encontrou a compota? — A voz de Morozov foi alta e estrangulada. — Está no armário.

Morozov fechou a porta da casa de banho, pegou no papel com os bocadinhos de metal e embrulhou-o em papel higiénico, fazendo uma bola do tamanho de um punho fechado. Morozov deitou-a na sanita e despejou o autoclismo duas vezes. Pela primeira vez em duas horas, respirou fundo.

Quando saiu da casa de banho, encontrou Sofia à sua espera na entrada. Morozov pôs instintivamente um dedo nos lábios para a avisar dos microfones do *kontora*. Mas será que ele ia mesmo avançar com aquilo? Morozov sentiu uma paralisia quase física que o impediu de meter a mão no bolso e dar a Sofia o envelope com o microfilme — o poder da vida e da morte.

Seria a altura para lhe dizer que tudo o que Vasin dissera era uma mentira tresloucada? Para a ludibriar e safar-se? Ou será que o que Vasin tinha dito e escrito era verdade — em relação aos submarinos, aos belicistas, aos torpedos nucleares e à ordem para os comandantes os usarem caso fossem atacados? Mas, por muito que quisesse, Morozov não conseguiu preocupar-se minimamente com o destino do mundo, só com a sua pele.

Mas para salvar a pele, ele tinha de cumprir a sua parte do acordo. Morozov, evitando os olhos de Sofia, pegou cuidadosamente no envelope por um canto e entregou-lho. Ela hesitou, mas pegou no envelope e passou os dedos por cima. Sentiu o tubinho com a película, acenou com a cabeça para si própria e dirigiu-se à entrada para vestir o casaco. Depois, abriu a porta e saiu sem dizer uma palavra.

21

Lago dos Pioneiros, Moscovo
Domingo, 28 de outubro de 1962, 09h32, hora de Moscovo / 02h32, FHO

— Ouvidos, tens a certeza de que os microfones estão a funcionar? — Lyubimov afastou-se dos binóculos com irritação. — Estiveram ali vinte minutos e mal falaram. E, agora, ela foi-se embora.

Ouvidos mexeu nas alavancas dos seus dispositivos e foi recompensado com uma explosão ensurdecedora de música quando Morozov ligou o rádio da cozinha.

— Que raio foi aquilo? — Lyubimov recostou-se na cadeira quando Sofia desapareceu sob a folhagem dourada das árvores do Lago dos Pioneiros.

— Acho que é o Segundo Concerto para Violino de Shostakovich — retorquiu Ouvidos.

— Engraçadinho. — Lyubimov pegou no registo da vigilância para anotar a saída de Sofia Rafaelovna Guzman. — É a tua vez de fazeres café, homem da rádio.

22

Rua Bolshaya Sadovaya, Moscovo
Domingo, 28 de outubro de 1962, 09h39, hora de Moscovo / 02h39, FHO

Sofia parou na esquina da Malaya Bronnaya com a Circular. Aproximou-se de uma porta e, de costas para a rua, tirou o papel do envelope. Os olhos arregalaram-se de incompreensão quando leu as instruções que Morozov tinha escrito para Vasin. Então era verdade, ele era mesmo um traidor. Sofia olhou para a placa por cima da porta e sentiu um pavor súbito e bizarro: Bolshaya Sadovaya 25. Era a morada que constava das instruções de Morozov. Como teria ele sabido? Ela sentiu um pânico vertiginoso, mas fez por se acalmar. Era uma coincidência estúpida, não era bruxaria. Não havia alternativa, era avançar com o plano amalucado, pôr o seu destino e o de Morozov nas mãos de Vasin. Sofia meteu o papel no envelope e, depois, tomada de um desejo absoluto de se ver livre dele o mais rapidamente possível, acelerou o passou rumo à estação de metro da Mayakovskaya.

Vasin viu Sofia a cem metros de distância. O seu andar, com a cabeça inclinada para baixo, disse-lhe tudo o que ele precisava de saber. Morozov tinha-lhe dado o material. Vasin levantou o braço para chamar a atenção dela. Sofia olhou rapidamente para os dois lados e avançou pelo meio dos carros estacionados à frente do Salão de Concertos Tchaikovsky.

Sofia estava pálida devido à tensão. Quando se aproximou de Vasin, semicerrou os olhos de suspeição. Vasin começou a falar, mas ela encostou-lhe o envelope ao peito com força e foi-se embora, atravessando a rua a correr em direção ao metro.

Vasin pensou em segui-la para lhe dizer que tudo iria correr bem, mas sabia que não tinha tempo. Se Morozov tivesse cumprido a sua palavra, tinha feito um sinal aos seus controladores americanos para fazerem a recolha. Vasin não fazia ideia de quando. Abriu o envelope, tocou no tubinho com o microfilme e leu as instruções de Morozov.

Vasin viu imediatamente que a morada para a recolha ficava a cerca de duzentos metros de onde ele estava, e à mesma distância para o Lago dos Pioneiros. Fazia sentido — um local de recolha de emergência tinha de ser suficientemente próximo para o agente lá chegar num ápice. Caixote do lixo num lugar semipúblico. Também era lógico, tal como a marca de giz — um procedimento normal para os espiões em todo o mundo.

Faltava-lhe o maço de *Kazbek*. Eram cigarros antigos e baratos de operário, uns tubinhos de cartão e papel com quatro centímetros de tabaco forte. Mas Vasin fumava *Orbitas*, que eram mais chiques. Praguejou, meteu o papel no bolso, fechou a janela do carro e foi à procura de uma tabacaria.

O Yeliseyevsky, um grandioso palácio pré-revolucionário transformado em mercearia gigante, ficava do outro lado da Rua Gorky. Havia uma bicha de cidadãos obedientemente à espera para entrarem. Tinha obviamente chegado alguma mercadoria interessante e a notícia espalhara-se pelo misterioso boca a boca que ligava os consumidores moscovitas. Vasin seguiu em frente, assinalando com a sua confiança apressada que não era das pessoas que esperavam nas filas. Ninguém protestou quando ele entrou e se dirigiu ao balcão do tabaco.

23

USS Bache, Mar dos Sargaços
Domingo, 28 de outubro de 1962, 02h51, FHO / 09h51, hora de Moscovo

Algures naquele mar escuro havia dois submarinos soviéticos a três milhas de distância. Os operadores do sonar viam os filhos da puta tão claramente como larápios apanhados por um projetor no pátio das traseiras. Quarenta minutos antes, o segundo submarino tinha praticamente parado a cerca de milha e meia do primeiro, o que significava que o comandante tinha parado para olhar à sua volta. Navegar, escutar, navegar — era o que os submarinistas faziam. E o outro submarino tinha-lhe quase entrado pelo cu adentro. Os dois comandantes soviéticos, que estavam a escutar intensamente através do sonar passivo, já teriam ouvido as hélices da flotilha reunida para os intercetar.

Mas em águas com menos de quinhentos metros de profundidade, os *sovs* não tinham hipóteses de fugir aos potentes sonares ativos do USS *Bache* e do outro caçador de submarinos, o contratorpedeiro USS *Cony*. A onda de pressão gerada pelas transmissões dos sonares, ao se deslocarem na água, traçava os perfis dos submarinos nos ecrãs verdes dos sonares como fantasmas marinhos pulsantes e mortíferos. As gravações do barulho das hélices dos *sovs* tinham sido enviadas para Patuxent, onde um computador de vanguarda armazenava todas as assinaturas acústicas dos submarinos soviéticos. O perfil do sonar revelou a Billings que os *sovs* eram uns cabrões grandalhões, e horas antes os mandachuvas da base da aviação naval tinham-lhe confirmado por rádio que eram da classe Foxtrot. *Oleosos*: os grandes submarinos *diesel*-elétricos que constituíam a espinha dorsal da frota submarina soviética. Os nucleares eram mais esguios e mais rápidos. E também não eram armados com mísseis balísticos, graças a Deus.

Quando foram avistados pelos *Orions* da Marinha americana, os dois submarinos na mira de Billings estavam a afastar-se de Cuba. Uma finta? Uma tentativa de evitarem o bloqueio contornando os navios americanos? Ou estariam a regressar a casa? Será que, apesar de terem sido detetados, iam tentar escapar e rumar a Cuba?

Billings voltou a perscrutar o horizonte. Havia um vestígio da lua nova sobre as Caicos, a oeste. Os operadores dos sonares não tinham detetado nenhum aumento no barulho dos motores dos submarinos, nenhum esvaziamento dos tanques, nada. Os *sovs* estavam... à espera. E isso enervava Billings.

— Que achas, Pete?

Kimble demorou a responder. Ambos estavam cientes das ordens. Obrigar qualquer submarino soviético que encontrassem a subir à superfície, avisá-lo formalmente — com filmagem, para passar nas notícias — e garantir que os cabrões regressavam à base. E em caso de recusa? Billings e o imediato também tinham ouvido a rádio. Kennedy tinha sido inequívoco. Furar o bloqueio seria considerado um ato de guerra.

— Não estou a gostar disto, comandante. Estão quietos. Só existe uma razão para um submarino de ataque estar quieto mais tempo do que o necessário para se orientar: calcular uma solução de tiro. Talvez os gajos tenham ordens para não serem capturados vivos, tipo *kamikaze*... se é que percebe o que estou a dizer.

Billings refletiu e abanou a cabeça. Os soviéticos não eram como os japoneses.

— Já se passaram umas catorze horas desde que eles terão provavelmente comunicado com as chefias, certo? Talvez mais. Se o comandante russo quisesse disparar, já o teria feito. E se achasse que conseguia escapar-nos e rumar a Cuba, também já o teria feito. Mas não fez uma coisa nem outra. O meu palpite é que ele está quietinho à espera de que a gente desista e se vá embora. Se fosse um submarino nuclear, ele podia estar ali semanas, a gerar o seu próprio ar. Mas Patuxent diz que são dois *diesels*, e os *diesels* têm de subir à superfície por causa do ar, mais cedo ou mais tarde.

Kimble passou a língua por dentro do lábio inferior, um hábito da juventude, quando snifava tabaco.

— Acho que já esperámos o que era de esperar. Quando achas que vamos ter luz verde para abanar um bocadinho a lata do Ivan? Para ver se os cavalheiros russos se concentram? Tipo: toca a subir meninas, acabou-se.

Como que em resposta, uma luz vermelha acendeu-se na consola do comandante. Billings pegou no auscultador, grunhiu um «sim» e encostou o telefone ao peito. Depois, virou-se para Kimble.

— É o *Randolph*. Vão-me pôr em contacto com o almirante McKenzie. É melhor preparares-te para o abanão, Pete.

A coberta da popa do *Bache* estava iluminada pela luz branca de projetores potentes. A ondulação tinha diminuído e o chuvisco envolveu o convés numa neblina. Billings, com um impermeável tropical, caminhava entre as calhas das reluzentes cargas de profundidade, pintadas de preto. Os marinheiros empurravam carrinhos com cargas de exercício — brancas com riscas vermelhas — para carregarem os lançadores.

Billings estava ciente de que havia muita gente importante a assistir ao seu desempenho. O código para a comunicação com os submarinos — cinco cargas de profundidade a cada quinze minutos e transmissões de sonar no volume máximo — tinha sido aprovado não só pela ExComm, a unidade de crise da Casa Branca, mas também pelo próprio Kennedy. Esperava-se que os *sovs* informassem os comandantes dos submarinos. Pois. Podem esperar sentados. Billings não sabia de ninguém que tivesse comunicado com um submarino a noventa metros de profundidade. Billings tinha a sensação de que Kennedy e a sua gente estavam a resguardar-se.

Não. Os submarinos estavam sozinhos, cegos, surdos e encurralados. A coisa era entre ele e os comandantes dos submarinos. Ambos os lados estavam à espera de que o inimigo desse um passo em falso. Era uma coisa pessoal — muito pessoal.

E se eles recusassem vir à superfície? Ou pior, se disparassem um torpedo? Seria o fim deles. Se as altas parentes o autorizassem, Billings podia esmagar os dois submarinos como se fossem latas — é que o *Bache*, o *Beale* e o *Cony* também tinham armas especiais.

Cargas de profundidade nucleares.

Só um pequeno grupo de marinheiros especialmente instruídos e um punhado de oficiais sabiam das armas nucleares. Billings nunca tinha assistido à detonação de uma das bombas W34 de 11 quilotoneladas, nem sequer em exercícios, mas sabia que geravam uma onda de choque suficientemente poderosa para esmagar qualquer submarino num raio de cinco milhas e causar uma vaga de quase quatro metros de altura — e destruir a maior parte da vida marinha até ao horizonte.

Mas não se chegaria a isso. Oxalá.

O oficial de armas submarinas fez continência e informou Billings de que o primeiro conjunto de cargas estava pronto a ser lançado.

— OK, rapazes, força com elas.

PARTE SEIS

POSTOS DE COMBATE

Se começarem a atirar-me com ouriços-cacheiros,
eu atiro-vos com porcos-espinhos.

— NIKITA KHRUSHCHEV, 1963

1

B-59, Mar dos Sargaços
Domingo, 28 de outubro de 1962, 03h01, FHO / 10h01, hora de Moscovo

A noventa metros de profundidade, os estalidos dos cartuchos que propulsavam as cargas de profundidade das calhas nas amuradas do USS *Bache* eram inaudíveis para o operador do sonar do B-59, mas o chape inconfundível de cento e cinquenta quilos de material denso lançado era mais do que audível. Era o barulho mais temido por todos os submarinistas: o som profundo e o chape de um barril cheio de explosivos, uma arma que gerava uma onda de choque capaz de abrir um rombo no submarino como se este fosse uma casca de ovo.

O sargento Sergei Komarov tirou bruscamente os auscultadores.

Komarov saltou da consola como se tivesse levado um choque elétrico e deu um guincho de incredulidade: «Cargas de profundidade!» No centro de operações, toda a gente ficou paralisada quando o grito se ouviu no intercomunicador. Segundos depois, ouviram-se cinco explosões abafadas, mas inconfundíveis.

Savitsky, sobressaltado, saltou do seu lugar no posto de comando.

— Estão a atacar!

Arkhipov saiu da sala de navegação e três passos depois estava ao lado de Savitsky. Ficaram intensamente à espera dos sons do aço a quebrar-se, indicativos de que o submarino estava a fragmentar-se, mas não ouviram nada.

Savitsky gritou para o triplo intercomunicador atrás de si:

— Compartimentos, relato de danos! — Os chefes dos sete compartimentos informaram sucessivamente de que não havia nada a assinalar.

Arkhipov viu Savitsky a abanar, e tinha os olhos congestionados da exaustão. Savitsky negara-se a deixar o seu posto por mais de alguns minutos de cada vez desde que tinham mergulhado, apesar de a temperatura no centro de operações ser quase insuportável. As enormes baterias tinham sido concebidas para a água gélida do Atlântico Norte e não para a tepidez do Mar dos Sargaços. Mas pior ainda era a situação no compartimento do motor elétrico, onde o chefe do serviço de máquinas estava a informar temperaturas na casa dos 61 °C — parecia uma sauna. O calor era suficiente para esfrangalhar os nervos e baralhar a cabeça de homens fortes.

Nas últimas horas, os submarinistas vinham caindo como tordos, perdendo os sentidos à frente dos seus instrumentos. Mas Savitsky mantivera-se no seu posto, com a camisa empapada em suor e a cabeça apoiada entre os punhos. As detonações abafadas das cargas de profundidade tiraram-no do torpor. Savitsky olhou para os rostos assustados que estavam à espera das suas ordens e o queixo mexeu-se enquanto ele pensava. De súbito, Savitsky dirigiu-se à popa. Arkhipov seguiu-o a um passo de distância enquanto ele se esgueirou por entre os veios dos periscópios e do *snort* e entrou no compartimento de controlo das armas. O oficial político, Maslennikov, estava a abrir a porta de ferro que vedava o acesso ao compartimento, exceto durante emergências ou exercícios de tiro.

O espaço exíguo, com pouco mais de dois metros quadrados, estava quase totalmente ocupado com o equipamento eletrónico mais sofisticado do submarino. O calculador de tiro, do tamanho de dois grandes frigoríficos, era capaz de fazer mil cálculos por segundo. Quando Arkhipov era cadete, os comandantes dos submarinos tinham de subir à superfície para dispararem os torpedos, calculando as distâncias e as velocidades com uma régua de cálculo e apontando a olho. Mas isso fora antes da era espacial. Agora, os submarinos de ataque da URSS estavam equipados com a tecnologia mais avançada oferecida pela ciência soviética. O espantoso computador calculava a velocidade do B-59, a corrente, a posição e o rumo do alvo, e gerava soluções de tiro perfeitas. O subtenente Andrei Kotov, o guardião dos segredos do computador, apareceu no seu posto, excitado e com os olhos congestionados do sono.

— Kotov, precisamos de soluções de tiro para todos os navios inimigos nas vizinhanças — grunhiu Savitsky.

Arkhipov e Maslennikov trocaram um olhar quando se afastaram para deixarem o jovem oficial assumir o seu posto à frente do computador.

— Comece com uma solução de tiro para a arma especial. Um navio inimigo a cinco milhas. Quanto maior, melhor.

— Valentin Grigorievich! A arma especial? Em que é que está a pensar?

Savitsky olhou intensamente para Arkhipov e falou com fúria.

— Se calhar, a guerra já começou, e nós aqui em baixo às piruetas! — rugiu Savitsky. — As nossas ordens são para usarmos a arma especial quando formos atacados. E estamos a ser atacados!

Arkhipov detetou um toque inconfundível de histeria na voz de Savitsky e esforçou-se para manter a sua firme e calma.

— Espere, comandante...

Savitsky virou-se para o oficial político.

— Diga-lhe, Maslennikov. Parece que o camarada Arkhipov não se lembra das nossas ordens.

O jovem oficial olhou nervosamente para os seus superiores hierárquicos.

— Vasily Aleksandrovich, o comandante está correto. Devemos calcular imediatamente soluções de tiro para as nossas armas em caso de contacto próximo com o inimigo. É uma ordem, e parto do princípio de que se aplica a todas as armas, incluindo a especial.

Ouviu-se outra detonação, mais nítida do que as anteriores, seguida de outras quatro, a intervalos de cerca de quatro segundos. O compartimento de controlo das armas tinha um intercomunicador para a sala do sonar.

— Sonar? — gritou Savitsky para o intercomunicador. O operador respondeu um momento depois.

— Não são cargas de profundidade, comandante, nem vêm da mesma direção. São detonações de outro navio americano, comandante. Não são cargas de profundidade. A esta distância, parecem... granadas?

Savitsky virou-se para Arkhipov.

— Está satisfeito? Primeiro, cargas de profundidade, agora, granadas. Ainda diz que isto não é um ataque?

— Porque nos iriam eles atacar com *granadas*, Savitsky? Isto pode ser um contacto com o inimigo, mas não é um ataque. Leia o manual, comandante.

— A guarnição deste submarino é composta por combatentes. Quem devora manuais, fica em terra. Numa sala de aulas.

Arkhipov olhou Savitsky nos olhos e procurou controlar-se.

Arkhipov citou do preâmbulo das *Instruções para os Oficiais da Marinha Soviética*:

— «Um comandante soviético é *calmo*, *racional* e resoluto em todas as situações.»

Savitsky não respondeu e saiu do cubículo, passando por Arkhipov com uma força desnecessária. Arkhipov e o *Politruk* ficaram a assistir fascinados enquanto o jovem tenente introduzia as coordenadas dos navios no calculador.

Era um processo laborioso. Para não ser localizado, o B-59 não podia gerar transmissões do seu sonar ativo, tinha de depender dos ruídos surdos e dos silvos indistintos captados pelos sonares passivos. Mesmo com dois operadores de sonar a trabalharem o mais rapidamente possível, cada contacto tinha de ser verificado por dois sistemas — os sonares Feniks e Gerkules, montados num bolbo na proa do B-59. Além disso, para terem uma ideia da velocidade e do rumo de cada um dos perseguidores, os operadores do sonar tinham de verificar cada navio americano de dez em dez minutos. E como se tudo isto não fosse suficientemente complexo, havia o volume do B-36, a cerca de duas milhas e meia a este, cujas hélices geravam uma corrente que interferia com os sinais dos sonares. Um dos antigos instrutores de Arkhipov tinha gracejado que manobrar um submarino era como conduzir um camião na Rua Gorky de olhos vendados, dependendo apenas dos ouvidos. De repente, a piada deixou de ter graça.

Depois de meia hora a tentar seguir aquele jogo de xadrez tridimensional, Arkhipov ficou com dores de cabeça. No entanto, o panorama que surgiu na carta onde Kotov estava a marcar os contactos era bastante claro. Havia pelo menos cinco contratorpedeiros americanos a distâncias entre uma milha e duas milhas e meia. Um navio muito maior — tinha de ser um porta-aviões — era relativamente audível a cinco milhas a noroeste, mas os restantes estavam dispostos numa espécie de crescente de sudoeste a sudeste, entre o B-59 e a Fossa de Porto Rico.

Ouviu-se vagamente outra série de explosões na água. Momentos depois, Arkhipov e Maslennikov sentiram o B-59 virar a estibordo: Savitsky tinha desistido de rumar à fossa.

O calculador de tiro, alimentado com os dados necessários, começou a fazer cálculos e surgiu uma série de números verdes luminosos nos mostradores da consola. Kotov pegou num lápis de cera azul e marcou a primeira solução de tiro na carta, o trajeto da arma especial até ao porta-aviões.

2

Rua Gorky, Moscovo
Domingo, 28 de outubro de 1962, 10h01, hora de Moscovo / 03h01, FHO

O balcão do tabaco do Yeliseyevsky estava fechado. O tabaco estava tapado por uma lona com um letreiro em plástico que dizia AVARIA TÉCNICA. Vasin, frustrado, bateu com os punhos no balcão e olhou em redor à procura do gerente, mas o pessoal da loja tinha sido mobilizado para o balcão dos produtos agrícolas para descarregar uma montanha de bananas verdes que eram trazidas da porta das traseiras por um grupo de carregadores.

Vasin parou um dos homens que ia regressar à entrada.

— Camarada, fuma *Kazbek*? Troco por um maço de *Orbita.*

O carregador, de rosto duro e a tresandar a bebida, recuou como se Vasin lhe tivesse feito uma proposta indecente. O homem seguinte ofereceu-lhe um *Belomorkanal* — outro cigarro de operário, mas da marca errada. O quarto fumava *Kazbek*, mas tinha o último atrás de orelha e ofereceu-o a Vasin com um sorriso camaradesco. Nada de maço.

— Merda. — Vasin saiu da loja e dirigiu-se à assistente que vigiava a bicha. Ela indicou-lhe uma tabacaria na estação de metro da Belorusskaya, a uma paragem a norte — no mínimo, um trajeto de vinte minutos ida e volta.

Vasin estava prestes a correr para o metro quando teve uma ideia. Afastou os clientes e espreitou para o caixote do lixo ao pé da entrada. Estava cheio de embalagens de gelados, beatas e papéis de rebuçados. Vasin remexeu o lixo, atirando-o para o chão.

— Camarada! Perdeu o juízo? — O grito da lojista foi estridente e indignado. As pessoas afastaram-se de Vasin como se ele fosse um lunático perigoso. Mas lá estava: um maço vazio de *Kazbek*, manchado com o óleo de uma lata de sardinhas. Mas eram *Kazbeks*. Vasin pegou triunfantemente no maço e correu pelo meio do trânsito da Rua Gorky em direção à Rua Bolshaya Sadovaya.

3

Praça Triumfalnaya, Moscovo
Domingo, 28 de outubro de 1962, 10h01, hora de Moscovo / 03h01, FHO

Sofia quase tropeçou ao correr para as portas de vidro da estação de metro da Mayakovskaya. A multidão obrigou-a a abrandar e ela forçou-se a parar, a respirar fundo e a pensar. O que tinha ela acabado de fazer? Será que ajudara Morozov e Vasin a traírem o seu país? Será que eles a tinham manipulado?

Morozov prometera explicar-lhe tudo e ela precisava urgentemente de respostas.

Sofia fez meia-volta e, num passo cada vez mais rápido, percorreu o terraço de mármore à frente da Sala de Concertos Tchaikovsky. O medo de ter cometido o maior erro da sua vida apoderou-se dela como uma fúria. Sofia desceu a escadaria e começou a correr no amplo passeio da Circular.

Com o coração a latejar, Sofia atravessou os Jardins do Aquário e entrou no labirinto de pátios por detrás da Avenida Yermolaevsky. O ar fresco queimava-lhe os pulmões e o cabedal duro dos sapatos de trabalho magoava-lhe os tornozelos. Mas ela continuou, deliciada com as dores nos pés e no corpo, perdendo-se na agonia. Sofia atravessou um arco e chegou à rua, ignorando um *Volga* oficial de passagem e falhando por pouco uma mulher que estava a manobrar um carrinho de bebé no passeio. Sofia atravessou a Malaya Bronnaya a correr, alargando as passadas para evitar os escorregadios carris do elétrico. Ela apercebeu-se vagamente de um vulto enorme de metal amarelo e branco que travou com uma derrapagem quando ela atravessou a linha, e do insulto da condutora.

Sofia chegou ao trilho de gravilha que circundava o Lago dos Pioneiros, a pouca distância do prédio de Morozov.

4

Lago dos Pioneiros, Moscovo
Domingo, 28 de outubro de 1962, 10h04, hora de Moscovo / 03h04, FHO

Kostas Evlogimenou praguejou baixinho quando uma mulherona o esmagou contra o varão ao qual ele estava encostado. O elétrico estava invulgarmente apinhado para o meio da manhã. Ele ouviu falar na chegada de um carregamento de bananas ao Yeliseyevsky, sussurrado de passageiro para passageiro como se fosse uma informação privilegiada urgente. O elétrico travou a fundo para não atropelar uma jovem com pele cor de azeitona e aspeto estrangeiro que se atravessou à sua frente. A condutora carregou indignadamente na campainha, mas a mulher continuou a correr, aparentemente alheia ao mundo à sua volta.

— Cabra estúpida! — gritou a condutora.

A visão de Evlogimenou estava quase tapada pela mulherona. O elétrico acelerou e ele esticou-se para olhar para as janelas do n.º 5 da Avenida Maly Patriarshy, que mostrava havia meses a mesma combinação deprimente de flor e cortina. O vislumbre foi inconfundível. A orquídea branca tinha sido deslocada e havia uma cortina meio fechada.

Kostas não fazia ideia de quem residia ali nem na outra dúzia de apartamentos que ele tinha de verificar na sua ronda matinal. O instrutor britânico que lhe tinha ensinado as técnicas básicas da contraespionagem quando ele era um jovem guerrilheiro anti-comunista na Grécia tinha chamado àquelas rondas mundanas de recolha de informações a «ronda do leiteiro». Kostas não fazia ideia nenhuma do que era uma «ronda do leiteiro» no mundo normal, mas sabia que a maior parte dos pormenores que lhe pediam para registar eram simulacros. O seu trabalho não era fazer perguntas — era vigiar, registar, esperar em esquinas de ruas ou em bichas para os departamentos das burocracias. E Kostas também sabia que era bom no seu humilde mister.

Será que ele devia desistir do resto da «ronda do leiteiro» e informar sobre o sinal invulgar? Não. Kostas era um homem metódico, terminaria a ronda. Faltavam cinco locais. Um autocarro, uma caminhada e um elétrico levá-lo-iam ao seu lugar de trabalho, a embaixada da Grécia, na Avenida Medvezhy, ao meio-dia. Antes de vestir o fato-macaco de homem das limpezas no seu antro, Kostas faria o primeiro dos seus três telefonemas semanais ao seu amigo Jim Delaney, na embaixada americana.

Quando o elétrico chegou à estação da Mayakovskaya, Kostas empurrou a mulherona com a anca quando ela se preparava para descer. A multidão era demasiado densa para ela cair, mas Kostas ficou satisfeito.

— Russos porcos — murmurou ele. Kostas crescera com camponeses russos, na Crimeia, antes da Revolução. Já na altura eram porcos — imundos, bebedolas, desonestos e mandriões. A única diferença entre a infância e a sua situação atual era que os camponeses desmazelados sublevaram-se e tinham chacinado todas as pessoas minimamente decentes que os mantinham na ordem: os padres, o czar e os cavalheiros. Agora, mandavam os porcos. Kostas tinha conseguido escapar de Ialta sitiada num dos últimos navios da Guarda Branca, em 1920, durante o caos da guerra civil. Apesar de ele só sentir desprezo pela sua antiga pátria, Kostas gostava de estar de volta, a dar o seu pequeno contributo para os foder.

5

Lago dos Pioneiros, Moscovo
Domingo, 28 de outubro de 1962, 10h04, hora de Moscovo / 03h04, FHO

No apartamento da vigilância, era a vez de Doronin estar aos binóculos. Doronin detetou de imediato a mulher a correr desesperadamente, com a gabardina a ondular, mas só quando ela parou a arfar à porta do prédio de Morozov é que ele a viu bem.

— É ela! A Guzman voltou! Cheira-me a escândalo, pessoal!

Lyubimov pegou noutros binóculos e olhou para Sofia, que estava ao pé do telefone da porta, dobrada com uma pontada, a ligar várias vezes o número de um apartamento.

Os ouvidos dos vigias concentraram-se nas colunas. Ouviram o barulho persistente do telefone da porta, que não foi atendido. Morozov tinha o rádio a tocar. Os agentes ouviram passos da cozinha para o escritório e, depois, silêncio. No aparelho da escuta, acendeu-se uma luz amarela, e depois uma verde: uma marcação de números que Ouvidos reconheceu de imediato.

— É o Aquário, está a ligar para o escritório.

A chamada foi atendida ao primeiro toque.

— Daria Antonovna? — A voz de Morozov parecia ainda mais aguda ao ser transmitida pelo microfone da escuta. — Ainda bem que está de serviço. Por favor, informe a minha secretária de que amanhã não irei ao escritório... aliás, nem amanhã, nem na próxima semana. Tive uma consulta de cardiologia inesperada e mandaram-me repousar em casa. Repouso total, na cama. Obrigado, Daria Antonovna. Não, nada, obrigado. A Lyudmila Alexeyevna está a tomar conta de mim muito bem. Adeus.

Ouvidos escreveu no registo e esticou-se.

— Então o velhote recebeu más notícias do médico. Talvez bata a bota e nós possamos fazer qualquer coisa mais interessante.

Lyubimov olhou para ele com um ar de reprovação.

— A namorada parece preocupada. Oh... desistiu. Lá vai ela. Sempre em movimento.

Os três agentes viram Sofia endireitar-se, massajar a zona da pontada e afastar-se a coxear da porta de Morozov em direção à Circular.

6

USS Bache, Mar dos Sargaços
Domingo, 28 de outubro de 1962, 03h15, FHO / 10h15, hora de Moscovo

Três horas antes da alvorada, a noite das Caraíbas estava negríssima. A este e a oeste, Billings viu os faróis de navegação dos USS *Cony* e *Beale*. Olhou para o relógio de pulso e contou os segundos. O disparo dos lançadores de cargas de profundidade foi quase ao segundo. Billings fez um sorriso maroto. Kimble estava a obrigar os marinheiros a cumprirem à risca a sinalização a intervalos de quinze minutos.

— Comandante? — O oficial de comunicações trazia uma folha da moderníssima teleimpressora cifrada. — Uma nova ordem do *Randolph*, senhor.

Os submarinos soviéticos tinham virado, tal como o almirante pretendera. Pareciam estar a fazer o caminho inverso, rumando quase a norte, para longe dos contratorpedeiros e em direção ao porta-aviões. Era chegada a altura de iniciar a segunda fase da operação. Cercar, apertar e forçar os submarinos a virem à superfície.

E nada de deixar os cabrões vermelhos escaparem.

7

Rua Bolshaya Sadovaya, Moscovo
Domingo, 28 de outubro de 1962, 10h15, hora de Moscovo / 03h15, FHO

O pátio do n.º 25 da Rua Bolshaya Sadovaya tinha um aspeto bastante banal: estava estranhamente degradado e era de má qualidade em comparação com a grandiosa fachada pré-revolucionária do edifício. Havia pelo menos quatro portas que davam para um pátio principal, que era acedido através de três arcos, à frente, nas traseiras e de lado. Oito andares com pelo menos quatro apartamentos cada um. Vasin grunhiu a sua aprovação profissional. Um lugar bem escolhido para recolhas, movimentado com as idas e vindas dos residentes para que um estranho não se fizesse notar, mas também não era um espaço verdadeiramente público onde uma mensagem podia ser varrida para o lixo por um almeida ou um cidadão excessivamente zeloso.

Vasin deu rapidamente com a entrada certa. A fechadura com código tinha sucumbido havia muito à fadiga do metal e desintegrara-se. Vasin subiu as escadas, olhando para cima em todos os patamares para se certificar de que não estava a ser visto. As escadas eram suficientemente largas para avistar quem viesse a subir ou a descer — outro aspeto inteligente.

No segundo patamar, havia efetivamente um caixote do lixo, um contentor de metal e um cinzeiro integrados num arco de ferro que estavam cheios de beatas esmagadas de cigarros de operários. O caixote do lixo estava quase vazio e Vasin atirou o gorduroso maço de *Kazbek* lá para dentro, tendo o cuidado de o dobrar para o tubinho com o microfilme não sair.

Vasin hesitou durante um longo momento, dizendo para si próprio que enquanto não se mexesse, não se abririam portas nem surgiriam polícias a subirem as escadas. Vasin olhou da enorme janela do patamar para o pátio — era um local perfeito para recolhas! — e apenas viu um idoso a caminhar devagar e duas mulheres jovens com um carrinho de bebé.

E se fosse perfeito *demais*?

Vasin lutou contra a paranoia e desceu as escadas dois degraus de cada vez. A última coisa que queria era dar de caras com um espião americano que fosse recolher a mensagem de Morozov. No fundo das escadas, atrás do elevador, Vasin deu com uma porta de serviço que o conduziu ao pátio do prédio adjacente.

Vasin estava sozinho e continuava em liberdade — pelo menos, até Orlov o encontrar.

8

Lago dos Pioneiros, Moscovo
Domingo, 28 de outubro de 1962, 10h15, hora de Moscovo / 03h15, FHO

O suor frio arrefeceu o corpo de Sofia e deu-lhe lucidez enquanto ela vagueava pelas ruas secundárias do Lago dos Pioneiros. Durante as últimas catorze horas, as palavras de Vasin e Morozov tinham desfilado no seu cérebro como as legendas de um filme — inequívocas, mas com o verdadeiro significado escondido. Durante a tensa e silenciosa viagem de troleibus desde a clínica, ao lado de Morozov, e durante os minutos que ela passara sentada na cozinha enquanto ele se atarefava no estúdio, a sua mente tinha sido um balão em branco. Ela nem se atrevera a mexer rapidamente a cabeça para não o rebentar. Não te mexas, não fales, não penses. Talvez tudo isto desapareça.

Mas não tinha desaparecido. Quem tinha desaparecido era o Morozov que ela julgara conhecer tão bem. O homem elegante e divertido, o oficial persistente e persuasivo que ela ponderara levar para a sua cama tinha desaparecido. O seu rosto e o seu corpo pareciam os mesmos, mas eram habitados por um ser diferente. As suas desculpas gaguejadas, a sua promessa de explicações futuras. Era um homem assustado e atrapalhado que ela já não reconhecia. Era como ver um ente querido morto.

Sofia tinha ido ao encontro com Vasin como uma boneca de corda, quase paralisada pelos nervos. Porque parara ela para abrir o envelope? A mensagem fantasmagórica — indicando o lugar exato onde ela estava — parecia tê-la atingido como um feitiço maléfico. A exaustão catártica da sua correria desesperada e a dor nos tornozelos tinham rebentado o balão que ela tinha na cabeça. Sofia olhou para as nuvens outonais empurradas pelo vento e respirou fundo.

Que quisera ela dizer a Morozov? Exigir-lhe a explicação prometida para tentar acreditar nela? Denunciá-lo como traidor à pátria ou garantir-lhe que estava salvo por ter cumprido o acordo com Vasin? Esbofeteá-lo ou abraçá-lo?

Tudo.

Mas o cobardolas de merda nem sequer lhe abrira a porta. Ela tinha ajudado a salvar a sua pele indigna de mentiroso e ele nem a deixara entrar. Tal como Morozov se tinha subitamente tornado um estranho para ela, Sofia também não se reconheceu a si própria. A rapariga que imaginara uma vida com um homem mais velho e grande viajante. A rapariga que tinha gostado de namoriscar um coronel que conhecia gente importante e sabia segredos importantes. Sofia ficou estupefacta por se ter deixado arrastar para aquele jogo sujo. Roubar documentos para Morozov e mostrá-los a Vasin. Ela odiava todos os homens que a tinham enfeitiçado, persuadido ou ameaçado para que ela fizesse isto ou aquilo.

Sofia sentiu uma necessidade poderosa de se limpar, um desejo quase físico de se livrar da imundície, das mentiras e dos enganos. E necessitava de saber a verdade acerca de Morozov, dita pelo único homem que poderia confirmar ou desmentir a história dele de que era um agente duplo em prol da pátria. Sofia percorreu outro quarteirão, a ponderar uma ideia. Quanto mais pensava, mais firme se tornou a sua convicção de que só podia fazer uma coisa. Na Avenida Tverskoi, Sofia encontrou uma cabina telefónica e ligou um número de cor. Quando o telefone começou a chamar, ela fechou os olhos. Se ela fosse religiosa, estaria a rezar — por lucidez e perdão, mas sobretudo para recuperar um mundo subitamente desfeito em milhões de fragmentos.

— Está? É para o gabinete do diretor Serov, por favor.

9

Nikitskiye Vorota, Moscovo
Domingo, 28 de outubro de 1962, 10h32, hora de Moscovo / 03h32, FHO

O jipe *UAZ* verde do Exército parou na esquina da rua onde Sofia estava à espera havia pouco mais de quinze minutos desde o telefonema. Sofia tinha deixado o torpor e o choque aprofundarem-se e envolverem-na numa nuvem macia e anestesiante. Os carros e os troleibus que passavam transformaram-se num caleidoscópio mudo. Como num sonho, ela atravessou a rua e pôs-se ao lado da estátua do matemático Klimint Timiryazev, no cimo da Avenida Tverskoi. Os diagramas trigonométricos da base da estátua eram tão completa e tranquilizadoramente incompreensíveis como hieróglifos. Sofia foi devolvida à realidade pelo toque suave de uma mão no seu braço. Ela assustou-se e recuou, mas acalmou-se quando viu um uniforme camuflado verde com as estrelas de major-general nas lapelas, insígnias vermelhas de oficial e o rosto grosseiramente belo e familiar do general Alexei Zimin.

— Sofia Rafaelovna? Venha connosco, por favor.

Só lhe ocorreu perguntar:

— Morozov é um espião? — E na ausência de resposta, repetiu: — Não percebem? Oleg Morozov, será que ele é um *espião*...

Ela deixou-se conduzir ao jipe, que fez uma inversão de marcha sem cerimónias no cruzamento de Nikitskiye Vorota e rumou à Avenida Bolshoi Znamensky a toda a velocidade.

10

Embaixada da Grécia, Moscovo
Domingo, 28 de outubro de 1962, 11h32, hora de Moscovo / 04h32, FHO

Kostas Evlogimenou caminhou pelo passeio em direção à embaixada da Grécia, na Avenida Leontyevsky, e cumprimentou com a cabeça o polícia que guardava os portões da antiga cavalariça enquanto pegava na chave. No pátio, hesitou. Maria, a anafada cozinheira do embaixador, tinha-o visto da janela das traseiras e fez-lhe sinal para ele ir tomar a habitual chávena de chá do meio da manhã. Talvez ela tivesse feito doces para ele. Kostas não conseguiu pensar em nenhuma maneira razoável de recusar e dirigiu-se à porta das traseiras da mansão, que conduzia à cozinha.

Quarenta minutos depois, fortificado pelo chá e por um prato de *khvorost*, os apetitosos pastéis de massa frita, Kostas chegou ao seu antro. Era um espaço pequeno e bem aquecido que fora a selaria da mansão pré-revolucionária, e que agora tinha pendurados cachecóis e galhardetes de equipas de futebol gregas. Kostas pegou no telefone de parede, que era anterior à guerra, e ligou um número de Moscovo.

11

Embaixada americana, Moscovo
Domingo, 28 de outubro de 1962, 12h12, hora de Moscovo / 05h12, FHO

No seu gabinete por cima da garagem da embaixada americana, na Alameda Novinsky, Jim Delaney decidiu que estava farto das tretas de Kostas Evlogimenou. Ao contrário da saleta acolhedora de Kostas, o local de trabalho de Delaney era um barracão cheio de correntes de ar construído por um bando de trolhas embriagados em finais na década de 20. Os tijolos pintados de bege às três pancadas irritavam-no várias vezes por hora, tal como as janelas com caixilhos de ferro de má qualidade e os radiadores que tossiam e tinham fugas. De baixo, chegavam os sons dos mecânicos a tentarem ressuscitar o carburador de um dos *Buicks* da embaixada — um rugido confiante no arranque, seguido de três ou quatro tossidelas, e, depois, silêncio. O cheiro do escape da porcaria da gasolina moscovita, que muito provavelmente tinha entupido o carburador, chegou ao gabinete de Delaney.

É a minha deixa, pensou Delaney, olhando para o relógio embutido numa caixa de madeira, fabricado antes da guerra, em Chicago, que tinha passado de gabinete em gabinete até ao seu exílio final na garagem da embaixada. Já chega. Delaney levantou-se, pegou nos relatórios diários de outros três moços de recados da CIA — na maior parte, tal como Kostas, funcionários técnicos de embaixadas ocidentais — que tinham feito os seus relatórios por telefone a horas. A rapaziada da chancelaria devia estar impaciente pelo almoço. Delaney vestiu o casaco e calçou as luvas, interrogando-se se as cozinheiras soviéticas da cantina conseguiriam alguma vez apresentar uma sanduíche de bife com queijo derretido digna do nome.

Delaney estava a fechar a porta quando o telefone tocou. Delaney hesitou e semicerrou os olhos, exasperado. Largou uma praga, regressou à secretária e atendeu.

— Delaney? É o Kostas, o teu amigo e aliado. — Numa linha aberta, não valia a pena esconderem as suas identidades — era um chefe de garagem de uma embaixada a telefonar a outro. — Escuta. Estive agora mesmo na Garagem Número 6, e os gajos disseram-me que arranjaram peças sobressalentes para o *Volga*. Interessa-te? Têm um espelho retrovisor esquerdo e um farol dianteiro direito. Precisam de alguma coisa destas?

Delaney escrevinhou a mensagem em código. Garagem Número 6. O local no Lago dos Pioneiros sobre o qual as chefias andavam a fazer perguntas, e que não registava atividade nenhuma havia meses, desde que ele estava em funções. E apesar de Delaney não conhecer — nem querer conhecer — o significado do código, já trabalhava havia tempo suficiente naquela área para adivinhar que «farol dianteiro» significava «emergência».

— Obrigado, Kostas. Vou falar com os rapazes do rés do chão e depois telefono-te... dá-me umas duas horas.

Delaney atravessou apressadamente o pátio molhado da chuva em direção ao edifício principal da embaixada.

12

Embaixada americana, Moscovo
Domingo, 28 de outubro de 1962, 12h22, hora de Moscovo / 05h22, FHO

— Senhor — acho que deve ver isto.

O agente que assomou à porta do gabinete de Wallace Baker, o chefe da secção da CIA em Moscovo, era Richard Jacob, o recém-chegado.

— É urgente, Jacob?

— Captámos um sinal de recolha de emergência esta manhã, senhor. A resposta vem assinalada para que lhe dê atenção imediata.

Baker endireitou as costas da cadeira e tirou o papel da mão do agente. Garagem Número 6 era o apartamento do HERÓI. Desde que Baker estava em Moscovo, o HERÓI nunca tinha feito um sinal de emergência. Podia obviamente ser um falso alarme, acontecia com frequência com os códigos de janelas, mas falso alarme ou não, era preciso fazer a recolha imediatamente. E seria muitíssimo difícil. Os *sovs* andavam a vigiar os seus homens de perto havia meses, colados a todos os diplomatas americanos que saíam da embaixada como merda num cobertor.

— Raios partam. Reunião de operacionais na «Bolha». Quinze minutos.

Baker e o vice-chefe de secção eram os únicos autorizados, entre o pessoal da CIA, a lidarem com as informações do HERÓI. Era demasiado arriscado enviar alguém que soubesse da importância do HERÓI — e menos ainda da sua identidade — para fazer uma recolha. Descontando os analistas da sala das traseiras e o pequeno exército de auxiliares externos como Kostas, restavam apenas oito agentes da CIA disponíveis para operações. Baker sabia que só com muita sorte algum deles conseguiria passar por cidadão soviético.

Baker olhou para os rostos dos homens sentados à mesa da sala de reuniões da cave. As paredes estavam forradas com espuma, que abafava o som, e rodeadas de uma rede metálica concebida para bloquear todos os dispositivos de escuta — pelo menos, era o que Baker esperava ardentemente que acontecesse.

— Vamos executar uma operação de emergência e em massa, cavalheiros. Não praticamos isto há algum tempo, mas vocês lembram-se. Vão sair todos da embaixada no espaço de dez minutos. Seis em dois carros. A primeira equipa vai até à Smolenskaya e depois faz inversão de marcha para a Mayakovskaya. A segunda equipa vai até à Barrikadnaya e faz inversão no jardim zoológico. Quero que saiam todos em estações de metro diferentes. Os restantes dois vão a pé. Vão ficar duas horas na rua. Saem entre as 12h55 e as 13h05. Talvez apanhemos os rufias na mudança de turno. Assim que detetem que estão a ser seguidos, se não os conseguirem despistar, mantenham-nos ocupados. Ajam de forma o mais suspeita possível. Perguntem as horas aos transeuntes, deixem cair maços de cigarros e caixas de fósforos. Jornais. Comprem coisas e deixem-nas nos bancos dos parques. Conversem com garotas nas paragens de autocarro. Façam tudo o que puderem para ocuparem o maior número deles possível para descobrirem o que vocês andam a fazer. Todos os que acharem que não estão a ser seguidos deverão telefonar de uma cabina telefónica para a garagem, às 15h00, usando o código habitual. Memorizem a morada da recolha, o sinal da recolha e os sinais de perigo.

Baker circulou um cartão com os pormenores escritos a lápis. O chefe de secção apontou silenciosamente o local no mapa da baixa de Moscovo coberto por um vidro em cima da mesa.

Jacob foi o único agente da CIA que conseguiu despistar a vigilância do *kontora*, e telefonou para a embaixada passados dois minutos das três. Delaney e Baker estavam sentados a fumar nervosamente ao pé do telefone da garagem. Dois toques, desligado, dois toques, desligado. Com uma voz indistinta, Jacob pediu para falar com Maya, o nome que depois de muitas experiências tinha sido escolhido como sendo o mais fácil para um agente pronunciar sem soar muito estrangeiro — era provável que houvesse alguém à espera para usar a cabina telefónica.

— *Mayi net.* — Respondeu Baker de modo áspero, e repetiu a resposta para dar ênfase, o que significava: «Avança.» Ao desligar, Baker rezou em silêncio. Jacob. O seu agente de aspeto mais ianque, ao qual era sempre preciso lembrar que o seu apalermado sorriso americano o denunciava numa rua de Moscovo como se ele tivesse um emblema com a bandeira americana na lapela. Se Baker não estava enganado, por alguma razão, Jacob, que era pálido e esgalgado, não tinha conseguido entrar para a prestigiosa sociedade secreta Skull and Bones, da Universidade de Yale, mas a CIA tinha-o recrutado, provavelmente por o pai ser senador do Connecticut. Pelo menos, Jacob tinha alguns conhecimentos da língua russa, e tanto quanto Baker sabia, não era dado a ideias muito estúpidas. Meu Deus, rezou Baker, fazei com que toda a gente que ele encontrar a caminho da recolha se comporte como um verdadeiro idiota moscovita e lhe tire o sorriso da cara.

13

B-59, Mar dos Sargaços
Domingo, 28 de outubro de 1962, 05h22, FHO / 12h22, hora de Moscovo

Na última hora, a consciência de Arkhipov vinha registando um ruído fantasmagórico ouvido e não ouvido, mas, de repente, um remoinho tornou o som perfeitamente audível. Não era um pequeno som metálico como o barulho das boias-sonar, nem o ruído surdo das explosões das cargas de profundidade, mas antes um impacto profundo e vibrante como o de um enorme sino subaquático. Todos os oficiais a bordo conheciam o som dos tempos da instrução: era o sonar ativo de um navio de guerra, transmitido à força máxima, a curta distância e apontado ao submarino.

A sala do sonar do B-59 estava a seguir os contratorpedeiros americanos que se vinham aproximando há dezassete horas, com os seus rumos ziguezagueantes a convergirem inexoravelmente sobre o submarino, que navegava para norte. O barulho das cargas de profundidade também tinha aumentado bastante. Três dos navios ianques estavam a menos de uma milha, fustigando o B-59 com os sonares e as explosões que esfrangalhavam os nervos a cada quarto de hora.

Quando Arkhipov entrou no centro de operações, Savitsky estava a gritar para o intercomunicador.

— Camarada chefe do serviço de máquinas, como estamos de baterias?

O oficial respondeu num tom inexpressivo:

— Menos de oito por cento, comandante.

Eles tinham sido obrigados a mergulhar com as baterias a trinta e cinco por cento. Tinham navegado a primeira hora a meia velocidade, gastando dez por cento das baterias, e, a partir daí, o submarino tinha-se arrastado a três nós, sugando cada *watt*. Em teoria, podiam continuar assim mais um dia, arrastando-se para trás e para a frente sob o olhar intenso dos sonares dos perseguidores, mas Arkhipov sabia — e Savitsky também — que a fuga já não era uma opção.

Savitsky endireitou-se, ignorando os olhares ansiosos do pessoal do centro de operações. Pareceu retirar-se para dentro de si próprio, com os olhos vidrados. Depois, voltou a ligar os intercomunicadores.

— Blinov e Maslennikov compareçam no camarote do comandante.

Os marinheiros tinham alcunhado o primeiro-tenente Georgy Blimov de «Ama-seca», dado que a sua responsabilidade exclusiva era o torpedo T-5 nuclear. Ele até dormia ao lado do bicho no compartimento dos torpedos, o espaço mais à vante e mais sossegado do submarino.

— Comandante, o que é que vai fazer?

Savitsky ignorou Arkhipov e baixou-se para passar pela escotilha que conduzia ao segundo compartimento. Arkhipov seguiu-o pelo estreito corredor central que passava pela sala das comunicações, pela messe dos oficiais e pela sala do sonar. Quando chegaram ao camarote de Savitsky, Blinov já estava à espera. O jovem oficial estava corado e cambaleante devido ao calor, mas o rosto brilhava de expectativa. Blinov fez uma continência impecável a Savitsky, que retribuiu a saudação, abriu a porta e esperou pelo rechonchudo Maslennikov.

Arkhipov, Maslennikov e o oficial de armas submarinas sentaram-se no beliche. Savitsky fechou a porta e falou-lhes como se fossem alunos da escola primária.

— Vamos montar e armar a arma especial. — Savitsky calou imperiosamente a objeção de Arkhipov com a mão. — Que é uma ordem operacional consonante com as nossas ordens para colocarmos o submarino em prontidão para a eventualidade de um contacto hostil com o inimigo. Estou a citar as palavras exatas das nossas ordens em seu benefício, comandante Arkhipov. E o camarada Maslennikov confirmará que eu estou a atuar corretamente. Nós relemos as ordens juntos.

Arkhipov virou-se para o oficial político. Maslennikov olhou para as mãos com um ar envergonhado e acenou com a cabeça a confirmar as palavras de Savitsky.

— Por conseguinte, Blinov — prosseguiu Savitsky —, vai iniciar a montagem e informar-me quando estivermos prontos para armar.

Savitsky inclinou-se, abriu o cofre, tirou uma caixa de documentos pesada e estanque, e quebrou o selo. Depois de colocar a caixa em cima da mesa, tirou um grande envelope que continha pequenos dossiês de cartolina com as combinações dos cacifos onde estavam guardados os diversos componentes da ogiva da arma especial. Sem uma palavra, Savitsky entregou os dossiês a Blinov. O garoto estava pálido, mas levantou-se para aceitar os códigos, fez continência e esgueirou-se do minúsculo camarote, deixando os três oficiais superiores sozinhos. Arkhipov esperou que a porta se fechasse para falar.

— Valentin Grigorievitch, isto é uma loucura.

Savitsky teve um tique convulsivo no rosto antes de responder.

— «Se vos esbofetearem na bochecha esquerda, não deixem que vos esbofeteiem na direita.» Recorda-se destas palavras, camarada?

Arkhipov murmurou de má vontade:

— Recordo.

— O nosso jovem camarada não esteve presente na reunião dos comandantes. — Savitsky virou-se para o oficial político. — Foram as instruções do almirante Vitaliy Fokin, o primeiro vice-comandante da Marinha soviética, na véspera da partida da esquadrilha. No dia 3 de outubro de 1962, caso queira anotar no seu registo. E posso acrescentar outra citação? «Sugiro-vos, comandantes, que disparem primeiro as armas nucleares e que só depois pensem no que vão fazer a seguir.» Palavras do vice-almirante Rassokha, chefe do Estado-Maior da Esquadra do Norte, na mesma reunião. Estou a mentir, Vasily Aleksandrovich? A inventar? Percebi mal as nossas ordens?

Savitsky estava inclinado, com as mãos na borda da mesa e o rosto insolentemente próximo do de Arkhipov.

— Está enganado em relação a uma coisa, comandante. Se os americanos quisessem dar cabo de nós, já estávamos no fundo do mar. Eles *não estão a atacar*.

— Não? Lançar cargas de profundidade não é atacar?

— A esta distância e profundidade? Então, Valentin Grigorievitch? Nós os dois conhecemos bem a tolerância deste submarino. Uma carga de profundidade totalmente armada é letal até mil metros, e perigosa até dois mil metros. Eles lançaram umas sessenta, digo eu? E nós estamos vivos.

Savitsky endireitou-se, fechou os olhos e respirou fundo duas vezes.

— Estou a perceber, camarada comandante. Esperamos até os americanos estarem mesmo em cima de nós, até termos rombos no casco, até o submarino se encher de água de alta pressão e nós inspirarmos desesperadamente a nossa última lufada de ar. É *nessa* altura que vamos saber que estamos a ser atacados?

Maslennikov aclarou ligeiramente a voz.

— Camaradas comandantes, julgo que o Blinov já terá terminado.

Savitsky virou-se, abriu a porta de correr com um gesto de raiva e dirigiu-se ao compartimento dos torpedos com Maslennikov a reboque. Arkhipov ficou um momento sentado e depois foi para o seu camarote, oposto ao de Savitsky. Arkhipov abriu o cacifo, que continha o seu uniforme de saída, o seu cinto de couro e a sua pistola automática *Makarov* num coldre de cabedal. Arkhipov olhou para a arma durante um longo momento, tentando resistir a um pensamento louco. O casco do B-59 tinha vinte e quatro milímetros de espessura. Uma bala de nove milímetros não o podia perfurar, mas a pressão de dez atmosferas incidiria no ponto enfraquecido e... Arkhipov tremeu dos pés à cabeça perante a ideia louca de usar a pistola. O calor, as detonações e as inexoráveis chicotadas dos sonares estavam a afetar-lhe a cabeça. Arkhipov dirigiu-se ao compartimento dos torpedos.

14

Quartel-general do KGB, Moscovo
Domingo, 28 de outubro de 1962, 12h25, hora de Moscovo / 05h25, FHO

Vasin meteu a primeira no pequeno *Moskvich* e saiu do apinhado parque de estacionamento da Lubyanka. O funcionário do parque iria certamente avisar o departamento de Orlov, mas Vasin precisava de mobilidade. O seu plano estava executado — pelo menos, a parte que dependia dele. As eventuais ações dos americanos não estavam nas suas mãos. Vasin sentiu uma necessidade esmagadora de estar sozinho, de sair daquela maldita cidade, de se afastar do *kontora* e das suas ações. E se chegasse a isso, precisava de fugir dos mísseis balísticos americanos.

No fim da Rua Pervomaiskaya, Vasin carregou a fundo no acelerador. O motor protestou quando o carrito ganhou velocidade na faixa rápida da Circular. Na descida da Ponte da Crimeia, atingiu os 60 km/h. Vasin teve de dar uma guinada para evitar um troleibus no caminho para a Estação Paveletsky, e na Taganskaya passou um sinal vermelho, atravessando o cruzamento mesmo à frente de um camião Kamaz. A velocidade concentrou-lhe a mente, eliminando os pensamentos. Quando Vasin foi obrigado a parar, no cruzamento da Avenida Tsevtnoi, tirou as mãos do volante e forçou-se a respirar lenta e profundamente. Daí a dois quarteirões, estaria de regresso à Mayakovskaya: a sua ilusão de fuga tinha-o levado ao ponto de partida.

Pensa, Vasin.

Vasin meteu a primeira e acompanhou o trânsito. Daí a pouco, passaria pelo n.º 25 da Bolshaya Sadovaya. Vasin abrandou, passou para a faixa da direita e olhou para o prédio banal. Que esperava ele ver? Ou que receava ver? Os veículos e os pedestres circulavam como de costume. Vasin sentiu o impulso de fuga substituído por uma vaga de perguntas e perigos.

Primeiro: Sofia. Os seus olhos agitados quando ela lhe tinha atirado com o envelope de Morozov eram preocupantes. Que iria ela fazer a seguir? Correr para junto de Morozov? Ou para junto de outra pessoa qualquer?

Vasin estacionou junto do passeio, perto da estação de metro da Barrikadnaya, do outro lado de um dos maiores aglomerados de cabinas telefónicas da baixa de Moscovo. Vasin encontrou uma cabina livre e telefonou para o dormitório onde Sofia vivia. O telefone comum do andar de Sofia tocou, mas ninguém atendeu. Vasin ligou várias vezes. Um idoso que estava à espera de usar o telefone ficou impaciente e começou a bater com uma moeda no vidro, mas Vasin ignorou-o.

Um telefonema para a portaria do prédio pô-lo a falar com uma governanta que o mandou dar uma curva. Vasin praguejou alto e pousou o auscultador com força. Ainda faltavam quatro horas e meia para o telefonema agendado com Tokarev e ele não se atrevia a ir a casa do velhote.

Vasin saiu da cabina, entrou no carro, fechou a porta com força e obrigou-se a analisar as suas opções. Ponderou estacionar nas proximidades do ponto de recolha, mas descartou a ideia por ser demasiado arriscada. Os americanos iriam certamente fazer um reconhecimento da área antes da recolha e um homem sentado num carro a observar o prédio assustá-los-ia. E, além disso, o edifício tinha várias entradas.

Era mais fácil determinar o que ele não podia fazer até saber que o seu plano tinha funcionado. Ir para casa. Ir para o escritório. Estar com pessoas que o conheciam.

Faltava Sofia. A mulher andava à solta em Moscovo. Se o medo dela se tivesse transformado em fúria por causa da traição de Morozov, o plano de Vasin estaria em risco. Vasin já a tinha visto furiosa, com uma raiva visceral. Ele tinha de a encontrar, de a acalmar, de a impedir de fazer alguma estupidez, como falar com as suas chefias. Ou com o KGB. Mas Vasin percebeu apavorado que ela já o podia ter feito.

15

B-59, Mar dos Sargaços
Domingo, 28 de outubro de 1962, 05h32, FHO / 12h32, hora de Moscovo

O compartimento dos torpedos da vante era, a seguir à sala das máquinas, o maior espaço do submarino. Tinha de ser, para acomodar os berços dos torpedos, que tinham seis metros de comprimento, dispostos em ambos os lados de um estreito corredor — seis torpedos de cada lado. Na parte da frente do compartimento, havia duas filas verticais de três tubos de torpedos, com cada escotilha de embarque decorada com uma grande estrela vermelha. Cada tubo era suficientemente largo para um homem rastejar no interior. Cinco estavam carregados com torpedos convencionais e um aguardava a arma especial.

À primeira vista, o T-5 nuclear parecia um torpedo como os outros, mas a ogiva estava pintada com um padrão axadrezado de quadrados amarelos e pretos. Tal como os demais torpedos, a maior parte do corpo da arma acomodava depósitos de oxigénio comprimido e querosene, o combustível que alimentava as duas hélices durante as cinco milhas até ao alvo. Mas a parte da frente, com cerca de metro e meio de comprimento, estava aberta. Arkhipov aproximou-se como se o torpedo fosse um objeto sagrado — ele nunca tinha visto o interior de uma bomba atómica.

A carga era surpreendentemente minúscula: uma esfera de aço com meio metro de diâmetro aninhada na ogiva. Arkhipov sabia, da sua instrução em Moscovo, que a esfera continha uma bola oca de urânio enriquecido rodeada de cargas de TNT perfiladas. Quando Arkhipov, Maslennikov e Savitsky se aproximaram, Blinov estava a ligar uma série de fios elétricos à ogiva, esfregando primeiro cada um numa maçaneta de aço polido no berço do torpedo. O tenente virou-se para os seus superiores enquanto continuava a trabalhar.

— Tenho de esfregar os fios para garantir que não têm eletricidade estática! — explicou Blinov, com um ar respeitoso. — Caso contrário, pode acontecer uma coisa desagradável.

Jesus, pensou Arkhipov. O rapaz está a armar uma ogiva nuclear como se estivesse a montar o motor de um trator.

— E agora... a bateria do detonador. Camarada Maslennikov, dá-me uma ajuda?

Blinov e o oficial político levantaram com dificuldade a pesada bateria, com meio metro de comprimento, e colocaram-na no último espaço do torpedo. O aparelho bateu sonoramente várias vezes contra o torpedo antes de o conseguirem inserir. Blinov, com uma cautela exagerada, limpou os quatro conectores no fato-macaco e esfregou-os no berço antes de os ligar ao controlo do detonador. Quando o último foi ligado, acendeu-se uma luz verde. Satisfeito, Blinov tirou um voltímetro do bolso e verificou cuidadosamente que todos os circuitos estavam no zero. Depois, anunciou que tinha terminado a sua tarefa.

— Camaradas comandantes: a arma especial está armada. Os circuitos de disparo estão prontos para serem testados.

Savitsky avançou, pôs a mão esquerda no T-5 e com a direita tirou uma chave de aço da camisola.

— A sua chave de armar, Maslennikov.

O oficial político e Arkhipov trocaram um olhar. Maslennikov tirou a corrente que tinha ao pescoço e entregou a chave a Savitsky. O comandante uniu as duas metades numa chave completa, que inseriu numa ranhura do detonador. Savitsky lançou um olhar fulminante a Arkhipov e depois ativou o mecanismo. A luz verde do detonador passou a vermelha e os três homens afastaram-se involuntariamente da arma como se fosse elétrica.

A voz de Blinov tremeu um pouco devido à excitação: «Circuito de disparo operacional. Obrigado, comandante.» Savitsky inclinou-se cautelosamente para a frente como se estivesse a pôr a mão numa roseira, e depois, com todo o cuidado, rodou e retirou a chave. O indicador regressou ao verde. Savitsky recuou e ergueu os braços para pôr as duas chaves ao pescoço.

— Comandante? A minha chave? — Maslennikov estendeu a mão. Savitsky esperou um momento, mas acenou com a cabeça, separou as correntes e devolveu relutantemente a chave ao oficial político.

— Solicito autorização para terminar a montagem, comandante! — Blinov estava em sentido com uma placa de metal debaixo do braço. Savitsky acenou com a cabeça. Blinov começou a aparafusar a placa de forma lenta e quase terna.

Arkhipov e Maslennikov afastaram-se para deixarem Savitsky sair como um furacão do compartimento dos torpedos. Arkhipov e os sete marinheiros que dormiam no compartimento tinham assistido à montagem da arma como se estivessem a testemunhar um sacramento terrível. A exceção fora Blinov, que tinha passado anos à volta da arma especial e que parecia tratá-la como amiga ou amante. Era a primeira vez que o rapaz armava um T-5 nuclear verdadeiro, mas parecia que não era nada com ele.

Enquanto Blinov trabalhava, Arkhipov esforçou-se ao máximo por se manter calmo. Tinha o cérebro a cem à hora, a lembrar-se da sua instrução.

Um torpedo no berço não é um torpedo no tubo, pensou ele. Quando era oficial subalterno, Arkhipov tinha carregado os tubos tantas vezes que sonhava com aquilo. Primeiro, a colocação em posição dos guindastes de cavalete oleados montados no teto diretamente sobre a arma. O ruído das correntes que levavam aos guinchos — cada elo estava envolvido por uma esfera de borracha para diminuir o barulho do movimento das correntes. O lento abaixamento dos ganchos do guincho até aos anéis de suspensão de aço do torpedo, e depois outro ruído para o içar do berço. Com uma margem de cinco centímetros, ficava perfeitamente alinhado com o tubo. Um marinheiro abria a escotilha de embarque com uma chave de porcas com um metro de comprimento. Era preciso um movimento forte para deslocar o mecanismo do fecho, e outro para abrir a pesada escotilha do tubo. Depois, orientava-se a ogiva para a escotilha à mão — uma tarefa que cabia a um oficial por causa do risco de esmagar dedos. De seguida, o processo delicado de colocar a ogiva em cima da placa de embarque, e de alguns minutos de esforço com o guincho para meter o torpedo no tubo. Fechar a escotilha. Inundar o tubo. Regular o submarino para compensar o peso extra da água. Abrir a escotilha de disparo. E finalmente, o oficial de armas submarinas puxava a alavanca vermelha de estibordo que libertava ar comprimido para o tubo para ejetar o torpedo para a água. Arkhipov tinha puxado aquela alavanca com força centenas de vezes. De repente, Arkhipov parou de pensar.

Era isso.

Depois de apertar o último parafuso, Blinov deu uma palmadinha afetuosa no torpedo e alisou a sua pele metálica como se fosse de um animal de estimação. Tal como em todo o seu tempo a bordo, Arkhipov sentiu os olhos dos outros homens fixos em si.

— Bom trabalho, tenente. — Arkhipov deu uma palmada no ombro de Blinov, fez uma pausa e virou-se confiantemente para Maslennikov. — Não viu o filme, pois não, Ivan?

Maslennikov ficou de olhos arregalados ao ser tratado informalmente pelo nome.

— Não... não, camarada comandante. Qual filme?

— Eles mostraram aos comandantes da esquadrilha filmagens confidenciais dos testes da arma especial. Suponho que também não viu, Blinov?

Os dois subordinados tinham-se posto em sentido, com os rostos paralisados numa seriedade exagerada devido ao tom assustadoramente pessoal de Arkhipov.

— Sabe, tenente, eu estava a bordo do K-19 aquando do acidente com o reator. Já deve ter ouvido falar. Num submarino, não há segredos. O camarada Maslennikov já ouviu as minhas histórias de guerra. A radiação fez a pele das mãos dos meus camaradas cair como se fossem luvas de borracha. Tivemos de ouvir os seus gritos, implorando a morte...

— Comandante Arkhipov? — interrompeu Maslennikov, com uma voz assustada. — Comandante, talvez possamos falar nisso noutro sítio?

Arkhipov olhou para os marinheiros por cima do ombro de Maslennikov. Estavam sentados nos beliches, de cabeça inclinada, a fingirem que não estavam a ouvir.

— A radiação é uma coisa terrível. Invisível. Sem sabor. Sem cheiro. Queima um homem por dentro. Maslennikov, eu sou o único a bordo deste submarino que viu o que aquilo pode fazer a um homem.

Arkhipov pousou a mão no metal quente da arma especial e sentiu a emanação da morte concentrada no interior como uma irradiação de calor.

— Pois bem, esta arma terá de esperar por outro dia para defender a pátria. Não vai ser nesta patrulha. Lamento, Blinov, que estivesse à espera de ver o efeito. É capaz de me dizer porquê, tenente?

— Comandante? — O jovem oficial de armas submarinas pareceu desiludido.

— É demasiado tarde para disparar este torpedo, Blinov. Temos cinco contratorpedeiros inimigos a uma milha. Estão há um dia a ouvir cada peido que damos. E assim que acionarmos isto... — Arkhipov deu dois passos em direção à escotilha do tubo do torpedo e pôs a mão na alavanca que o inundava. — Os nossos adversários vão ouvir. E quando acionarmos isto...

Arkhipov agarrou na maçaneta quadrada de cinco centímetros na extremidade de uma vareta que corria ao longo do tubo até à engrenagem que acionava as escotilhas de disparo. Num submarino mais moderno como o K-19, todos aqueles mecanismos eram elétricos ou hidráulicos, mas no B-59, com exceção do sonar e do calculador de tiro, tudo funcionava à maneira antiga — à mão.

— Quando acionarmos isto, eles vão ouvir, de certeza. Ou seja, antes de apontarmos e dispararmos, os ianques vão mandar-nos para o fundo. Compreende? Lembre-se dos exercícios da esquadra: atacamos sempre com os tubos abertos, ou esperamos com os tubos abertos que o inimigo se atravesse no nosso caminho. É por causa disto, do barulho. Lembra-se da sua instrução tática, Blinov?

— Sim, comandante, lembro-me — gaguejou o jovem oficial de armas submarinas.

— Muito bem — Arkhipov olhou para o compartimento. Os marinheiros estavam a olhar ousadamente para ele. — Praças, não fiquem com medo. O torpedo só foi armado por precaução. O comandante Savitsky e eu vamos devolvê-los em segurança às vossas mulheres e namoradas, todos com louvores pelo vosso serviço corajoso. Está prometido. Glória à URSS! Glória!

— Glória! Glória! — A resposta automática dos marinheiros foi dissonante e ansiosa.

— Muito bem. Prossiga, Blinov.

Arkhipov esperou que Maslennikov o seguisse até ao corredor central da câmara dos oficiais, e depois pegou-lhe no braço, empurrou-o para dentro do seu camarote e fechou a porta. Maslennikov começou a falar, pálido de indignação.

— Vasily Aleksandrovich, como é que foi capaz de dizer tudo aquilo à frente das praças? Eu sou o responsável pelo moral e pela consciência política da guarnição, e devo dizer-lhe que as suas palavras...

— Não é óbvio para si, Ivan Semyonovich? Falei porque não quero que a arma especial seja disparada.

— Eu percebi, comandante. Mas está a encorajar as praças a desobedecerem às ordens.

— Não vão ter de desobedecer a ordem nenhuma, a arma não vai ser disparada. E agora dê-me a sua chave.

— Camarada Comandante, sabe que estou proibido de fazer isso. O mais alto representante do Partido a bordo está sempre na posse da segunda chave, para impedir a utilização da arma em contravenção das ordens do Partido.

— Ouviu o que eu disse. Qualquer tentativa de disparo resultará na perda deste navio e do nosso submarino irmão.

— Comandante, com todo o respeito, as nossas ordens operacionais conferem ao comandante do submarino autoridade para usar a arma à sua discrição.

— Se isso resultar na nossa destruição, não. Não temos ordens para nos suicidarmos. Nem para desencadearmos uma guerra nuclear. Quer morrer, Maslennikov?

Maslennikov, com a camisa empapada em suor, deixou-se cair no beliche de Arkhipov com as mãos agarradas uma à outra.

— Estou pronto para morrer pelo meu país, comandante — respondeu ele debilmente.

— Camarada capitão-de-fragata, isto não é um teste às suas convicções políticas. Nós somos dois militares soviéticos leais. Mas quer morrer sem sentido?

— Não quero, comandante — murmurou o oficial político.

— Então, dê-me a chave. É uma ordem.

Maslennikov abanou teimosamente a cabeça, com os olhos fixos nas mãos.

— Não posso, comandante. Só o representante máximo do Partido da Esquadra do Norte da Ordem da Bandeira Vermelha está autorizado...

— Por amor de Deus...

Arkhipov percebeu que tinha pressionado bastante o homem. Se insistisse, Maslennikov iria contar tudo a Savitsky — e, mesmo assim, talvez o fizesse. Arkhipov sentou-se ao lado do oficial político e passou a mão pelo rosto suado.

— É claro que tem razão, camarada capitão-de-fragata. Peço desculpa. Vamos seguir o manual. À risca. Combinado?

— Combinado, comandante.

— Glória à pátria!

Maslennikov mal acenou com a cabeça. Estavam ambos exaustos. Arkhipov esforçou-se para se levantar e dirigiu-se ao centro de operações, na vante. Enquanto caminhava, as familiares detonações abafadas das cargas de profundidade ecoaram pelo B-59, seguidas dos impactos implacáveis dos sonares americanos.

16

Quartel-general da GRU, Moscovo
Domingo, 28 de outubro de 1962, 14h30, hora de Moscovo / 07h30, FHO

— Recapitulando: o Morozov não lhe disse nada quando lhe entregou o envelope? Não lhe disse mais nada?

Sofia abanou a cabeça. Tinha os olhos vermelhos de chorar e o rosto congestionado — o gabinete estava excessivamente aquecido. À sua frente, sentado a uma enorme secretária de carvalho, Zimin acenou com a cabeça e acrescentou uma última linha às suas notas.

— A Sofia abriu o envelope. Tinha um tubinho de metal, que julga que continha um microfilme, e uma nota manuscrita do Morozov com instruções para uma recolha, que passou ao tal tenente-coronel Vasin.

— Correto, camarada general. Mas o general ainda não me disse se o que o Morozov me contou é verdade, que o que fez foi tudo para vocês. Que os contactos dele com os americanos foram por ordem do general Serov. Por favor, preciso de saber.

Zimin frisou os lábios e olhou atentamente para Sofia. A mulher não era nada parva. Como teria o Morozov ganhado a confiança dela — se calhar, até a tinha levado para a cama? Zimin sempre considerara Morozov um capacho medíocre, um dos muitos bajuladores que rodeavam o seu chefe, Serov, mas, pelos vistos, tinha claramente subestimado a capacidade de persuasão do traidor. Um dia, o caso de Morozov iria parar aos manuais de espionagem: o cinzentão cuja carapaça de vulgaridade esconde a sua malícia e competência. Era pena que o traidor tivesse escolhido uma criatura tão encantadora para vítima. Talvez Zimin a conseguisse salvar da fúria do sistema, mas primeiro ela teria de aprender a virtude do silêncio. E, obviamente, teria de se esforçar bastante para conquistar as graças dele. Zimin curvou os lábios finos num sorriso pesaroso.

— Lamento, mas essa informação é confidencial, Sofia Rafaelovna.

Ela olhou em redor para o gabinete esparsamente mobilado. Havia um retrato emoldurado de Lénine na parede por cima de estantes com livros vermelhos todos iguais intercalados com modelos de carros de combate e aviões de zinco. O mundo da alta burocracia militar. O mundo de Sofia arrefeceu subitamente. Estava a escurecer. Um sargento jovem e sério entrou com duas chávenas de chá de limão e sussurrou ao ouvido de Zimin. O general acenou com a cabeça e levantou-se.

— Tenente Guzman. Fez bem em vir falar connosco...

A porta abriu-se subitamente e um homem mais velho com o uniforme de coronel-general do Exército soviético entrou na sala. Era de altura média e um pouco largo na cintura, e lançou de imediato um olhar frio e avaliador a Sofia. Ela conheceu imediatamente o rosto das fotografias oficiais que tinha no seu escritório. O general Serov não tinha um ar menos severo na vida real, e o seu olhar era duro como o de uma estátua. Sofia levantou-se e fez continência, olhando em frente.

— À vontade, tenente.

A voz de Serov parecia uma pazada de gravilha. Zimin passou-lhe os apontamentos. Enquanto Serov ia lendo, pareceu a Sofia que o corpo dele se relaxou dentro do uniforme imaculado. Quando Serov voltou a olhar para ela, pareceu subitamente hostil, como se ela fosse sua inimiga.

— Porque é que não veio imediatamente falar connosco quando o Vasin a abordou pela primeira vez?

Na última hora, enquanto ela contara ansiosamente a sua história, o tom de Zimin fora de encorajamento. Sofia olhou apavorada de um para o outro, mas não encontrou socorro em Zimin face à fúria abrupta de Serov.

— General, eu...

O alívio que ela tinha sentido ao contar tudo — quase tudo — ao compreensivo Zimin transformou-se subitamente num nó de medo. Como podia ela falar àqueles homens no seu irmão em Miami? A boca encheu-se-lhe de um emaranhado de palavras indizíveis, e só saiu uma frase.

— Tive medo, general.

Serov grunhiu desdenhosamente, mas quando se virou para o seu número dois, Sofia viu-lhe um tique no queixo. Serov dirigiu-se a Zimin com a voz a tremer.

— Acha que ela falou verdade?

Zimin acenou severamente com a cabeça. Serov encheu as bochechas e olhou para a janela durante um logo momento, como se estivesse a fazer um cálculo mental complexo — ou a procurar inspiração no céu cada vez mais escuro.

— O Diabo que o leve, cabrão.

Sofia olhou para o tapete vermelho. Eles pareciam ter-se esquecido da sua presença.

— OK. Parece que não temos alternativa — disse Serov. — Quero-os todos detidos. E quero o raio do microfilme. E o Morozov, víbora do caralho.

Sofia fechou os olhos e sentiu o seu mundo a cair num turbilhão de formas. Morozov, a víbora. Morozov, o traidor.

— E o Vasin? — Zimin pronunciou o nome como se lhe soubesse a azedo.

— O *Vasin*. — Serov fez uma careta. — Sabemos para quem *ele* trabalha, quem está por detrás desta merda toda. — Serov fez uma pausa e depois dirigiu-se a Sofia. — O seu homem, o Vasin, mencionou-lhe alguma vez um certo general *Orlov*, tenente?

Sofia não respondeu. Lentamente, como se estivesse a fazer uma vénia profunda, caiu de joelhos e depois tombou sem sentidos em cima do tapete.

17

Rua Malaya Bronnaya, Moscovo
Domingo, 28 de outubro de 1962, 15h44, hora de Moscovo / 08h44, FHO

Quando Jacob chegou finalmente à Rua Malaya Bronnaya, saído do labirinto de ruas secundárias e pátios por detrás da Rua Herzen, sentiu-se quase tonto de alívio. Tinha atravessado perto de meia Moscovo, deslocando-se por intuição, esbarrando com pátios fechados e becos sem saída. Os rascas sapatos soviéticos magoavam-lhe os pés e o baratucho chapéu de pele de coelho estava húmido de suor. Mas pelo menos, ele tinha a certeza — bastante certeza — de que despistara impecavelmente os perseguidores no GUM, o cavernoso grande armazém da Praça Vermelha.

«*Mayi net.*» Jacob ficara a saber que era o único agente que tinha despistado os perseguidores, caso contrário, Baker teria dito «*Net Mayi*», o que significava que iria confiar a missão a outro, alguém mais experiente. Jacob agradeceu o crepúsculo do fim da tarde. Era a hora dos espiões, antes de os candeeiros das ruas se acenderem, e ele podia relaxar um pouco acerca de ser identificado — «detetado» — como estrangeiro por uma criança curiosa ou pelo olhar vigilante de uma avozinha. Jacob calculou que estaria a uns cinco minutos da morada e acelerou o passo em direção ao Lago dos Pioneiros.

Perto da esquina da Avenida Spirodonovsky, havia uma bicha de clientes para o talho. Jacob tentou atravessar a rua para os evitar, mas quando saiu do passeio, viu passar dois camiões militares Kamaz cheios de soldados armados. Os camiões passaram pelo Lago a alta velocidade e seguiram para a Circular. Jacob acelerou o passo. Faltavam apenas dois quarteirões.

18

Circular, Moscovo
Domingo, 28 de outubro de 1962, 15h44, hora de Moscovo / 08h44, FHO

Zimin estava sentado num silêncio carrancudo no banco de trás enquanto o seu lustroso carro do Estado-Maior acelerava na faixa central da Circular, obrigando o resto do trânsito a parar de repente. Passaram pelo edifício amarelo e branco da embaixada americana, na Avenida Novinsky, e por uma coluna de camiões do Exército com as marcas da Divisão Tambov, cheios de jovens soldados. Passaram pelos grandes edifícios verdes da embaixada tunisina, rodeados por um muro bastante alto e encimados com antenas de rádio. Zimin lembrou-se de que a mansão fora a residência de Lavrenty Pavlovich Beria, o último e mais implacável chefe da polícia secreta de Estaline.

Beria. A última vez que o Exército soviético se metera na política fora após a morte de Estaline, em 53, para remover Beria, o monstro, antes de ele subir ao poder a matar gente. O marechal Georgy Zhukov, o maior comandante soviético durante a guerra, tinha entrado em ação. A história era sussurrada como uma lenda nos corredores do Estado-Maior-General. Zhukov e um grupo de oficiais escolhidos a dedo entraram no Kremlin com espingardas automáticas escondidas debaixo dos capotes. Surpreenderam Beria durante uma reunião do Politburo, algemaram-no e levaram-no por uma escadaria secundária. Ou seja, raptaram o chefe da Segurança do Estado. Zhukov tinha colocado soldados da sua guarda pessoal — homens de confiança, que tinham servido com ele de Estalinegrado a Berlim — à volta do palácio do Kremlin, com ordens para dispararem sobre quaisquer homens do NKVD que resistissem. Felizmente, não se chegou a isso — mas esteve perto. Num tiroteio nos corredores do Kremlin, a pequena equipa de Zhukov teria sido rapidamente subjugada pela polícia secreta que controlava o palácio.

Amordaçaram Beria, meteram-no num carro e cobriram-no com um casaco. Com Zhukov sentado ao lado do motorista, saíram do Kremlin debaixo dos narizes dos guardas do chefe do NKVD e levaram-no para o quartel-general da Divisão Tambov, a dez quilómetros de Moscovo. Durante alguns dias, a divisão esteve em estado da alerta na expectativa de um ataque das tropas do NKVD. A única razão pela qual não houve uma guerra entre soldados soviéticos e polícias soviéticos foi porque Beria não tinha deixado na sua organização nenhum número dois ou pretendente com vida que pudesse ter organizado uma operação de salvamento.

Zhukov deu um golpe de Estado. É certo que teve o apoio dos membros mais importantes do Politburo, entre os quais,

Khrushchev, mas só um homem com a reputação e a energia dele teria conseguido.

Em poucos dias, Beria foi discretamente julgado e fuzilado. Khrushchev subiu ao poder porque o Exército o pôs lá, e desde o golpe de Zhukov, o Exército e o KGB tinham-se odiado, em especial, no caso dos Serviços de Informações do Exército, a GRU.

E Serov? Serov, como sempre, estivera do lado certo da história. Khrushchev tinha-o nomeado chefe do KGB e pouco depois colocou-o no outro lado, à frente da GRU, precisamente para domar e subjugar os espiões militares.

Então que merda estava o Serov a fazer? Zimin estava a comandar uma companhia de infantaria numa operação militar na baixa de Moscovo. A única autoridade que tinham era uma ordem verbal de Serov. E a missão? Recuperar uma mensagem que era a única prova contra um traidor à pátria, o coronel Oleg Morozov.

Porquê?

Estaria Serov a proteger o seu amigo Morozov por lealdade? Nem pensar. Zimin sabia que Serov era um filho da puta implacável e sem sentimentos. Para poupar a GRU à vergonha de o KGB descobrir um traidor nas suas fileiras? Improvável. Serov estava-se nas tintas para a GRU e para a reputação da organização — ele seria sempre um homem do KGB. Para se resguardar depois de ter insensatamente protegido o Morozov tempo demais? Talvez *isso* estivesse mais próximo da verdade.

Zimin tinha sido enviado para destruir provas de um importante caso de espionagem para que o seu chefe fugisse ao castigo por ter sido amigo e protetor de um traidor. Zimin tinha a certeza de que a ordem seguinte seria fazer com que Morozov tivesse um acidente discreto. Zimin sabia que a GRU tinha laboratórios especializados naquele tipo de coisa. Comprimidos que provocavam ataques cardíaco. Vaporizadores nasais que causavam apoplexias. Algo discreto, algo que obviamente não prejudicasse a carreira de Ivan Serov.

O carro de Zimin encostou na esquina da Malaya Bronnaya com a Bolshaya Sadovaya. Zimin olhou pela janela e viu a marca horizontal de giz no tubo de escoamento do n.º 25, tal como Sofia tinha descrito. À sua frente, havia cinco camiões Kamaz estacionados e três oficiais à espera de ordens no passeio.

O motorista de Zimin virou-se para trás, à espera de instruções, mas o general ignorou-o. As provas da traição de Morozov seriam destruídas, e depois seria a vez de Morozov. E as outras três pessoas, que sabiam? Sofia. O coronel Vasin, o idiota abelhudo. E... Zimin? Também teriam tido acidentes desagradáveis? Zimin conhecia Serov suficientemente bem para o imaginar a distribuir as sentenças de morte. Sofia: suicídio por *overdose*, deixando um bilhete doloroso acerca de não conseguir viver sem Morozov, o seu amante entretanto falecido. Vasin, o entusiasta dos automóveis? Esmagado por um camião *ZiL* descontrolado carregado de blocos de betão. E o general Zimin? Será que Serov deixaria o seu subordinado vivo por gratidão à sua discrição e silêncio? Talvez o promovesse a diretor da Academia Frunze? Ou para o comando de uma região militar agradável, quiçá o Cáucaso?

Serov — grato? O caraças! Serov também arranjaria rapidamente uma sepultura para Zimin.

Zimin abriu a porta, saiu do carro e chamou o capitão e os dois tenentes com um gesto imperioso. Passado um minuto, 112 soldados desceram dos camiões, puseram as *Kalashnikovs* ao ombro e entraram no pátio do n.º 25 da Rua Bolshaya Sadovaya.

19

Rua Bolshaya Sadovaya, Moscovo
Domingo, 28 de outubro de 1962, 15h49, hora de Moscovo / 08h49, FHO

Jacob verificou a entrada das traseiras, que dava para a Avenida Yermolayevsky. Não havia ninguém. Jacob atravessou a rua e aproximou-se da esquina da Circular. Viu a marca de giz no tubo de escoamento mais próximo da esquina e, à frente, deu com alguns camiões militares e um grupo de oficiais a falarem uns com os outros. Jacob fez meia-volta para não ser visto e, acelerando o passo o mais discretamente possível, entrou no arco que dava para o pátio das traseiras.

O local estava obscuro e deserto. Uma única lâmpada iluminava a porta de entrada do n.º 2, e tal como lhe tinham garantido, a fechadura com código estava partida. Jacob olhou outra vez em redor, entrou e começou a subir as escadas.

Segundo andar. Caixote do lixo. Maço de *Kazbek*. Jacob viu-o meio enterrado no lixo. Antes de o meter no bolso, pôs-se à escuta. Com a exceção de algumas incursões no campo de futebol americano do liceu — com costelas partidas —, Jacob nunca tinha estado em perigo físico. A perspetiva iminente de violência era demasiado extravagante para lhe entrar na cabeça. Jacob não fugiu para os andares superiores nem se meteu no elevador. Ficou onde estava e, cada vez mais incrédulo, viu aparecer na escada um grupo de soldados com uniformes verdes. O militar que vinha à frente, um jovem atlético com insígnias de oficial no capote, nem sequer pareceu surpreendido ao ver Jacob. Com um movimento rápido e resoluto, aproximou-se dele e encostou-o à parede com uma mão na garganta e a outra na mão direita.

— Sargento! Vá buscar o camarada general, já!

20

Rua Bolshaya Sadovaya, Moscovo
Domingo, 28 de outubro de 1962, 15h56, hora de Moscovo / 08h56, FHO

Zimin subiu as escadas de dois em dois degraus, e os soldados encostaram-se à parede para o deixarem passar. Bastou um olhar para o magricelas pálido e boquiaberto manietado pelo oficial enorme para confirmar os piores receios de Zimin. Apesar das suas roupas soviéticas rascas, havia qualquer coisa de errado com ele. Zimin aproximou-se. O suspeito cheirava a estrangeiro — literalmente. Tresandava a um sabão de barbear estranho e a água-de-colónia exótica.

Um agente americano apanhado a recolher a mensagem do Morozov.

Merda.

Zimin começou a pensar a cem à hora. Ele sabia que podia estar a momentos de um desastre para a sua carreira. Que estava um grupo de infantes soviéticos a fazer capturando um cidadão americano na baixa de Moscovo? Se o homem fosse um espião da CIA, o mais provável era que fosse um diplomata. O cônsul americano iria aparecer, seguido obviamente do KGB — em força. Iriam descobrir a mensagem e perguntar-lhe como é que ele sabia dela... Um monte de merda verdadeiramente épico.

— À vontade, tenente. Liberte o cidadão e saia... saiam todos.

Zimin continuou a olhar furiosamente para o homem manietado e levantou um dedo numa admoestação silenciosa. Bico calado, estrangeiro. *Caladinho.*

Permaneceram em silêncio enquanto o jovem subalterno descia as escadas com os seus homens.

— *Chto proizkhodit?* — Que se passa? As primeiras palavras saídas da boca do espião disseram a Zimin tudo o que ele precisava de saber. O sotaque estrangeiro era óbvio.

— *Molchat!* — respondeu ele. — Silêncio!

Zimin, olhou de relance para o lixo. Um maço de *Kazbek*, tal como Sofia tinha dito. Zimin tirou o maço manchado de óleo de peixe, abanou-o e deixou cair um tubinho de microfilme na mão enluvada.

Jacob e Zimin olharam para o tubinho. O agente da CIA começou a falar, mas Zimin mandou-o estar calado. Então era verdade. Zimin tinha na mão a prova da traição de Morozov. Serov tinha ordenado a eliminação imediata do ponto de recolha e do seu conteúdo.

Mas o que fazer com o americano? O rosto de Jacob era uma máscara de incompreensão. Zimin perscrutou a face fraca e macia do agente com desprezo, e depois virou-lhe as costas e desceu as escadas.

21

Rua Bolshaya Sadovaya, Moscovo
Domingo, 28 de outubro de 1962, 15h59, hora de Moscovo / 08h59, FHO

Quando Zimin chegou ao pátio, os soldados estavam a formar para subirem para os camiões. Os três oficiais apressaram-nos, manifestamente desejosos de tirarem os seus homens da rua. Zimin viu-lhes nos olhos que estavam nervosos, tinham-se apercebido de que se passava algo que os ultrapassava em muito. O general chamou-os e pôs um ar de confidencialidade.

— Vocês cumpriram as ordens à risca. Posso dizer-vos que a operação teve que ver com uma questão importantíssima de segurança militar. Nenhum de vocês vai falar do que se passou aqui a ninguém.

Os três jovens subalternos acenaram obedientemente com a cabeça. Zimin apertou-lhes as mãos, avaliando cada um com os olhos. O tenente que tinha manietado o espião manteve a mão do general apertada um pouco mais de tempo do que era estritamente apropriado. E o que era aquela centelha de cumplicidade nos olhos do garoto? Familiaridade? Não. Aquele não era de fiar.

— Os vossos nomes, camaradas?

É pena, pensou Zimin, quando regressava ao carro. Pareciam ser bons rapazes. Na semana seguinte, seriam urgentemente destacados para longe — muito longe. Spitzbergen. Norlisk. Chukokta. Zimin ficou no passeio a assistir à partida dos camiões, e apanhou o olhar do seu motorista, que iria certamente relatar os seus movimentos ao chefe máximo. Zimin tocou no tubinho de metal que tinha no bolso do capote.

Serov estaria à espera de um relatório em pessoa, e da prova que Zimin tinha na mão, logo que soubesse da sua existência. Mas por enquanto, só duas pessoas no mundo sabiam o que tinha acontecido nas escadas do prédio: Zimin e o espião americano.

O dilema formou-se-lhe na mente com a nitidez de um diamante. Dar o tubinho a Serov e desencadear a operação de limpeza que acabaria certamente por consumi-lo também? Ou... usar o espião americano e o tubinho para atirar o Morozov às feras, e com ele... Serov?

O pensamento foi tão excitantemente perigoso que Zimin teve um arrepio, mas quando ele deu meia-volta e se dirigiu ao edifício, o dilema resolveu-se: era ele ou Serov. Zimin não tinha hipótese nenhuma de derrubar Serov, mas sabia quem o poderia fazer — e que o faria: o KGB. Orlov.

Zimin partiu do princípio de que o espião americano saíra pelas traseiras logo que tivesse visto os soldados a deixarem o pátio. O general dobrou a esquina da Yermolayevsky e acelerou o passo. A figura inconfundível do jovem americano estava a descer rapidamente a rua em direção ao metro.

— *Stoi!* — gritou o general. — Espera!

O miúdo hesitou e pareceu prestes a fugir, mas a visão do musculoso general soviético a correr na sua direção paralisou-o. Zimin chegou ao pé dele e agarrou-o pela manga do casaco.

— Cidadão. Espere.

Jacob olhou à sua volta em pânico. Em Langley, tinham-lhe ensinado a fazer o máximo barulho possível na eventualidade de uma tentativa de rapto num lugar público. Grita, disseram eles. Grita o mais alto possível: «*AMERIKANSKY DIPLOMAT!*»

— Venha comigo, cidadão. — Zimin puxou Jacob pela manga, mas o americano recusou mexer-se. Jacob começou a reclamar em russo, mas Zimin virou-o e encostou-o ao tejadilho de um carro, torceu-lhe um braço atrás das costas e agarrou-o firmemente pela gola do casaco. Zimin já não fazia aquele tipo de coisa havia muito tempo, mas o jeito voltou num instante. Tinha conduzido oficiais alemães ao cativeiro, nos arredores de Breslau, em 44 ou 45. Zimin deu uma joelhada na barriga da perna de Jacob para o desequilibrar. Os joelhos do rapaz cederam e Zimin obrigou-o a avançar, com a cabeça bastante inclinada para a frente e o torso pressionado contra o seu pelo braço torcido.

— Vamos — sibilou Zimin. — Mexe-te.

Zimin, a cambalear um pouco, foi empurrando e arrastando o jovem americano em direção ao Lago dos Pioneiros. Jacob tentou gritar «*AMERIKANETS!*», mas Zimin torceu-lhe a gola com a mão esquerda para lhe estrangular as palavras. O medo, por si próprio, era tão grande que se transformou numa espécie de temeridade alimentada a adrenalina, que fez Zimin continuar a avançar para a esquina da rua. O seu plano — se é que lhe podia chamar assim — era desesperado, mas ele precisava de chamar a atenção do KGB, e depressa. O *kontora* estava de olho no Morozov, e haveria alguém a vigiar o apartamento do cabrão. Zimin tinha estado no apartamento. Tinham ido buscar o Morozov a casa muitas vezes quando iam para a dacha de Serov, e depois dos jantares oficiais, deixavam-no em casa, podre de bêbedo.

Zimin só precisava de ser visto pelos vigias, de chamar a atenção deles. Arrastar um diplomata americano aos gritos num parque público bastaria para o KGB aparecer a correr — era a esperança fervorosa do general.

Duas mulheres fugiram assustadas do caminho de Zimin, que empurrou o cativo pelo cruzamento da entrada do parque que rodeava o Lago dos Pioneiros. Um polícia parou e interpelou Zimin, mas ele silenciou-o com um olhar furioso. As enormes estrelas de general nos ombros do capote eram uma justificação suficiente — por enquanto — para o seu comportamento bizarro.

A meio do trilho de gravilha que rodeava o pequeno lago, Jacob tropeçou e caiu de joelhos, quase arrastando Zimin consigo. O general relaxou momentaneamente a pega na gola de Jacob, que conseguiu gritar pela primeira vez:

— *AMERIKANSKY DIPLOMAT! AMERIKANSKY DIPLOMAT!*

Formou-se um círculo de basbaques a assistir ao espetáculo. O polícia ganhou coragem e aproximou-se. Zimin pôs o cativo de pé e tapou-lhe a boca com a mão, mas era evidente que o americano não se deixaria empurrar nem mais um passo, pois dobrou as pernas e forçou Zimin a aguentar o seu peso.

— Camarada general! Permita-me que o ajude... — O polícia pôs uma mão debaixo do braço de Jacob, mas moveu-se de forma a bloquear o avanço de Zimin para a porta do prédio de Morozov. Zimin estava a cem metros do alvo. — Que aconteceu, camarada general? Que fez este homem?

Antes de Zimin conseguir responder, Jacob mordeu-lhe a mão com força e ele praguejou furiosamente. O rosto do polícia endureceu e ele levou a mão ao bolso esquerdo do casaco para pegar no apito preso à corrente de aço.

— Não! Camarada polícia, não...

Houve um movimento súbito à direita e à esquerda. Das duas extremidades do parque, dois pares de homens corpulentos aproximaram-se a correr. Vestiam roupas civis de qualidade, mas a autoridade estampada nos seus rostos era tão inequívoca como um uniforme.

— Segurança do Estado? — gritou Zimin, deixando Jacob cair e pegando na mão ferida. — Porra! Porque demoraram tanto tempo?

22

Embaixada americana, Moscovo
Domingo, 28 de outubro de 1962, 18h30, hora de Moscovo / 11h30, FHO

— O senhor *perdeu* um agente?

O embaixador Foy Kohler falou com um baixo e rouco sotaque do Midwest. Depois, ignorando a proibição de fumar na «Bolha», que não era ventilada, acendeu um *Camel* sem filtro.

— Correto, senhor embaixador. O agente Dick Jacob foi enviado numa recolha de emergência às três da tarde e não voltou a contactar.

Wallace Baker desejou estar a falar com o antigo embaixador e não com aquele filho da puta. O embaixador Llewellyn Thompson era um cavalheiro, um profissional do Departamento de Estado da velha guarda. Mas Thompson estava em Washington, era um dos sábios convocados por Kennedy para o orientarem na crise cubana. Em contraste, o novo embaixador era o diplomata menos diplomata que Baker tinha o azar de servir. Kohler era um pequeno aristocrata do Ohio que tinha polido as suas maneiras a interrogar oficiais japoneses depois da guerra. Tinha sido um dedicado caçador de comunas, um mccartista dos pés à cabeça. Kohler parecia considerar os diplomatas de carreira uns maricas, e os agentes da CIA, uns bufos.

— Trata-se do que eu julgo? — Kohler ergueu as sobrancelhas e fez um gesto para a sala vazia.

— Senhor embaixador?

— Baker, estamos sozinhos. O senhor mandou sair os seus crânios da sala. Deve ser algo muito confidencial.

— Sim, senhor embaixador. É sobre o agente HERÓI.

Cinco semanas antes, logo após a partida de Thompson para Washington, o chefe de secção da CIA tinha informado Kohler sobre o agente com o nome de código HERÓI. Baker, o seu número dois e Kohler eram as únicas pessoas da embaixada que sabiam da existência do HERÓI.

— «A fonte soviética mais importante e mais bem colocada que alguma vez tivemos.» Não era isso que me ia dizer, Baker? «A fonte que nos oferece uma janela vital para o pensamento militar soviético.» *Este* gajo? Cujas informações são tão especiais que nem o senhor as pode ver, nem eu? E nem sequer conhece a identidade dele?

— Correto, senhor embaixador. Ninguém aqui da secção conhece a identidade do HERÓI. Temos protocolos especiais para comunicar com ele, concebidos pelo meu antecessor. Esta manhã, foi observado um sinal de recolha de emergência na residência do HERÓI. Mobilizámos todos os agentes...

— Poupe-me os pormenores. Ele foi descoberto?

— O Jacob? Sim. A esta hora, parto do princípio de que ele foi apanhado a fazer a recolha.

— Não estou a falar do raio do seu rapaz, ele vai aparecer. Estou a falar do HERÓI.

Kohler olhou para o seu subordinado de forma inexpressiva e deu uma longa passa no *Camel*.

— Não sabemos ao certo, senhor embaixador.

— Não sabe onde está o seu agente. Não sabe se o seu espião vedeta foi descoberto. Ao menos sabe distinguir um idiota, filho?

Baker calculou que o palhaço pomposo do embaixador interino não teria mais dez anos do que ele, mas pelo menos não lhe tinha chamado «rapaz».

— Sempre que vejo um idiota, distingo-o, senhor embaixador.

O embaixador semicerrou perigosamente os olhos, mas depois fez um sorriso maroto. Pelos vistos, Kohler gostava que lhe fizessem frente. Baker respirou mais facilmente. Mas Kohler não ia pagar as favas pela perda do melhor agente de sempre da CIA. Baker teria de enfrentar a merda sozinho. Baker imaginou o *telex* seguro no seu gabinete, quatro andares acima deles, a despertar barulhentamente para a vida quando a notícia do desastre se difundisse pelos escalões cimeiros da sede da CIA, em Langley.

— Vamos precisar de saber como é que os *sovs* estão a ver isto... se é que apanharam mesmo o HERÓI. Estamos a prever uma zaragata diplomática? É provável que eles ponham o HERÓI na TV a dizer que nós o obrigámos a espiar o raio da pátria? Ou vão abafar a coisa? Um traidor no topo do aparelho de defesa será demasiado embaraçoso para eles virem a público?

O embaixador podia ser corrosivo, mas Baker teve de admitir que não era um tonto — tinha resumido as opções em segundos.

— É demasiado cedo para dizer, senhor embaixador. O meu palpite é que não vão fazer ondas. Mas, agora, estou mais preocupado com outra coisa.

— Com o que o HERÓI nos quis dizer com tanta urgência?

PARTE SETE

A VERDADE SOLITÁRIA

Só os solitários procuram a verdade, e rompem com todos aqueles que não a amam suficientemente.

— BORIS PASTERNAK

1

Quartel-general do KGB, Moscovo
Domingo, 28 de outubro de 1962, 19h30, hora de Moscovo / 12h30, FHO

O general Orlov inclinou-se para a frente na cadeira, pôs delicadamente os dedos nas fontes e olhou para o tubinho com o microfilme em cima do mata-borrão. Ao lado, havia um conjunto de fotos ampliadas da mensagem de Morozov.

Do outro lado da secretária, estava sentado o general Zimin, com as mãos no colo e o rosto tenso. Em duas horas de conversa, Orlov não tinha detetado nenhum indício de uma armadilha. Tinha à sua frente um homem que temia pela própria vida, motivado pelo medo e pelo ódio ao seu chefe. Eram coisas que Orlov compreendia. Sim, Zimin estava firmemente preso ao anzol do *kontora*, e o melhor era que aquele homem furioso e assustado, com o seu tesouro de segredos mortíferos, chegara até ali devido aos atos do próprio Serov.

— Os americanos já disseram alguma coisa? — perguntou Zimin, numa voz baixa e rouca.

O motorista de Zimin tinha certamente informado os seus superiores sobre o desaparecimento do general passada meia hora. Zimin tinha telefonado do gabinete de Orlov para a secretária de Serov com uma justificação confusa: não havia nada no ponto de recolha, mas ele estava a seguir uma pista importante. A secretária pareceu não acreditar numa palavra. Serov já teria percebido que Zimin fugira — e para onde.

Zimin tinha feito a sua escolha, e agora a sua vida estava nas mãos de Orlov.

— Pelos canais oficiais, nada. O meu palpite é que a embaixada entrou em pânico — Orlov olhou para o seu relógio de comandante — há cerca de uma hora. Agora estão a decidir o que fazer.

A primeira coisa será telefonar para o Ministério dos Negócios Estrangeiros, e a nossa gente vai dizer que está a tratar do assunto, a telefonar para esquadras da polícia, hospitais, morgues, a treta do costume. Quando os americanos ficarem realmente agitados, amanhã de manhã, vamos dizer-lhes que um cidadão cuja descrição corresponde à do diplomata desaparecido foi detido por perturbação da ordem pública, e depois o Sr. Jacob vai ser libertado, sem ressentimentos.

Orlov pegou no cartão de acreditação do Ministério dos Negócios Estrangeiros que identificava Richard C. Jacob III, nascido em Hartford, no Connecticut, em 2 de abril de 1933, como segundo-secretário cultural da embaixada dos EUA.

— Parece que o nosso amigo deixou cair o bilhete de identidade durante a zaragata. Os nossos guardiões da ordem pública levaram uma noite inteira para o identificarem.

Zimin acenou judiciosamente com a cabeça.

— O Jacob identificou o Morozov?

Orlov não respondeu. Nos últimos minutos, os dois generais tinham falado quase como iguais, a discutirem pormenores operacionais. Às vezes, Orlov dava um pouco de linha, deixando o peixe fisgado nadar à vontade, mas não havia dúvida de que Zimin era ainda mais estúpido do que parecia. Era útil, mas não deixava de ser um idiota. Jacob não iria obviamente falar. Enquanto diplomata acreditado, ele sabia que estaria de regresso à embaixada em horas — num dia, no máximo —, em especial, tendo em conta o febril ambiente de crise por causa da estupidez das Caraíbas. E Jacob também sabia que um ou dois dias depois estaria num avião de regresso a Nova Iorque. E quais eram as hipóteses de um agente menor da CIA conhecer a identidade de um espião no topo do sistema soviético? Zero, se os americanos soubessem o mínimo de espionagem. E Orlov teve de admitir que sabiam, dado que tinham controlado Morozov sem serem detetados durante tanto tempo.

Mas isso não era obviamente importante. Orlov já tinha concebido um plano de contingência, mas não via a necessidade de o partilhar com o general da GRU sentado à sua frente.

Zimin não estava habituado a que ignorassem as suas perguntas e o silêncio de Orlov agudizou a sua humilhação e a sua sensação de impotência. Mas insistiu.

— Tem o Morozov detido, a salvo? — Zimin inclinou-se para a frente com um ar de confidencialidade. — O Serov tem amigos em todo o lado, nunca se sabe o que poderá fazer para impedir o Morozov de falar sobre...

Orlov levantou-se, interrompendo Zimin, e começou a meter as provas numa caixa.

Sim. O Morozov estava a salvo, Orlov certificara-se disso. Morozov não tinha sido sujeitado ao processo habitual da detenção nem da recolha das impressões digitais. O traidor estava a aguardar na ala prisional mais remota e privada da Lubyanka. Dois agentes dos Casos Especiais, escolhidos a dedo, estavam sentados na cela a vigiá-lo — e a vigiarem-se um ao outro. A porta estava guardada por dois homens armados. E para jogar pelo seguro, Orlov tinha escolhido uma cela com um cadeado, instalado para os presos mais especiais e pessoais do falecido e nada saudoso chefe, Lavrenty Pavlovich Beria. A chave estava na posse de Orlov, mas, mais uma vez, isso não era algo que o idiota do Zimin precisasse de saber.

— E a Sofia Guzman? E o seu homem, o tal Vasin?

Zimin era realmente demais, pensou Orlov com irritação. O «tal Vasin», que ele tinha raptado e interrogado? Mas será que o bronco julgava que ele não sabia? As pessoas deviam saber quando estão fisgadas e ter o bom senso de estarem caladas. Orlov ponderou se valeria a pena dar-lhe uma resposta contundente, mas sempre cauteloso, optou pela delicadeza fria.

— Suponho que o camarada general Serov tenha a Sofia Rafaelovna por perto. Não a encontrámos em casa nem no trabalho, pelo que podemos partir do princípio de que ela é — Orlov fez um sorrisinho tenso enquanto procurava a expressão certa — carne para canhão. A escória da história, por assim dizer. Não temos de nos preocupar com ela... para o Serov, ela sabe demasiado, por conseguinte, em termos práticos, foi-se.

— E o Vasin?

O sorriso de Orlov fechou-se como uma armadilha.

Vasin.

Vasin era definitivamente o problema pessoal de Orlov.

2

B-59, Mar dos Sargaços
Domingo, 28 de outubro de 1962, 12h30, FHO / 19h30, hora de Moscovo

Quando Arkhipov entrou no compartimento dos torpedos na ré do B-59, teve de se amparar contra a antepara e respirar fundo. O ar estava fétido, húmido, quente e com um teor de oxigénio perigosamente baixo. Cinquenta e duas praças habitavam um espaço pouco maior do que um autocarro, amontoando-se por quartos em vinte e seis beliches em pilhas de quatro ao longo do compartimento. Alguns homens estavam a dormir, outros estavam deitados a jogar às damas em tabuleiros de cartão ou a verem apaticamente revistas bastante folheadas. Alguns estavam a terminar o jantar — bolachas com carne enlatada, acompanhadas com chá tépido e compota. Os marinheiros não comiam uma refeição quente havia um dia porque não havia eletricidade para os fogões. Pelo mesmo motivo, as ventoinhas do ar condicionado só funcionavam alguns minutos por hora. O zumbido habitual dos veios das três hélices que corriam por baixo do compartimento estava reduzido ao gemido lento de uma única hélice. E, ao contrário do que era habitual, os marinheiros não estavam à conversa.

— À vontade!

O sargento que exercia as funções de chefe do compartimento estava a meio do compartimento a distribuir cuecas e camisas de algodão, seguido de um marinheiro que recolhia e metia a roupa suja e húmida como um esfregão da louça num saco de lona que seria atirado ao mar. Os submarinos soviéticos não tinham lavandaria. O sargento endireitou-se e fez continência.

— Comandante!

— Tudo bem?

— Moral e prontidão excelentes, camarada comandante!

A resposta formal não disse nada a Arkhipov, mas os olhos dos homens disseram: seguiram-no como limalha de ferro atraída por um íman enquanto ele se deslocava pelo compartimento. Arkhipov viu espalhados nos beliches os papelinhos verdes das guloseimas Mishka Kosolapy que o oficial político oferecia para animar a guarnição. Muitas estavam apenas meio comidas e tinham deixado manchas de chocolate derretido nos lençóis. Quando as praças ignoravam doçarias muito apreciadas, era um mau sinal.

Tinham-se passado quase sete horas desde a palestra sinistra de Arkhipov no compartimento dos torpedos da proa sobre quão próximo estavam da destruição, mas era evidente que o seu conteúdo tinha feito os sessenta metros até à popa, levado pelos marinheiros na rendição do quarto e pelos despenseiros que transportavam a comida em pilhas de grandes latas de alumínio. Arkhipov viu nos olhares nervosos dos marinheiros perguntas que eles não se atreviam a fazer.

Num submarino, não há segredos.

No fim do compartimento, Arkhipov viu os quatro tubos dos torpedos. De costas para os marinheiros, os seus pensamentos regressaram ao K-19. As horas infernais de espera enquanto os maquinistas desesperados e condenados trabalhavam para reparar a fuga no reator. O pânico que se apoderara do submarino como um circuito elétrico a arder. O receio do colapso da disciplina que levara o comandante do K-19 a ordenar que todas as armas a bordo fossem recolhidas e atiradas borda fora, reservando algumas para si e para os oficiais superiores.

Maslennikov tinha razão. Arkhipov fora irresponsável ao falar no afundamento de um submarino à frente da guarnição. Tinha comprometido as únicas coisas que mantinham a ordem entre setenta e oito homens amontoados num espaço com sessenta metros: a hierarquia rígida e a fé nos comandantes. Mas que alternativa tinha ele? Em caso de confronto com Savitsky, Arkhipov precisava da guarnição do seu lado.

Arkhipov virou-se para os marinheiros, sentindo-se quase a desmaiar por causa do calor peganhento. Nos últimos dias, os sargentos e as praças tinham cumprido os quartos de quatro horas — sono, serviço, repouso e higiene pessoal, serviço —, mas Arkhipov e os outros oficiais não tinham dormido desde que o submarino fora forçado a mergulhar, na véspera, ao meio-dia, havia mais de vinte e quatro horas. Será que Arkhipov se atreveria a dormir um pouco?

— Vamos ligar as ventoinhas para vocês, rapazes.

Arkhipov dirigiu-se a cambalear até à sala onde o motor elétrico de emergência continuava a funcionar. A maior parte dos mostradores da bateria estavam no zero, só uma meia dúzia das quarenta células tinham alguma energia — talvez para mais meio dia. Arkhipov passou pelo silencioso compartimento dos motores a *diesel*, pela central de máquinas e pela messe dos sargentos e entrou no centro de operações. Os seis homens estavam calados e Savitsky estava esparramado na cadeira, com a cabeça encostada à antepara. Tinha a barba por fazer e o fato-macaco manchado de fuligem, e estava a roncar.

Arkhipov esgueirou-se por entre os veios do periscópio e dos *snorts*, entrou no compartimento de controlo das armas e examinou a carta de tiro que o exausto Kotov estava a atualizar de dez em dez minutos. Tal como nas últimas dez horas, os navios americanos continuavam a navegar atrás do B-59 a três nós — pouco mais do que um passo rápido —, mantendo-se cautelosamente à distância de uma milha, e com os seus estrondos terríveis e incessantes. Não tinha havido mudança nenhuma para fazer Savitsky entrar em pânico.

Arkhipov passou cuidadosamente por Savitsky e dirigiu-se ao seu camarote. Tinha de repousar, mas deixou a porta aberta para a eventualidade de uma correria para o compartimento dos torpedos da proa. Logo que se deitou, adormeceu.

3

Bolshaya Gruzinskaya, Moscovo
Domingo, 28 de outubro de 1962, 19h40, hora de Moscovo / 12h40, FHO

Vasin mudou de posição no desconfortável assento do carro e esticou a perna na qual estava com cãibras havia três horas. A noite envolvera o apartamento de Sofia como tinta entornada, começando na penumbra dos arcos e espalhando-se às sombras debaixo das tílias. Acenderam-se luzes no prédio inteiro à medida que uma torrente de troleibus foi descarregando cidadãos cansados de regresso a casa. Pequenos grupos de homens e mulheres jovens de uniforme chegaram ao bloco residencial do Ministério da Defesa conversando animadamente. Vasin olhou para o relógio: passava das sete e meia. Durante quanto tempo conseguiria ele manter a sua vigilância — esfomeado e sem café — à porta de Sofia?

Vasin amaldiçoou-se a si próprio por ter deixado Sofia ir-se embora. Ela era o elo mais fraco, a ameaça mais direta ao seu esquema, que parecia cada vez mais amalucado quanto mais Vasin pensava nele. Como podia ele ter a certeza de que Morozov não tinha transmitido aos americanos um sinal de perigo e não a luz verde para a recolha? Que tinha Morozov fotografado no microfilme? E embora o instinto de sobrevivência de Morozov fosse primordial, que motivo tinha Sofia para não falar? Patriotismo? Podia dar para os dois lados.

Mas Vasin estava sobretudo atormentado pelo pensamento constante de que talvez — talvez — a sua aposta louca tivesse funcionado. Imaginou a CIA, na embaixada americana, a revelar e a ler a mensagem que ele tinha escrito para Morozov, os *telex* encriptados a atravessarem o Atlântico, os generais e almirantes ianques a debaterem o aviso em salas de conferências. E até o presidente Kennedy, com o seu rosto jovem cansado, mas inteligente, ralado de preocupação ao ler a mensagem de Vasin, a mensagem que evitaria a guerra...

Cristo, Vasin. Ele encostou a cabeça ao assento e fechou os olhos. Mas tu pensaste que ia mesmo *funcionar*?

Vasin não podia esperar mais tempo. Sofia até podia estar com Morozov numa reconciliação romântica num quarto de hotel. Ou podiam estar presos. Vasin não fazia ideia e precisava de um plano. Se a sua ideia de avisar os americanos tivesse falhado, ele tinha de fugir. Se tivesse funcionado, talvez ele conseguisse convencer Orlov a perdoá-lo.

Para elaborar um plano, Vasin precisava de descobrir o que acontecera realmente, e sabia quem lho poderia dizer: a sua antiga equipa de vigilância, a cozer no seu apartamento abafado, eternamente atenta ao prédio de Morozov.

4

Quartel-general do KGB, Moscovo
Domingo, 28 de outubro de 1962, 20h03, hora de Moscovo / 13h03, FHO

Um dos factos célebres em relação à Lubyanka era que nunca ninguém tinha estado em todos os seus cantos. Eram poucas as pessoas que tinham estado no Depósito Especial 9/84. Ao contrário de todos os outros espaços prisionais da Lubyanka, o pequeno conjunto de salas localizava-se no nono andar. Ao subir num dos muitos elevadores do edifício, Orlov recordou-se vagamente de ter folheado as memórias de Casanova. Devia ter sido quando ele era estudante de teologia no seminário, e o seu interesse nas histórias libertinas do italiano fora francamente masturbatório. Mas Orlov recordou-se do relato de Casanova sobre o seu encarceramento debaixo do telhado quentíssimo do Palácio do Doge, em Veneza, uma prisão que era um buraco fedorento localizado muito acima das cabeças da gente ilustre que fazia a sua vida lá em baixo.

Orlov chegou ao complexo de salas através de uma série de corredores e passando por sentinelas que verificaram os seus documentos em vez de o mandarem passar, apesar de ele as ter escolhido pessoalmente a todas. As janelas, que davam para o pátio interior da Lubyanka, tinham grades enormes, mas fora isso, o

Depósito Especial era mais parecido com um arquivo do que com uma prisão — aliás, tinha sido um arquivo antes das transformações discretas ordenadas por Beria.

Na antecâmara da zona interior do complexo, estavam sentados dois dos guarda-costas de Orlov, e havia outros dois na cela. As jovens sentinelas puseram-se de pé num salto e fizeram continência. Nada a assinalar. Ótimo. Orlov abriu o pesado cadeado e a porta de ferro da sala de arquivo, que não tinha janelas. O fedor acre do balde que servia de latrina, misturado com o cheiro dos dois uniformes suados, atacou-lhe os sentidos. Morozov estava sentado numa tarimba, com a mão esquerda acorrentada a uma estante de ferro aparafusada à parede. Os dois sargentos puseram-se imediatamente em sentido, derrubando as suas cadeiras desdobráveis.

— À vontade, rapazes. Vão beber um chá. E levem o penico.

Orlov afastou-se para deixar passar os dois homens, que lhe fizeram uma continência agradecida. Depois de eles saírem, o general falou a Morozov. O homem, forçado pelo punho algemado a estar sentado na cama baixa, parecia um balão furado. O casaco desportivo domingueiro estava amarrotado e ele tinha o cabelo suado colado à testa.

— Não tenho tempo para ouvir as suas negações, camarada Morozov. Vou enviar gente para fazer isso por mim. Pode fazer perder o tempo deles, mas o meu, não. Estou aqui para falar — Morozov começou a falar por cima de Orlov, uma lamúria estridente de indignação que o general parou com uma bofetada com as costas da mão. — Não! Eu falo, você ouve. Percebeu? Por conseguinte, ouça com muita atenção. Apanhámos a Sofia. Apanhámos o Vasin. Apanhámos o microfilme. E... apanhámos o seu contacto americano. Foi apanhado em flagrante a recolher a sua mensagem. Oh, já me esquecia: a sua mulher e a sua filha também foram detidas. Percebeu tudo ou não?

Morozov estendeu o braço não algemado num gesto desesperado de súplica e começou outra vez a falar, mas Orlov calou-o com outro estalo. O impacto causou-lhe uma sensação agradável nos nós dos dedos.

— Uma. Palavra. Confessas?

Morozov apenas abanou a cabeça.

— Como queiras. Eu volto mais tarde. O americano vai falar.

Orlov saiu da cela e fez um sinal aos dois outros guarda-costas para assumirem os seus postos a guardarem o preso e para um jovem tenente dos Casos Especiais que estava à espera com um monte de papéis para registar a tagarelice apavorada de Morozov. Depois, fechou-os à chave com o seu cadeado pessoal.

Que bom que foi, pensou Orlov, enquanto regressava ao gabinete. Muito bom. Dar esperança ao desgraçado do Morozov. O traidor devia estar a pensar, se o americano não falar, fico bem. Eles não têm nada sobre mim, só a palavra de um KGB renegado, o Vasin. Sim, o Morozov ia mentir nas próximas horas, a tentar salvar a pele. Orlov permitiu-se uma pequena risada quando chegou ao gabinete, assustando a secretária.

É claro que o espião americano nunca falaria, mas isso não era importante.

Jacob não tinha maneira de saber o aspeto de Morozov, e vice-versa. Orlov tinha a certeza de que Jacob, mesmo que quisesse, não conseguiria apontar Morozov numa linha de identificação. Por conseguinte, a resposta era simples: conjurar outro Jacob. Qualquer oficial pálido e com orelhas de abano nascido no Báltico conseguiria representar o papel, desde que fosse meio inteligente. Era dar-lhe um ar maltratado, ensiná-lo a exagerar o sotaque não russo, metê-lo numa sala com o Morozov e depois de uma pausa adequada para protestos e negações — talvez acompanhados de uns socos na cabeça —, pô-lo a apontar um dedo acusador. Identificação positiva por um agente da CIA. De seguida, o tubinho com o microfilme. A revelação da mensagem tresloucada com o seu aviso bizarro de torpedos nucleares e esquadrilhas de submarinos secretas.

Orlov tinha quatro ases na mão e sabia que de manhã teria a confissão de Morozov.

A seguir, lidaria com Vasin — logo que encontrasse o cabrão traiçoeiro.

5

B-59, Mar dos Sargaços
Domingo, 28 de outubro de 1962, 14h03, FHO / 21h03, hora de Moscovo

Arkhipov respirou fundo. O odor metálico dos instrumentos novos parecia solda quente. O vedante dos mostradores eletrónicos emanava um cheiro antissético tranquilizador. E por baixo do familiar fedor humano do submarino — o cheiro a homens mal lavados e a tabaco forte —, o gosto ao chá doce da Marinha que ele tinha na boca. No extremo da sua consciência, Arkhipov ouviu vozes abafadas e a transmissão tranquilizadora de ordens. Arkhipov viu o ponteiro dos minutos do relógio elétrico avançar lentamente, e a bexiga contraiu-se-lhe de ansiedade. Ele sabia que daí a instantes iria ver luzes vermelhas de emergência a florescerem no painel de instrumentos do K-19.

Arkhipov abriu subitamente os olhos e concentrou-se no relógio — o que tinha ao pé do beliche e não o do centro de operações do K-19, o submarino condenado. Através da antepara, a poucos centímetros da cabeça, Arkhipov ouviu o ruído inconfundível do ar comprimido a entrar nos tanques de lastro: o B-59 estava a subir.

Arkhipov levantou-se num segundo e dirigiu-se ao corredor, mas parou. Depois de um segundo de hesitação, abriu o guarda-fatos, tirou a *Makarov* do coldre e inseriu o carregador. Arkhipov enfiou a arma na parte de trás das calças, cobriu-a com a camisa e correu para a ré.

O centro de operações estava apinhado de gente e a tensão era palpável. Savitsky estava de pé, a olhar para os controlos enquanto o submarino subia.

— O que se passa? — perguntou Arkhipov.

Savitsky apontou com o queixo para Maslennikov, delegando-lhe a resposta.

— Fomos apanhados por dois contratorpedeiros americanos — sibilou Maslennikov, com o suor a escorrer do rosto anafado.

— Ouvimo-los a duas milhas e meia a bombordo e estibordo, a trinta nós. Estão a tentar flanquear-nos, a bloquear-nos.

Kotov, o mestre do computador, apareceu ao lado de Savitsky com um papelinho garatujado com coordenadas.

— A solução de tiro mais recente para o porta-aviões americano, camarada capitão. É válida por mais dez minutos.

Savitsky pegou no papelinho, olhou para ele e sentou-se. De seguida, puxou para si a alavanca de controlo à direita do seu assento.

— Rumo... 273. Lemes de profundidade na posição de tiro. Profundidade dez metros.

— Quer muito fazer isso, não quer, Valentin Grigorievich? Disparar contra o porta-aviões?

Savitsky voltou a ignorar Arkhipov e virou-se para o oficial político.

— Venha, Maslennikov. Temos de armar a arma especial.

6

USS Bache, Mar dos Sargaços
Domingo, 28 de outubro de 1962, 14h03, FHO / 21h03, hora de Moscovo

Depois de mais de um dia, a irritação com a interminável perseguição em câmara lenta estava a começar a afetar Billings. O comandante do *Bache* era geralmente frio como o gelo, mas andava de um lado para o outro na ponte como um animal enjaulado. Os relatórios do sonar chegavam com uma regularidade que estava a tornar-se monótona: nenhuma alteração na velocidade nem no rumo dos soviéticos.

O implacável Kimble tinha permanecido na coberta varrida pela chuva a comandar o lançamento das cargas de profundidade, quarto após quarto. Tinham esgotado as cargas de exercício havia horas, e Kimble ordenara ao encarregado do paiol que retirasse os explosivos das outras cargas e deixasse apenas os detonadores — graças a Deus que dispunham de centenas.

— Comandante, o submarino mais próximo está a subir. — O oficial de quarto tinha o auscultador de comunicação com a sala do sonar pendurado na orelha, e falou num tom de vitória.

Aleluia, foda-se!, pensou Billings. Os idiotas ficaram sem baterias. Ouviram os contratorpedeiros a fecharem o cerco. Desistiram.

— E mudaram o rumo. Para... 273.

Billings deixou de sorrir e franziu o sobrolho. Atravessou a ponte, olhou para a carta e para a folha de plástico manchada na qual o navegador estava a marcar os movimentos da esquadra americana a azul e os dos submarinos soviéticos a vermelho.

Por que raio tinha o comandante soviético virado?

E depois percebeu. O USS *Randolph* estava no rumo 273 do submarino, a cinco milhas de distância — o alcance máximo dos torpedos soviéticos.

— Santo Deus. O sacana está a alinhar-se para disparar.

Billings virou-se para o oficial de quarto.

— Carreguem os lançadores com cargas explosivas. Diga ao sonar que escute ruídos de portas de torpedos. Sala das máquinas a postos para aumentar a velocidade. E chame o Kimble. Já.

Ao primeiro sussurro da inundação de um tubo de torpedo, Billings poderia carregar no acelerador e colocar o contratorpedeiro em cima do submarino em dois minutos — e depois esmagaria o cabrão como uma barata.

7

Lago dos Pioneiros, Moscovo
Domingo, 28 de outubro de 1962, 21h04, hora de Moscovo / 14h04, FHO

Vasin deu duas voltas lentas ao Lago dos Pioneiros e depois estacionou mesmo por baixo das janelas de Morozov. As luzes estavam acesas e havia alguém a mexer-se no apartamento. Era tranquilizador... talvez. Havia um *Volga* cinzento estacionado na esquina oposta, com os faróis apagados e dois homens no interior que ele não reconheceu. Parecia um carro rádio do *kontora*. Também era tranquilizador. Se o *kontora* ainda estava a vigiar o local, talvez Morozov não tivesse sido preso.

A noite estava húmida e fresca e o Lago estava deserto, com a exceção de um adolescente muito agasalhado que arrastava um cachorrinho relutante para um passeio pelo parque. Vasin virou a gola do casaco para cima e caminhou apressadamente pelas sombras até à entrada do apartamento do *kontora*, diretamente oposto ao de Morozov, no outro lado do parque. Vasin digitou o código da porta, apanhou o elevador para o sétimo andar e pôs-se à escuta na familiar porta almofadada. Nada.

Não tinha ocorrido a Orlov pedir a Vasin que devolvesse a chave do posto de vigilância. Vasin rodou a chave o mais silenciosamente possível e abriu a porta devagarinho. O silêncio não significava necessariamente que não houvesse ninguém no apartamento. Vasin rezou para não dar com Ouvidos sentado no seu posto de escuta com os auscultadores ligados à Rádio Moscovo, nem com o jovem Lyubimov, sentado silenciosamente à janela a ler o número mais recente da revista científica *Nauka i Zhizn*, ou com um rufião desconhecido inclinado sobre uma chávena de chá a arrefecer. Mas não havia ninguém na cozinha nem na sala de estar. Um olhar para o equipamento de escuta de Ouvidos disse-lhe tudo o que ele precisava de saber. A mesa estava cheia de rolos de cabos. Havia uma caixa de madeira meio cheia com um gravador desmontado. O dispendioso equipamento fotográfico de longo alcance tinha desaparecido. Apenas restava um par de binóculos militares, os que tinham uma ocular torta que fora pisada por Lyubimov meses antes.

Vasin pegou nos binóculos e olhou para o apartamento de Morozov. Através de uma cortina semicerrada, vislumbrou várias figuras de uniforme. Uma baixou-se para apanhar uma pilha de livros ou dossiês. A cor das calças não era o verde militar, mas sim o azul do KGB.

Era o fim. Morozov tinha sido descoberto. E a mensagem? Era quase certo que também tinha sido descoberta.

Vasin ouviu uma chave na fechadura. A luz da entrada acendeu-se.

— Está alguém em casa?

Era a voz de Lyubimov. Antes de Vasin responder, o garoto espreitou para a sala de estar e descortinou-o ao pé da janela, no escuro. A boa disposição sumiu-se da voz do jovem oficial quando ele acendeu a luz e viu o seu antigo chefe.

— Chefe! Assustou-me. Está tudo bem? Julguei que o senhor...

Vasin só conseguiu pronunciar duas palavras:

— O Morozov?

O rosto de Lyubimov enrugou-se de cautela.

— Pois... o coronel Pushkov disse-nos para não... dizermos nada.

— Sobre o quê? — A voz de Vasin pareceu o murmúrio rouco de um alcoólico.

Lyubimov não respondeu e olhou cautelosamente para a sala, como que à procura de cúmplices. A mão desceu ao longo do casaco.

— Ora, chefe. Acerca da detenção do Morozov e tudo o mais. Chefe, peço desculpa, mas tenho ordens para...

Vasin olhou para o chão. Era mesmo o fim. Ele tinha falhado. Quando levantou os olhos, viu uma arma na mão do jovem oficial. Vasin pousou lentamente os binóculos no peitoril da janela, alisou o cabelo e forçou um sorriso para Lyubimov.

— Então apanhámo-lo finalmente? Bom trabalho, miúdo.

Vasin ignorou a *Makarov*, atravessou a sala com os olhos no seu protegido e pôs-lhe uma mão amiga no ombro.

— Sabes, eu sempre acreditei em ti, Misha.

— Chefe... Pare! Temos ordens para...

Vasin piscou-lhe o olho, virou-se e saiu calmamente pela porta — e desceu as escadas a correr.

8

B-59, Mar dos Sargaços
Domingo, 28 de outubro de 1962, 14h10, FHO / 21h10, hora de Moscovo

— O senhor *não vai* carregar a arma especial. — A voz de Arkhipov elevou-se com a tensão. — Eu não autorizo.

Savitsky parou, mas depois continuou a avançar para a escotilha como se o comandante da esquadrilha não tivesse falado. Maslennikov não o seguiu.

Arkhipov gritou:

— Ouviu, comandante? Perdeu o juízo?

O pessoal do centro de operações ficou horrorizado, mas Arkhipov já não queria saber.

— Savitsky, não se vá embora. Maslennikov, recorde as nossas ordens ao comandante.

Savitsky endireitou-se, de costas para Arkhipov, e falou para o oficial político.

— Capitão-de-fragata Maslennikov, eu dei-lhe uma ordem. Vamos armar a arma especial. É a minha ordem.

Maslennikov gaguejou:

— Comandante. Camaradas comandantes. As nossas ordens são que podemos retaliar se formos atacados.

Arkhipov aproximou-se de Maslennikov, que estava a tremer.

— E que a decisão de disparar cabe a quem, Maslennikov?

Savitsky respondeu por ele.

— Do comandante do submarino. E do oficial político. E agora, vamos passar ao ataque.

— Não, comandante. — Arkhipov esforçou-se por manter a voz firme. — A decisão cabe ao oficial *superior* do submarino. É o que diz a ordem, a preto e branco. O senhor é o comandante deste submarino, mas o oficial superior da esquadrilha sou *eu*. Correto, Maslennikov? Seguimos o manual, recorda-se?

O oficial político, a tremer, enfrentou o olhar terrível de Savitsky.

— De facto, o camarada Arkhipov tem razão, comandante. A decisão cabe ao oficial superior, que é o comandante da esquadrilha.

— Correto. A decisão é minha. — Arkhipov meteu-se entre Savitsky e a escotilha. — E a minha ordem é que *não disparamos*. Não estamos a ser atacados.

— Estamos a ser perseguidos pelo Mar dos Sargaços por uma esquadra americana! — O rosto corado de Savitsky estava com manchas vermelhas de fúria.

— Volto a dizer-lhe que não estamos a ser atacados, Valentin Grigorievich.

— Prefere que eles nos afundem antes de podermos usar a arma especial, camarada comandante? — A voz naturalmente arrogante de Savitsky estava rouca. — Prefiro morrer a ser a vergonha da esquadra.

Arkhipov pôs a palma da mão na antepara atrás da cabeça de Savitsky.

— Eu, na condição de chefe do estado-maior da esquadrilha e oficial superior a bordo deste submarino, é que decidirei sobre a vergonha.

Savitsky sibilou com fúria e premência:

— A guarnição vai obedecer-me a mim, não a si, Arkhipov.

A tensão corria entre os dois homens como uma carga elétrica. Barataria: era o termo do direito marítimo para o que Savitsky estava a dizer. «Motim» era uma sublevação das praças. «Barataria» era uma revolta dos oficiais contra o comandante. Mas, neste caso, havia dois comandantes: o do B-59 e um estranho, Arkhipov. Que iriam os marinheiros escolher? A lealdade ao comandante ou a vida?

— Quer que continuemos aos círculos como peixinhos dourados num aquário até ficarmos sem baterias e depois fazermos superfície e nos rendermos? — prosseguiu implacavelmente Savitsky. — Quer entregar o submarino B-59 da Esquadra do Norte da Ordem da Bandeira Vermelha ao inimigo? Sem luta? Você é um *traidor*, Vasily Aleksandrovich? Ou é só um cobarde?

Arkhipov sentiu as fontes a pulsarem da tensão. Ele gostaria de entrar numa gritaria com o truculento comandante, mas esforçou-se por manter a voz baixa para igualar o sibilar de Savitsky. Tinham os rostos separados por centímetros.

— A minha ordem não é a rendição, comandante. E não, a guarnição *não* lhe vai obedecer. Abrir as escotilhas dos tubos com o inimigo tão perto é suicídio. As praças sabem e não o vão fazer. E assim que o senhor sair daqui, eu anunciarei pelo intercomunicador que a missão foi abortada e que vamos regressar a casa. E depois experimente obrigá-las a cumprirem a sua ordem.

A mão de Arkhipov tinha descido para os três intercomunicadores colocados acima do assento de Savitsky. Bastava-lhe carregar num interruptor e o submarino inteiro ouviria a conversa. Savitsky olhou para os intercomunicadores. Ele podia facilmente pegar no intercomunicador e gritar a sua ordem, mas hesitou durante um segundo. E outro. Finalmente, Savitsky respirou fundo, como se fosse a primeira vez que respirava há minutos, e baixou a cabeça.

— Certo. Chega. — Arkhipov ligou o intercomunicador para a sala das comunicações. — Operador de rádio, contacte o B-36 pelo telefone subaquático. Ordens para a esquadrilha: fazer superfície e carregar baterias; nenhum contacto rádio independente com o inimigo.

Maslennikov falou com indignação.

— Comandante, e o silêncio rádio?

Arkhipov ignorou-o e dirigiu-se ao pessoal do centro de operações.

— Içar periscópio e *snort*. Esgotar tanques, vamos para cima.

O sargento, sentado aos comandos dos lemes de profundidade, olhou de Arkhipov para Savitsky e de novo para Arkhipov. As mãos não se mexeram.

Savitsky estava imóvel no seu lugar. Quando falou, a voz tremeu-lhe de raiva.

— Não o vou autorizar a entregar o meu submarino.

— Tudo bem. Faça como quiser.

Arkhipov estendeu a mão por cima da cabeça de Savitsky e deslocou rapidamente as alavancas do telégrafo para «Atenção à Máquina». O chefe do serviço de máquinas respondeu passados dois segundos: os três mostradores acusaram a receção da ordem com três estalidos mecânicos. Arkhipov deu rapidamente quatro passos até aos mecanismos que controlavam a entrada do ar nos tanques de lastro e antes que o marinheiro conseguisse reagir, rodou uma válvula, e outra, e outra. Ouviu-se a deslocação da água. O mostrador principal da profundidade começou imediatamente a baixar para zero. A dez metros de profundidade, o B-59 levaria menos de um minuto a subir à superfície.

Savitsky deu um grito e atirou-se às alavancas dos lemes de profundidade numa maneira desesperada de obrigar o submarino a mergulhar com a potência dos motores, contrariando a súbita força ascensional negativa que o propulsava para a superfície.

— Não, comandante!

Arkhipov agarrou a pistola.

9

USS Bache, Mar dos Sargaços
Domingo, 28 de outubro de 1962, 14h12, FHO / 21h12, hora de Moscovo

Do seu posto na asa da ponte, Billings viu a esteira cremosa do periscópio do B-59 na superfície do oceano, seguida pela do tubo do *snort*. Será que o comandante soviético ia tentar recarregar as baterias ventilando os motores através do *snort*? Seria uma coisa tão parva como um miúdo a tentar esconder-se atrás das mãos.

Não. Surgiu uma grande esteira de espuma branca, seguida do perfil negro da torre do submarino. Uma coluna espessa de fumo preto saiu pelas evacuações do topo da torre quando os motores *diesel* entraram em ação. Ao seguir com olhar a coluna de fumo a estender-se sobre a água, Billings avistou a torre de outro submarino a subir à superfície a cerca de uma milha. Ambas as torres tinham estrelas vermelhas pintadas. Depois de duas décadas a caçar e a evitar submarinos soviéticos, eram os primeiros que Billings via sem serem pontos ameaçadores num ecrã do sonar.

— Esta agora!

Billings carregou no botão do intercomunicador na outra extremidade da asa da ponte.

— Equipas de convés, guarneçam rapidamente os vossos postos. Submarinos soviéticos à superfície.

10

B-59, Mar dos Sargaços
Domingo, 28 de outubro de 1962, 14h12, FHO / 21h12, hora de Moscovo

Arkhipov sentiu o peso da pistola na mão, mas não puxou dela. Ele sabia que se o fizesse, perderia imediatamente a razão — e que alguém morreria. Talvez ele. E os sobreviventes seriam julgados em conselho de guerra e iriam muito provavelmente parar ao Gulag.

Enquanto o arranque dos motores ecoava pelo submarino, ouviu-se o intercomunicador da antepara.

— Camarada comandante? — O operador do sonar falou numa voz tímida, mas o seu tom de ansiedade capturou de imediato a atenção de todos. — Está a acontecer algo estranho.

Arkhipov, Savitsky e Maslennikov ficaram paralisados. Savitsky gritou com irritação para o intercomunicador:

— O que é?

— É... música, comandante. Vem do contratorpedeiro americano. Ouço música.

Os três oficiais olharam uns para os outros com um ar de incompreensão.

— Ligue aos altifalantes.

Ouviu-se um estalido quando o operador do sonar encostou os auscultadores ao intercomunicador. O som emitido pelo altifalante era abafado, mas inconfundível: uma banda a tocar... *jazz*.

Toda a gente ficou petrificada com o barulho bizarro e metálico que saiu do intercomunicador geral. A mente de Arkhipov, a pulsar de adrenalina, negou-se a processar o que estava a acontecer, mas nessa altura as ventoinhas começaram a soprar o ar puro e frio bombeado pelas poderosas ventoinhas da sala das máquinas. O ar desanuviou a mente de Arkhipov como uma janela aberta numa sala cheia de fumo.

— É para nós, Savitsky! Os americanos estão a dar-nos as boas--vindas. Não há guerra nenhuma!

Savitsky estava de olhos arregalados, como que atordoado. Os seus olhos congestionados fixaram-se nos de Arkhipov.

— Não há guerra *nenhuma*, compreende? — repetiu Arkhipov. — Estamos em águas internacionais. Não precisamos de capitular.

Arkhipov respirou o ar puro e doce e fechou os olhos. Teve vontade de rezar, mas não sabia como.

11

Quartel-general do KGB, Moscovo
Domingo, 28 de outubro de 1962, 21h32, hora de Moscovo / 14h32, FHO

Orlov sabia que os seus preparativos eram tudo menos perfeitos, mas o que havia de perfeito na Lubyanka? Ou na vida? Ele estava constrangido pelo tempo e pelo espaço, e pela necessidade de o seu cativo ser um segredo muito bem guardado. Feliks Dzerzhinsky, o fundador da polícia secreta, tinha dito que dois homens podem falar em privado desde que logo a seguir um deles caia num buraco profundo. Cinco horas depois de Orlov ter prendido Morozov, cerca de doze pessoas — toda a sua equipa pessoal — sabiam. Pelo menos, sabiam que tinham como convidado um preso secreto no arquivo secreto do nono andar. E, por necessidade, acrescentava-se o estónio mal-arranjado, esgalgado e pálido do qual Orlov estava à espera, cada vez mais impaciente, para instruir na antecâmara antes de se avistar com Morozov.

O rapaz era um primeiro-sargento retirado da secção antidissidência do *kontora* e apressadamente vestido com roupas estrangeiras trazidas do «Guarda-roupa dos Atores». A ideia da Lubyanka como uma ópera gigante, dotada de um departamento de *casting* e até de um guarda-roupa, ofereceu a Orlov meio segundo de divertimento. Vestido com um fato americano ligeiramente largo e de corte antiquado, e com o cabelo ruivo implacavelmente domesticado com brilhantina, o garoto quase parecia um espião americano.

— Sven Arvovich? — O rapaz pôs-se em sentido. Era pálido, mas estava da cor do giz devido à apreensão. Orlov entregou-lhe o memorando que tinha apressadamente manuscrito, não havia necessidade de partilhar os seus segredos com uma datilógrafa. — Isto é o relato do que fez nas últimas vinte e quatro horas. Tem quinze minutos para o decorar. Depois, vai ser trazido aqui como se fosse um preso. Vai haver um homem à espera nesta sala. Vocês vão ter uma confrontação judicial formal, perante testemunhas. Eu vou interrogá-lo e você vai falar mau russo. Exagere o seu sotaque de estrangeiro. Vai responder pelo nome de Richard Jacob, um diplomata americano, que eu lerei de um bilhete de identidade.

Orlov esperava fervorosamente que a sua secretária conseguisse substituir a fotografia do cartão da embaixada de Jacob pela do jovem sargento e pintar o carimbo do Ministério dos Negócios Estrangeiros soviético num canto da imagem. Orlov não estava interessado em envolver os profissionais do quarto andar.

— Vai exigir falar com a embaixada americana. Eu vou-lhe dizer que foi detido por ter atacado um oficial soviético, e por espionagem. São dois crimes e infrações ao abrigo da nova Convenção de Viena sobre a conduta dos diplomatas. Não vamos entrar em pormenores, mas eu vou mostrar-lhe um tubo com um microfilme, com o qual foi apanhado em flagrante. Vou-lhe dizer que poderá ser libertado se responder às nossas perguntas em relação ao homem que está à sua frente. Vai objetar. É possível que eu lhe bata... com força. Mas quando eu insistir pela segunda ou terceira vez, mas não antes, vai identificar o suspeito como um agente cuja fotografia viu na secção da CIA na embaixada, no seu lugar de trabalho. Só vai responder «não» às minhas perguntas uma vez: quando eu lhe perguntar se sabe o nome dele, vai dizer que é segredo. Repita as instruções que lhe dei, com o sotaque. Comece.

O jovem estónio, a tremer de choque, conseguiu gaguejar relativamente bem as suas instruções. Era bom que ele estivesse assustado. Orlov olhou para o rapaz uma última vez antes da sua atuação breve, mas vital, no pequeno espetáculo por si encenado. Havia qualquer coisa de errado, mas o general demorou um minuto a perceber o que era: o rapaz tresandava, era o cheiro familiar dos jovens adultos soviéticos mal lavados. Orlov, satisfeito com a sua perspicácia, mandou uma ordenança buscar o frasco de água-de--colónia francesa que tinha na gaveta da secretária.

— Agora, leia. Memorize. E não se esqueça, sargento: a segurança da pátria depende do seu desempenho.

12

Lago dos Pioneiros, Moscovo
Domingo, 28 de outubro de 1962, 21h52, hora de Moscovo / 14h52, FHO

Num dos livros de histórias infantis que Vasin costumava ler a Nikita, havia um carpinteiro que não tinha mulher e, como se sentia sozinho, construiu um boneco de madeira, fabricando articulações para os joelhos e cotovelos para que ele andasse quase como um menino a sério. Quando regressava ao carro, Vasin sentiu as pernas e o corpo rígidos como madeira. Sentiu uma necessidade urgente de urinar. Vasin transformara-se no boneco de madeira: não estava verdadeiramente vivo. Era um objeto inanimado que andava inexplicavelmente, animado pelo poder da solidão.

O que Vasin mais queria — quase mais do que tudo o que alguma vez quisera — era meter-se no carro e ir para casa. Entrar no seu apartamento e ajoelhar-se ao pé do seu filho adormecido. Eles nunca tinham falado muito um com o outro, em especial, quando estavam sozinhos. Vasin tinha sempre considerado o sossego como uma dádiva sua ao garoto, que era constantemente acossado por um mundo que o bombardeava com exigências. Nikita era taciturno, ponderado e prestável, não era mimado nem arrogante como as outras crianças que brincavam no pátio do prédio de apartamentos da elite para onde se tinham mudado no ano anterior.

Vasin queria ajoelhar-se ao lado do filho e contemplar o seu rosto — que já não era o de uma criança. E se o garoto acordasse, ele convidá-lo-ia para uma partida de xadrez e uma chávena de chá, beberricado numa camaradagem silenciosa na quietude da noite.

Vasin deu-se conta de que estava ao pé do carro, de chave na mão. A rua estava deserta. Vasin abriu lentamente a porta e entrou, mas não ligou a ignição.

Ele tinha falhado. Tinha arriscado a vida para salvar a pátria, para evitar uma guerra, mas o seu plano tinha falhado de modo espetacular. Atraiçoado por Sofia? Ele tinha de partir do princípio que sim.

Para onde poderia ele ir onde Orlov não o encontrasse? Para quê correr, a não ser para morrer cansado? Para quê fugir se estava prestes a eclodir uma guerra nuclear que destruiria a sua família?

13

B-59, Mar dos Sargaços
Domingo, 28 de outubro de 1962, 14h52, FHO / 21h52, hora de Moscovo

O gosto do ar do mar tropical quando Arkhipov subiu a escotilha para o topo da torre do B-59 foi indizivelmente doce. Os dois vigias que estavam na diminuta estrutura oval deram instintivamente espaço a Arkhipov.

Havia três contratorpedeiros num círculo de um quarto de milha à volta do B-59, com marinheiros nas pontes a olharem boquiabertos para os submarinos soviéticos. Os americanos tinham-se identificado pelo rádio e pelo semáforo como USS *Cony*, *Beale* e *Bache*. Arkhipov tinha ordenado uma resposta formal breve.

A pouca distância, a norte, Arkhipov viu o B-36. Os dois submarinos soviéticos caídos em desgraça tinham apenas trocado mensagens breves, pois sabiam que os ianques estavam a escutar as suas comunicações via rádio.

Na coberta do USS *Beale*, a banda continuava a tocar. *Jazz* de Nova Orleães, canções de Louis Armstrong, segundo um dos operadores da sala das comunicações do B-59 — o garoto passava claramente tempo demais a ouvir as rádios americanas.

Arkhipov olhou para cima. O céu estava nublado e o vento mudou e empurrou para a torre o fumo dos *diesels* que saía pelas evacuações. Mas ele estava vivo. A sua guarnição, os músicos americanos e a guarnição do B-36 estavam vivos. Para já, era suficiente.

Daí a pouco mais de quatro horas, as baterias estariam totalmente carregadas e eles talvez conseguissem restabelecer as comunicações com Moscovo. O contacto com o inimigo era considerado um motivo autorizado para quebrar o silêncio rádio. A sala das comunicações estava a enviar o relatório encriptado de Arkhipov para o comando da esquadra. Encurralados por navios inimigos, forçados a fazerem superfície. Solicitam-se novas ordens para a missão.

Não era uma mensagem agradável para um comandante de esquadrilha enviar.

Arkhipov previu as novas ordens: abortar a missão e regressar à base. E, na base, muito provavelmente, a desonra. Ele até estava disposto a apostar dinheiro que Savitsky o iria denunciar por cobardia, de conluio com Maslennikov, durante a inevitável reunião com o serviço de informações naval. Seria a palavra deles contra a sua. Arkhipov sabia que no mínimo, era o seu último comando operacional.

Arkhipov agarrou o frio corrimão de aço e sentiu o balanço do submarino na longa ondulação do Atlântico. Cristo, pensou o comandante Arkhipov, é bom respirar ar puro.

14

Quartel-general do KGB, Moscovo
Segunda-feira, 29 de outubro de 1962, 07h25, hora de Moscovo / 00h25, FHO

Morozov quebrou pouco antes da alvorada — a hora do desespero dos presos. Um brutamontes da velha escola do NKVD, especializado em extrair confissões, tinha uma vez aconselhado Orlov a levar os acusados para o pátio ao alvorecer, para verem o céu. Quanto mais fria e sombria estivesse a manhã, melhor. Ao caminhar pelo corredor de regresso ao seu gabinete com a confissão de Morozov na mão, Orlov interrogou-se porque é que o truque funcionava tão bem. Talvez tivesse que ver com o facto de os presos compreenderem que o seu pesadelo noturno iria continuar durante o dia. Talvez o vislumbre do mundo do qual eles tinham sido violentamente removidos lhes destroçasse o coração. Ou talvez fosse uma partida da mente insone: o romper da aurora confirmava que não haveria repouso nem sono enquanto o preso não fizesse o que lhe era exigido.

Orlov não estivera muito ligado à extorsão de confissões nos sangrentos anos 30, quando o *kontora* passara à chacina massificada. Ele vivera aquele tempo perigoso adstrito ao quartel-general da Região Militar do Extremo Oriente, como uma espécie de espião, a informar sobre os oficiais superiores do Exército e da Força Aérea, mas afastado das salas de interrogatórios e das fábricas de morte do Gulag que surgiram na região como cogumelos.

Mas o resto do *kontora*... Orlov abanou a cabeça ao recordar-se. No auge das purgas, o NKVD pareceu transformar-se num coletivo gigante de argumentistas de teatro radiofónico: cada investigador escrevia o seu enorme guião com conspirações, sabotagens e espionagem para enviar cada vez mais pessoas para as valas de execução. Assassinatos por quota. Orlov tinha visto as listas, assinadas pelos seus antigos chefes, Yezhov e Yagoda, que desciam pela cadeia de comando: «Adzharia, 1500; Província de Arcângel, 1250; Província de Astracã, 2300» — e assim por diante, por ordem alfabética. Eram os números de inimigos do povo mensalmente estipulados para serem detidos e aterrorizados para confessarem o mais eficientemente possível, e depois sumariamente julgados e abatidos a tiro.

E a papelada? Era necessária uma dúzia de documentos para prender, acusar, interrogar e condenar o operário mais humilde. No caso de um membro importante do Partido, seriam talvez necessários uns noventa documentos, não só confissões, mas também confissões de outros suspeitos, tudo interligado e corretamente cotejado. E ai do oficial do *kontora* que se enganasse nos suspeitos, que distorcesse as conspirações e confundisse os acusadores com os acusados. Esses erros podiam resultar em algo horrível e impensável: a absolvição. Tinha acontecido, obviamente não porque o acusado fosse mais ou menos inocente, mas porque o investigador do NKVD tinha feito merda.

Aqueles infelizes trapalhões do *kontora* eram rapidamente enviados para a trituradora, acusados de atividades antissoviéticas, sabotagem ou mesmo falsificação de provas. É certo que a falsificação de provas era oficialmente um crime e oficiosamente uma descrição de funções, mas toda a gente sabia que o verdadeiro crime daqueles oficiais era terem abrandado a máquina do terror, e o preço era tomarem o lugar das pessoas que não tinham conseguido condenar — para as estatísticas, não fazia diferença.

O ritmo fora obviamente definido pelas chefias do *kontora*. No tempo heroico anterior à guerra, alguns homens tinha construído a Revolução com tijolos e argamassa, construindo fábricas e cidades em tempo recorde. Os chefes igualmente apaixonados do *kontora* construíram a sua revolução pessoal com os cadáveres dos inimigos do Estado. Quanto mais cadáveres, mais protegido estaria o Estado. E quem podia contestar a sua lógica? Orlov nunca se atrevera — pelo menos, na altura.

Um ordenança de olhos congestionados abriu-lhe a porta do gabinete. Orlov aproximou-se da janela e viu a luz matinal sombria e cinzenta espalhar-se sobre a Lubyanka. Depois, leu a página da confissão sumária assinada por Morozov minutos antes. Sentimentos antissoviéticos desencadeados pela execução de camaradas e amigos antes da guerra. Desilusão com o comunismo depois da repressão da sublevação burguesa em Budapeste, em 56. Fúria face à linha política belicista do Partido. Abordagem voluntária a diplomatas britânicos em Moscovo, em 60. Contacto da CIA durante uma viagem de negócios a Paris, em 61. Documentos da Operação Anadyr solicitados sob falsos pretextos... e assim por diante.

Orlov tinha mandado incluir muita coisa relacionada com a longa amizade entre Morozov e o coronel-general Ivan Serov. Que o general tinha prometido tomar conta do seu protegido e classificado de disparates as suspeitas do *kontora*. Sim, Serov fora completa e minuciosamente implicado por Morozov. Não estava obviamente implicado na traição de Morozov, mas por fazer vista grossa à traição — o que era mais do que suficiente para os fins de Orlov.

Só faltava uma coisa na confissão. Morozov não tinha dito nada sobre o espião americano que Vasin tinha morto em Arzamas-16 no ano passado. Quando Orlov tinha levantado a questão, o suspeito, aterrorizado, estava a despejar tudo, quase tropeçando em si próprio para oferecer pormenores passíveis de lhe salvarem a vida. Mas nada sobre o coronel traidor, Pavel Korin, nem um indício de ligação. Orlov não tinha julgado que Morozov estivesse a omitir alguma coisa. Não seria facílimo confessar uma ligação a um agente morto?

Mas era apenas um detalhe. Orlov abanou a cabeça e repôs os apontamentos no dossiê. O mundo tinha dado uma reviravolta espantosa, pensou ele. Uma geração antes, milhares de pessoas tinham sofrido e morrido por causa de acusações igualmente rebuscadas de traição e espionagem, quase nenhuma verdadeira. Mas, agora, Orlov tinha apanhado um espião genuíno. Um agente dos ianques, absolutamente genuíno, e no cerne da crise das Caraíbas.

Orlov sabia que tinha dinamite nas mãos, logo, era material perigoso. Era veneno para o cabrão do Serov. Ele não sobreviveria ao escândalo da sua amizade com um traidor.

Mas essa não era a parte perigosa. O verdadeiro explosivo era a última mensagem de Morozov, ditada por Vasin. Quem tinha ordenado aos submarinos que furassem o bloqueio? Tinham sido claramente altas patentes militares descontentes com a possibilidade de Khrushchev recuar. Quem? Iriam vencer? Será que Orlov as conseguiria derrubar revelando os seus planos? E se sim, porque haveria ele de o fazer? Quanto valeria o seu silêncio para eles? Inversamente, o que dariam os aliados de Khrushchev em troca das suas informações? Ou será que ele poderia ajudar os «falcões» a derrubar Khrushchev?

A mente de Orlov revisitou anos de conversas, apertos de mão, confidências sussurradas, memorandos secretos. Ele jogava aquele jogo havia tempo suficiente para saber que, na política, não havia princípios, somente um caleidoscópio eternamente mutável de indivíduos, factos, interesses, informação e poder — que eram obviamente a mesma coisa. Amigos, inimigos? Também eram abstrações. Quando se jogava bem, os poderosos eram nossos amigos, e os futuros poderosos ainda eram mais amigos.

O trânsito estava a chegar à hora de ponta na rotunda que rodeava a alongada estátua de ferro de Feliks Dzerzhinsky no meio da Praça da Lubyanka. Os severos olhos metálicos do fundador da polícia secreta soviética estavam fixados no outro lado do mar de automóveis vermelhos, brancos e azuis — ele estava a olhar para um futuro revolucionário.

Um futuro que estava nas mãos de Orlov.

15

Quartel-general do KGB, Moscovo
Segunda-feira, 29 de outubro de 1962, 07h31 hora de Moscovo / 00h31 FHO

A secretária de Orlov interrompeu-lhe o devaneio.

— Camarada general? Tenho o tenente-coronel Vasin ao telefone.

— *Ah*. Passe-o.

Orlov pousou o dossiê e dirigiu-se para o telefone mais próximo da janela. Estava ligeiramente surpreendido. Tinha pensado que talvez Vasin tentasse fugir. Havia maneiras de fugir da URSS. Todos os anos, algumas pessoas conseguiam. A pé, atravessando as florestas da Carélia, para a Finlândia. De barco, a partir de um pequeno porto estónio. Uma longa caminhada através do Hindu Kush. Às escondidas, num navio saído de Leninegrado ou Odessa. Bastava ter energia e sorte. Ter um carro e um cartão do *kontora* era inestimavelmente útil. Orlov teria colocado as probabilidades de Vasin nuns vinte por cento, e uma parte dele até estaria a torcer pelo idiota tresloucado.

Orlov estava sempre à espera de que as pessoas fizessem coisas estúpidas, e geralmente faziam. Mas Vasin não era estúpido. Ia implorar pela vida. Orlov estava interessado em saber como, mas também não lhe dava mais de vinte por cento de hipóteses de sobrevivência.

Orlov atendeu ao décimo toque, mas não disse nada.

— Camarada general?

Orlov resmungou um «sim» impaciente, e estabeleceu-se um longo silêncio.

— General, preciso de quinze minutos do seu tempo. Frente a frente. Em terreno neutro.

Orlov teve de admitir que era uma abertura razoável. Um homem pouco inteligente teria pedido uma hora ou um minuto — por favor, general, peço-lhe. Ou pior ainda, teria começado a implorar ao telefone.

— De acordo, Vasin.

— Muito bem. Hoje, ao meio-dia? Ao pé do «Feliks de Ferro», no parquito oposto ao Museu Politécnico. Tenho a sua palavra de que estaremos sozinhos?

Orlov abafou uma risada.

— Claro.

O general desligou e virou-se para a janela para pensar no problema de Vasin. O seu primeiro instinto tinha sido enterrar o cabrãozinho insubordinado, mas ele sabia que apenas se irritara por ter sido desafiado. Agir sob o impulso da fúria era uma atitude fraca.

Orlov olhou para a estátua de Dzerzhinsky, que dominava a Praça da Lubyanka, e saboreou o seu triunfo. Por enquanto — um longo e doce momento —, não havia nada a fazer, era esperar. Orlov tinha os trunfos todos. Se Vasin tivesse razão e um dos marinheiros que estavam nas Caraíbas lançasse o seu fogo de artifício nuclear contra um navio americano, haveria guerra. Seria um dos desfechos. Se Vasin não tivesse razão, não haveria guerra. Outro conjunto de desfechos. Serov cairia, ou Serov e os seus amigos venceriam. Fosse como fosse, Orlov tinha Serov firmemente fisgado. Afogar o seu inimigo ou salvar o seu inimigo — a escolha seria sua. Orlov deu por si a fechar e a abrir as mãos. O poder era uma boa sensação.

Orlov ligou o intercomunicador e disse à secretária para estar atenta aos noticiários telegráficos americanos em busca de informações sobre um confronto armado em Cuba, e para mandar os peixinhos dele no Aquário e no Estado-Maior-General estarem alerta em relação a notícias navais das Caraíbas. De resto, ele não deveria ser incomodado.

Orlov deixou-se cair no sofá com o dossiê de Morozov nos braços e adormeceu profundamente.

16

Praça da Lubyanka, Moscovo
Segunda-feira, 29 de outubro de 1962, 12h00, hora de Moscovo / 05h00, FHO

Orlov raramente andava nos passeios de Moscovo. Talvez uns metros, do carro ao teatro, de vez em quando, mas caminhar quase sozinho num passeio deserto era algo que ele não fazia havia anos. Dois dos seus guarda-costas seguiam-no a pé, a uma distância discreta, e também havia um carro com dois homens a acompanhá-lo ao longe. Era quase estar sozinho. Quando Orlov entrou na passagem subterrânea recém-construída da Lubyanka para a rotunda à frente do Museu Politécnico, perguntou-se se Vasin teria o atrevimento de o fazer esperar. Orlov estava a gostar da situação. Fazia muito tempo desde que fora para um interrogatório sem saber exatamente o que pretendia ou o que ia fazer.

Quando Orlov saiu da passagem subterrânea, começou a chuviscar. O parquito estava deserto. O local tinha sido uma boa escolha, nem que fosse só por razões simbólicas. Era dominado pela estátua do «Feliks de Ferro», envolta num halo nebuloso de chuva outonal.

Ouviram-se os guinchos insistentes da buzina de um *Moskvich* do lado oposto da rotunda. Bem jogado. Vasin estacionara de forma que o carro de Orlov tivesse de dar a volta à praça inteira para os seguir. O general olhou para os dois lados à procura dos guarda-costas e depois aproximou-se do carro. A janela oposta à do condutor estava aberta. Com alguma hesitação, como se estivesse a meter a cabeça numa armadilha para ursos, Orlov inclinou-se e espreitou para o interior. Vasin acendeu a luz por causa da escuridão do dia e levantou as mãos.

— Camarada general. Estou sozinho e desarmado. Vem dar uma volta comigo?

Orlov hesitou. Vasin era muito mais inteligente do que a maior parte dos seus adversários: tinha calculado que a vaidade e o sentimento de invulnerabilidade de Orlov o levariam a entrar no carro — e tinha razão! Orlov fez um pequeno gesto aos guarda-costas para os seguirem de carro, abriu a porta e sentou-se no minúsculo *Moskvich*, que se foi abaixo da suspensão. Vasin desligou a luz, meteu a primeira e dirigiu-se à enorme Avenida Marx.

— Então, Vasin, ouviste as notícias?

Orlov virou-se com dificuldade devido ao seu corpanzil musculoso e examinou Vasin. Tinha a barba por fazer. E o carro tinha um cheiro esquisito como se alguém tivesse dormido lá dentro.

— Que notícias?

Vasin manteve os olhos no trânsito ligeiro quando passaram pelo Hotel Metropol. Era muito mais fácil falar com Orlov quando não tinha de olhar para ele.

— As notícias sobre a guerra nuclear. Ou antes... sobre a inexistência da guerra nuclear. Se calhar, não era a notícia principal do boletim, e eu não dei por ela. Seja como for, o teu joguinho acabou. Os submarinos com os quais estavas tão preocupado foram intercetados ontem pela Marinha americana nas Caraíbas Orientais. Não houve nenhum incidente. Acontece que o comandante da esquadrilha era um tipo sensato, não era um dos habituais *cowboys* burros da Marinha. Dizem que sobreviveu a um acidente com um reator. Não esteve para meter uma bomba nuclear no cu da 2.ª Esquadra americana. Os submarinos vieram à superfície, acenaram simpaticamente aos americanos e rumaram a casa. Graças a Deus Todo-poderoso.

— Está a falar a sério? *Acabou?*

— Acabou, Sasha. Não conseguiste passar a tua mensagem aos americanos, mas tudo acabou bem.

Vasin sentiu as mãos relaxarem-se involuntariamente no volante. O semáforo do cruzamento com a Rua Gorky ficou vermelho, e Vasin parou na faixa central com o carro dos guarda-costas a encher-lhe o retrovisor.

— Sei que apanharam o Morozov.

— Apanhámos. Mas não foi graças a ti.

— Isso é indelicado, general. Também podíamos dizer que eu fiz o traidor sair da toca.

— Ah. «O traidor.» Sim. É uma boa palavra. Vamos falar de traição.

Vasin ignorou o tom irónico de Orlov.

— E o traidor cantou?

— Sasha. Tu conheces-me. É claro que cantou. Como um canário. Na primeira alvorada depois da detenção. Foi uma canção espantosa. E vai continuar a cantar, e daqui a um mês leva um tiro na cabeça.

— E a Sofia? Também a apanharam?

Orlov riu baixinho.

— Contigo, Sasha, é sempre *cherchez la femme*, não é? Mas não. Não a tenho. Foi-se confessar noutra paróquia.

Vasin enrugou o sobrolho, sem perceber, e arriscou uma olhadela para Orlov. O velho demónio estava a sorrir de contentamento.

— E o Tokarev?

— A mesma história, infelizmente. Fui informado de fonte segura que ele foi preso pelos nossos amigos de verde. Tem um conselho de guerra à espera, parece que divulgou segredos de Estado. Tenho a certeza de que sabes mais sobre isso do que eu. Talvez um dia me contes. O nosso camarada sem mãos meteu-se em sarilhos.

Orlov deu uma gargalhada. Vasin sentiu um impulso incontrolável de tirar o sorriso da cara do cabrão. O semáforo passou ao amarelo e Vasin meteu a primeira. À sua direita, um camião dos correios arrancou devagar, com o resto do trânsito. Vasin, sem avisar meteu-se atrás do camião, atravessou duas faixas e fez uma curva apertada à direita para entrar na Rua Gorky. A escolta de Orlov ficou encurralada no trânsito, a buzinar furiosamente.

Vasin acelerou a fundo para subir a colina em direção ao Departamento Telegráfico Central. Depois de passar a primeira elevação, entre o Kremlin e a Praça Púchkin, Vasin travou abruptamente e, sem fazer pisca, estacionou à frente de um camião *Kamaz* e desligou o motor. Orlov, alarmado, olhou para trás. Passado um momento, os guarda-costas de Orlov passaram a toda a velocidade sem os verem.

Antes de Orlov conseguir reagir, Vasin ligou o motor e meteu por uma rua secundária ao pé do Hotel Tsentralnaya.

— Peço desculpa, general. Precauções.

Orlov ficou bastante tempo em silêncio e Vasin sentiu a raiva dele perante a sua vulnerabilidade súbita e totalmente desconhecida. Vasin virou novamente à direita, no Instituto do Marxismo-leninismo, para regressar à Praça da Lubyanka.

— Não há problema, estou a gostar do passeio — disse Orlov, com uma alegria forçada.

— Prometeu-me quinze minutos e eu quero dizer-lhe algumas coisas acerca do que fiz e porquê.

— Se bem me recordo, já me disseste porquê. Literalmente. Estavas com a pulga atrás da orelha por causa dos submarinos. Querias que eu telefonasse para casa do Khrushchev, que o tirasse da cama para o avisar de um perigo mortal, se bem me lembro...

Vasin olhou intensamente para o seu chefe e quase chocou contra um semáforo no fim da Rua Púchkin.

— Calma, Sasha. — Orlov agarrou-se à pega de plástico por cima da porta para se endireitar quando Vasin guinou. — Olhos na estrada. Não estou a gozar contigo.

— Chamou-me traidor, mas eu não sou traidor, general.

— Não és? Não és? Olha, fico tão feliz por saber isso, Sasha. Eu detestaria ter-me enganado acerca de ti quando te escolhi para os Casos Especiais. Considerei-te um patriota. Um homem com princípios... enfim, para dizer a verdade, isso foi uma das coisas que nunca me inspirou muita confiança em ti. Mas aqui entre amigos, dizes-me uma coisa? Como é que vais explicar ao procurador público que entraste em contacto com um suposto espião ianque, que o convenceste a escrever uma mensagem que traía os maiores segredos operacionais da pátria, e que depois deixaste a mensagem para o ponto de recolha? Mas talvez eu esteja completamente enganado.

A Kuznetsky Most devolveu-os à Praça da Lubyanka. A forma sinistra da estátua ao pé da qual se tinham encontrado minutos antes estava envolta numa chuvada. Sinal vermelho. Vasin não sabia se Orlov iria saltar do carro se ele parasse, mas achou que não. Orlov gostava de jogos mentais. A única hipótese de sobrevivência de Vasin era fazer o seu chefe compreender os seus atos. Ele estava a argumentar pela vida.

— General. Veja as coisas desta maneira. O que teria o «Feliks de Ferro» feito se tivesse descoberto uma camarilha de lunáticos belicistas a tentar minar o seu chefe, Lénine? O que é que o nosso professor de história nos costumava dizer?... «A Revolução Socialista mundial está no berço. Há que defender o bolchevismo a qualquer custo.» E o Feliks fez o que tinha de ser feito. Fez acordos com os imperialistas e com o próprio capitalismo, mas isso torna-o menos patriota?

O semáforo mudou e Vasin entrou na Praça da Lubyanka. Ao olhar para o retrovisor, descortinou um raro olhar pensativo no rosto do general.

— O Feliks Edmundovich era um polaco raivoso, um aristocrata dos pés à cabeça... e um arruaceiro revolucionário. — Orlov falou em tom de confidência. — Mas foi sempre e resolutamente um patriota soviético. Um imperialista soviético, para ser mais exato. O Feliks sabia que o novo império tinha de ser defendido com todas as medidas possíveis. Sim. É verdade.

— Então se o Feliks descobrisse uma conspiração para arrastar o seu país para uma guerra contra o inimigo mais poderoso, ficava simplesmente a olhar e...

— Já percebi, Sasha. — Orlov interrompeu Vasin com a sua habitual irritação imperiosa. — Compreendo a tua defesa. Estás a dizer que o Feliks teria agido para evitar uma guerra inganhável. Que teria feito tudo o que fosse necessário para salvar a URSS de uma humilhação, para garantir a sua sobrevivência. De facto, que teria agido como tu, colocando o país à frente dos interesses pessoais, mesmo que isso implicasse avisar o inimigo mais implacável da URSS. É isto?

— Exatamente. E...

— Espera. Isso faz de ti um idealista ou um pragmático, Sasha? Que diagnóstico fazes de ti próprio, por favor?

Vasin acelerou pela Praça Velha, passou pelo Comité Central e rumou ao rio Moscovo. Vasin sentiu-se perdido num campo de minas infinito, com todos os caminhos do labirinto verbal de Orlov cheios de perigos mortais.

— O general é um homem temido. É um homem duro, mas eu sei que procura sempre raciocinar claramente e ser justo.

— Estás a dar-me graxa, Sasha?

— Não, general. Mas quero que considere aceitar uma verdade: eu fiz o que fiz para salvar o nosso país de uma guerra. E quero que considere que o general não me deixou alternativa.

— Pois, estou mesmo a ver isso: «Camarada procurador, o meu chefe, o general Orlov, obrigou-me a contactar o espião americano, a culpa foi dele...»

— Está no gozo, general? É o que as pessoas fazem quando não têm uma resposta melhor.

Vasin curvou repentinamente para a Marginal do Kremlin e rumou a oeste, empurrando Orlov contra a porta.

— Mais devagar, por favor. Ótimo. Tens razão. Eu já disse, tu és um idealista, um homem com princípios. Um rebelde... também já te chamei isso, lembras-te? Ah, Sasha. Tens tanta garra! Mas não tens o sentido da proporção. Tens um complexo de superioridade, o que não é nada bom. És sempre o mais inteligente. Mas tens tomates, disso não há dúvida. — Orlov falou mais ou menos para si próprio, como se estivesse a pensar em voz alta. Mas quando curvaram novamente à direita, na Ponte Bolshoy Kamenny, ele virou-se para Vasin. — E há mais uma coisa, uma coisa que o Morozov não disse. Não tem que ver com o teu espião americano de Arzamas-16, o coronel Pavel Korin, que mataste a tiro. O traidor do Morozov não disse uma única palavra sobre isso, e olha que estava a palrar assustado. O desgraçado ainda julga que pode salvar a vida. Então porque é que ele não disse nada sobre isso? É evidente que podemos incluir alguma coisa relacionada com o Korin na confissão dele quando voltarmos a falar, mas o meu interesse é: porque é que ele não disse nada sobre o agente que nós pensámos que ele controlava? Tu sabes que eu detesto mistérios, Sasha... Vira aqui à esquerda, por favor, levas-me a casa. Almoça comigo e com a Katya.

Vasin, sem palavras, mudou obedientemente de faixa e fundiu-se na torrente de carros que virou para o Armazém Militar Central e para a Avenida Kutuzovsky. Tinha a mente a cem à hora... Haveria maneira de se aproveitar da história do Korin?

— Detesta mistérios, general? Foi por isso que desistiu do sacerdócio?

Orlov deu uma das suas raras gargalhadas explosivas.

— Muito bom, Sasha, que engraçado. E, a seguir, vais dizer que eu preferi fazer de Deus a servir Deus? Talvez tivesses razão. Mas: o Korin, o teu espião morto. Conta-me.

— Se calhar, o controlador dele não era o Morozov.

— Interessante. Lógico. Talvez a tua próxima missão seja descobrires o verdadeiro controlador do Korin. Gostavas disso, não gostavas, Sasha? És imensamente qualificado para a missão.

Uma parte minúscula e ingénua de Vasin saltou de alegria perante a possibilidade de misericórdia, mas não era obviamente possibilidade nenhuma. Vasin olhou de esguelha para Orlov e viu o habitual sorriso trocista e sádico.

— Ah! Ó Sasha, estou a ver que ninguém te engana. Porra, vou ter saudades tuas.

— Não precisa de ter saudades. Pode poupar-me. Devia poupar-me.

— Podia? Devia? Diz-me lá porquê.

— Porque se aceita que eu não sou um traidor...

— Sasha, posso concluir por ti? Disseste-me que as tuas intenções foram puras e que os teus motivos foram patrióticos. Traíste o teu país porque não tiveste alternativa. Mas eu acho há mais uma coisa que tu não disseste. Por favor, não tenhas medo. Diz.

Vasin odiava mais Orlov quando ele fingia ser razoável.

— Tem razão, general. Eu queria...

— Querias dizer que eu sou um monstro oportunista? Que a segurança do nosso país não está a salvo nas minhas mãos? Que tu é que és o verdadeiro defensor da pátria, e não gente como eu? Ou qualquer coisa assim?

— Qualquer coisa assim.

O cabrão tinha-lhe tirado as palavras da boca. Que quisera Vasin de Orlov? Que esperara Vasin que ele fosse dizer? Apesar da sua fanfarronice, a verdade é que Vasin não viu nenhum plano ou via para a clemência. Vasin queria... matar Orlov. Sim. Com uma nitidez súbita e ofuscante, Vasin compreendeu que era isso que queria. Queria aquele homem morto. Nem que fosse só para surpreender o parvalhão irritante, para ver a cara dele.

Saíram da Ponte Kalinin e passaram pelo enorme Hotel Ukraina. Vasin acelerou a fundo e o motor, no máximo das rotações, lançou o carro para quase 60 km/h. Na subida do Arco da Vitória, Vasin não fez a inversão de marcha que os teria levado ao prédio de Orlov.

Na descida do Monte Poklonnaya, chegaram aos sessenta, setenta, oitenta. As oito faixas estavam quase vazias.

Até ao fim da Avenida Kutuzovsky só havia um semáforo, e estava quase no vermelho. Vasin não podia correr o risco de Orlov saltar do carro: acelerou para atravessar o cruzamento e continuou a toda a velocidade.

— *Ah.* Já percebi.

Orlov tinha começado a perceber que a sua vida estava nas mãos de Vasin. Ao longe, apareceu uma coluna de camiões *ZiL* de dez toneladas. Bastaria a Vasin atirar-se contra eles a toda a velocidade para o carrito ser esmagado. Vasin olhou para o seu chefe e deu-lhe gozo ver o rosto dele transformado pelo medo.

Orlov falou com suavidade:

— Que pena, o teu filho. Nikita, não é?

— Que conversa é essa?

A garganta de Vasin contraiu-se de pânico. Os camiões estavam a cerca de trezentos metros e a distância estava a diminuir rapidamente.

— Não falaste com a tua mulher? — A voz de Orlov estava mais firme, mas ele falou depressa. — Pobre garoto. Levámo-lo esta manhã para uma avaliação psicológica por gente do *kontora*... temos excelentes psicólogos pediátricos. Mas sabes, com a história familiar dele... A tia Klara, uma coisa terrível. Até as crianças mais alegres se podem ir abaixo de repente.

Cem metros. O rosto de Vasin era um ricto — Orlov tinha de estar a mentir.

— É mentira.

— Achas que eu ia entrar no carro sem tomar precauções? Julgava que me conhecias, Sasha.

Nikita. Num hospital psiquiátrico. Vasin ficou paralisado. Klara, a sua desgraçada irmã lunática, com os lençóis encharcados de urina e terror nos olhos.

Vasin levantou o pé do acelerador e o carrito abanou à passagem dos camiões. A voz de Vasin foi um chio humilde.

— Peço desculpa, camarada general, acho que falhámos a viragem.

Orlov ficou calado durante um longo momento.

— Não faz mal, Sasha, vira no próximo semáforo. Oh! Esqueci-me de te dizer: eu e a Katya estivemos a falar no teu próximo posto. Sabes que ela gosta muito de ti. Insistiu que eu te destacasse para um lugar agradável e eu prometi-lhe que sim.

Katya tinha implorado pela vida dele.

— Sim — prosseguiu suavemente Orlov. — Achei que gostarias de fugir do bulício da grande cidade, não?

Vasin parou no semáforo e fez pisca para a esquerda. Olharam um para o outro. Vasin não encontrou palavras para dizer ao homem que estava prestes a destruir a sua vida.

— Sabes, tu e eu não somos muito diferentes.

Vasin sentiu um calafrio.

— Pensamos os dois que temos razão. Pensamos os dois que somos mais inteligentes do que os homens que nos rodeiam. E, se calhar, temos razão. Mas queres mesmo saber qual é a diferença entre ti e o Dzerzhinsky? O Feliks tinha o aparelho da segurança do Estado para apoiar as suas decisões... e eu também tenho. Tu só tens as tuas boas intenções. Percebes?

Vasin acenou com a cabeça, meteu a primeira e virou devagar para o prédio de Orlov.

— Sasha. Esta é a minha decisão. Só quero que... *sejas*. Tu interessas-me. Foram poucas as pessoas que alguma vez me desafiaram. Talvez um dia me possas ser útil outra vez, depois de ganhares alguma humildade. Afinal de contas, quem sabe as voltas que o mundo dá? Por conseguinte, decidi promover-te. A coronel. És um comandante, Sasha.

O tom de Orlov era inconfundivelmente trocista. Vasin não se atreveu a desviar os olhos do asfalto.

— Comandante de uma colónia penal. Na Sibéria. É isso ou... a outra coisa.

Vasin apertou o volante com força e carregou no acelerador.

Nota do Autor

No dia 2 de outubro de 1962, de madrugada, uma esquadrilha de quatro submarinos *diesel*-elétricos do Projeto 641 partiu da base naval soviética de Severomorsk, no Ártico. As ordens, que os comandantes só tinham autorização para abrir no mar alto, eram para rumarem à Base Naval de Mariel, em Cuba. Além do armamento habitual de vinte e um torpedos convencionais T-5, cada submarino estava armado com um torpedo nuclear com a designação de «arma especial». Cada ogiva nuclear RDS-9 era uma esfera de aço com cinquenta e três centímetros de diâmetro, mas tinha uma potência equivalente a quase cinco mil toneladas de explosivos — cerca de vinte e cinco por cento da potência da bomba atómica que destruiu Hiroxima. O comandante da esquadrilha era o capitão-de-mar-e-guerra Vasily Arkhipov, que embarcou no B-59. No verão anterior, Arkhipov tinha sobrevivido a um acidente no reator do K-19, o primeiro submarino nuclear de mísseis balísticos da URSS, que matou dezassete dos seus camaradas.

Às 13h50 do dia 22 de outubro, uma segunda-feira, na Rua Gorky, na baixa de Moscovo, o KGB prendeu o coronel Oleg Penkovsky, do Serviço de Informações do Exército (GRU). Foi acusado de espionagem por conta dos americanos e dos britânicos. A detenção de Penkovsky causou uma onda de choque no aparelho de segurança soviético. Penkovsky tinha sido adido militar em Ancara, trabalhara no Comité de Investigação Científica da URSS e era amigo do chefe do GRU, o coronel-general Ivan Serov. Até hoje, segundo se sabe, Penkovsky — ao qual a CIA e o MI6 atribuíram o nome de código de HERÓI — foi o funcionário soviético mais importante que trabalhou para a espionagem ocidental.

As informações fornecidas pelo HERÓI, pouco antes da Crise dos Mísseis de Cuba, sobre a Operação Anadyr e as verdadeiras capacidades nucleares dos soviéticos tiveram uma influência crucial na tomada de decisões do presidente John F. Kennedy.

O Traidor Vermelho inspira-se nestas duas histórias verdadeiras. Embora seja uma obra de ficção, muitos pormenores foram baseados em relatos de testemunhas. As memórias de Penkovsky e do seu controlador do MI6, Greville Wynne, constituem a base da história de espionagem passada em Moscovo. As memórias de Aleksandr Feklisov, chefe de secção do KGB, inspiraram as cenas passadas em Washington. Para a história do submarino, baseei-me nas memórias de Alexei Dubivko, comandante do B-36, nos diários do capitão-tenente Anatoly Andreyev, imediato do B-36, e em entrevistas via vídeo com o capitão-de-mar-e-guerra Rurik Ketov, comandante do B-4, com o primeiro-tenente Vadim Orlov, oficial das comunicações do B-59, com o tenente Viktor Mikhailov, segundo-navegador do B-59, com o tenente Gary Slaughter, oficial das comunicações, e com o tenente Andrew Bradick, oficial de armas submarinas, ambos do USS *Cony*.

Muitas das personagens do livro têm os nomes de pessoas reais. Procurei fazer justiça à sua memória.

Segundo a sua viúva, Olga, Vasily Arkhipov era «uma pessoa bondosa e calma, um verdadeiro ser humano». O comandante Rurik Ketov, do B-4, que era amigo de Arkhipov, descreveu-o como «frio e racional. Um submarinista a sério». Arkhipov raramente falou da sua experiência com o acidente do reator no K-19, mas a mulher sabia que o tinha afetado muito. «Ele viu com os seus olhos o que a radiação fazia às pessoas, viu-os a serem levados do reator», disse Olga Arkhipova a uma equipa de documentaristas russos, em 2011. «Aquela tragédia foi a razão pela qual ele disse não à guerra nuclear.»

Valentin Savitsky era, nas palavras de Ketov, «um exaltado». Segundo Vadim Orlov, o oficial das comunicações do B-59, durante as horas de tensão em que o submarino sofreu os impactos das cargas de profundidade e dos sonares de meia dúzia de navios americanos, Savitsky ficou «furioso» e «agitado». «Gritou» com os subordinados e ordenou a montagem da arma especial, mas Arkhipov revogou a ordem.

O embaixador Andrei Dobrynin e o chefe do KGB em Washington são os principais merecedores, a par de John e Robert Kennedy, do mérito pelo desanuviamento da crise de Cuba. Dobrynin, um diplomata de carreira com uma longa experiência da América, contestou a visão orgulhosa do Kremlin de que Kennedy era um fraco e que cederia quando soubesse da instalação secreta dos mísseis soviéticos em Cuba. Feklisov, um moscovita filho de um operário cujo primeiro emprego fora numa fábrica de locomotivas, antes da guerra, subiu a pulso no departamento de espionagem do NKVD. Feklisov esteve destacado nos Estados Unidos quase continuamente a partir de 1941, e compreendia melhor a política americana do que as chefias da Lubyanka. Coube a Feklisov, com a sua perspicácia acerca do que era politicamente possível para Kennedy, conceber um acordo que salvasse a face das partes: Khrushchev retiraria os mísseis em troca da promessa de que os EUA não invadiriam Cuba. O almoço de Feklisov com John A. Scali, da ABC News, no restaurante Occidental, a dois quarteirões da Casa Branca, em 26 de outubro, para lhe transmitir a disponibilidade da URSS para aceitar um compromisso, foi um ponto de viragem na crise.

Os Kennedys bateram o pé às chefias das Forças Armadas dos EUA, que disseram ao presidente que a única maneira de resolver a crise seria invadir Cuba ou lançar um ataque nuclear preventivo contra as bases dos mísseis. Robert Kennedy manteve contactos estreitos com Dobrynin, um canal de bastidores que ajudou os Kennedys a expressarem uma postura mais conciliatória do que as suas declarações públicas. O presidente Kennedy também teve o cuidado de procurar evitar acidentes que conduzissem à guerra, em especial, no caso dos planos para a Marinha americana intercetar submarinos soviéticos a caminho de Cuba.

Alterei os nomes de três personagens baseadas em pessoas reais: os meus traidores fictícios, Oleg Morozov, Jack Dunlap e o major Tokarev.

Oleg Penkovsky ofereceu-se para trabalhar para a CIA e, mais tarde, para o MI6, por recear que a agressividade e a temeridade soviéticas conduzissem o mundo a uma guerra acidental. Penkovsky também ficou repugnado com a força usada por Khrushchev para esmagar o movimento comunista reformista da Hungria, em 1956. Segundo os seus relatos fragmentários, *The Penkovsky Papers*, publicados a título póstumo, Penkovsky estava farto da brutalidade e da opressão do Estado soviético. Entre junho e outubro de 1961, quando foi detido, Penkovsky fotografou centenas de páginas de documentos que referiram o número insignificante de mísseis balísticos existentes no arsenal nuclear soviético, bem como o envio secreto dos mísseis R-12 para Cuba. A CIA e o MI6 desenvolveram procedimentos de segurança sofisticados para protegerem a identidade do HERÓI, e as suas informações eram levadas para o Ocidente por correios em malas diplomáticas.

O chefe da secção da CIA em Moscovo, Wallace Baker, só compreendeu que o HERÓI tinha sido descoberto em 2 de novembro de 1962, duas semanas depois da detenção de Penkovsky, quando o agente Richard C. Jacob foi preso no ponto de recolha das informações. A morada real é Rua Púchkin, 5/6, e não a da minha história, Rua Bolshaya Sadovaya, 25. Jacob foi apanhado numa armadilha do KGB. Penkovsky tinha confessado que informara a CIA da existência de uma mensagem para recolha, através de dois telefonemas para números errados e uma marca num candeeiro de rua. Greville Wynne, o controlador do HERÓI, foi detido em Budapeste pouco antes da armadilha da Rua Púchkin, quando estava em trânsito para se avistar com o seu agente em Moscovo. Jacob, enquanto diplomata acreditado, foi libertado. Wynne foi condenado a oito anos de prisão, mas foi libertado numa troca de espiões em abril de 1964.

Segundo Aleksandr Zagvozdin, o principal interrogador do KGB durante a investigação, Penkovsky foi interrogado mais de cem vezes antes de ser condenado por traição por um tribunal militar composto por três juízes. Penkovsky foi fuzilado em 16 de maio de 1963. Não existem provas que corroborem a alegação, feita por diversos desertores, de que Penkovsky foi cremado vivo.

As razões que levam alguém a trair o seu país são complexas. Tal como o meu general Orlov observa, todas as pessoas justificam os seus atos dizendo a si próprias que estão a servir um bem maior. Para Wynne, o seu controlador, Penkovsky foi um homem corajoso que morreu pela causa da paz. Morozov é uma personagem muito menos simpática, movida não só pelo ódio ao regime por causa da chacina dos seus camaradas durante as purgas estalinistas, mas também pela vaidade e por um sentimento de afronta pessoal. Morozov é cínico e manipulador. Morozov não é Penkovsky, é o seu gémeo negro.

O KGB obteve provas da traição de Penkovsky em outubro de 1961. A fonte foi um espião, um modesto ex-sargento do Exército chamado Jack Dunlap, que trabalhava na National Security Agency. A técnica usada pelo meu Dunlop para roubar documentos baseia-se no Relatório Carroll sobre as atividades de espionagem de Dunlap. Na qualidade de motorista do chefe da NSA, o major-general Thomas M. Watlington, Dunlap tinha um estatuto de segurança ultrassecreto e era «não inspecionável». Dunlap ia buscar documentos à secretária do general e fotocopiava-os a caminho das salas da datilografia e dos correios.

Segundo os investigadores militares americanos, Dunlap era um bêbedo que aceitou trabalhar para o KGB por dinheiro e não por convicção. O KGB receou que a detenção de Penkovsky pusesse em risco o seu agente na NSA, e no início também ponderou a possibilidade de Penkovsky ser um agente duplo às ordens do seu chefe e amigo, Ivan Serov. Por conseguinte, o KGB passou quase um ano a construir um «caso de descoberta» contra Penkovsky, na expectativa de o apanhar em flagrante para não lançar suspeitas sobre a sua «toupeira» (ou «toupeiras») na NSA e possivelmente no MI6.

Dunlap nunca foi apanhado. Suicidou-se com monóxido de carbono no seu carro, em 23 de julho de 1963, um dia depois de ter feito um teste de polígrafo no FBI. Tendo morrido com o cadastro limpo, Dunlap está sepultado ao lado de outros veteranos do Exército no Cemitério Nacional de Arlington, na Virgínia. Tal como Morozov, o meu Dunlop, um gabarolas do Luisiana que espia por dinheiro, não é uma personagem simpática. Mas para dar o benefício da dúvida a Dunlap, mudei-lhe o nome, ainda que por uma única letra.

O major Tokarev baseia-se num veterano chamado Vitaly Kabatov. Tal como Tokarev, Kabatov foi oficial da cavalaria e ficou sem as mãos por causa de uma granada, perto de Smolensk. Kabatov desposou Saida, uma amiga da minha mãe desde os tempos da universidade, e usava próteses de plástico bastante pesadas. De forma notável, Vitaly levou uma vida mais ou menos normal. Numa ocasião memorável, tirou as próteses e tocou piano com os cotos, ainda que um pouco desajeitadamente. Vitaly dizia que estava melhor do que os seus muitos camaradas que tinham perdido a vida.

Com a queda da URSS, os veteranos da esquadrilha de submarinos ficaram desobrigados do juramento de segredo que tinham feito à Marinha soviética. Muitos contaram a sua história depois do colapso do comunismo, sob a forma de memórias e entrevistas à imprensa russa.

Rurik Ketov, o comandante do B-4, recordou a ordem sobre a utilização da arma especial, transmitida pelo vice-almirante Rassokha pouco antes de partirem para Cuba: «Rassokha disse aos comandantes da esquadrilha: "Escrevam quando deverão usar as armas especiais. Três situações. Primeiro, se sofrerem um rombo debaixo de água, um rombo no casco. Segundo, no caso de rombo à superfície, se tiverem de fazer superfície e eles dispararem e vocês sofrerem um rombo. Terceiro, quando receberem ordens de Moscovo para usarem as armas especiais." Foram estas as nossas ordens. E ele acrescentou: "Sugiro que disparem primeiro as armas nucleares e depois pensem no que fazer."»

Nikolay Shumkov, o comandante do B-130, recordou que o almirante Vitaliy A. Fokin, o segundo-comandante da Marinha soviética, lhe disse: «Se vos esbofetearem na bochecha esquerda, não deixem que vos esbofeteiem na direita.»

Segundo Ketov, os comandantes da esquadrilha perceberam que, «pela primeira vez na história, um comandante dispunha de uma arma nuclear e de autorização para a utilizar».

Os americanos não faziam ideia de que os submarinos estavam dotados de armamento nuclear — tal como os soviéticos não faziam ideia de que os contratorpedeiros USS *Bache* e *Cony* estavam armados com cargas de profundidade nucleares. No livro, os submarinos são enviados por «falcões» das Forças Armadas soviéticas para provocarem um confronto nuclear com os Estados Unidos na eventualidade de Khrushchev perder a coragem na crise. A verdade é menos espetacular, mas mais surpreendente. Segundo parece, devido ao stresse e ao caos provocados pela crise, o Alto Comando Soviético e o Kremlin esqueceram-se da existência da esquadrilha de submarinos e das suas armas fatais. De facto, as investigações apuraram que o Ministério da Defesa estava absurdamente convencido de que a esquadrilha se compunha de submarinos nucleares de mísseis balísticos, com procedimentos de comando e controlo muito rígidos, e não de submarinos *diesel*-elétricos, cada um com uma arma nuclear sob o controlo operacional do comandante.

No dia a seguir ao anúncio do bloqueio de Cuba por Kennedy — o presidente chamou-lhe «quarentena» porque um bloqueio é tecnicamente um ato de guerra —, em 2 de outubro de 1962, o comando naval soviético ordenou aos quatro submarinos que abortassem a viagem para Mariel e permanecessem em prontidão no Mar dos Sargaços. E depois — silêncio.

Os comandantes e as guarnições dos submarinos estavam à espera da eclosão de uma guerra nuclear a qualquer instante, e de receberem ordens para usarem as armas especiais para atacarem os navios americanos mais próximos. O comandante do B-36, Alexei Dubivko, escreveu que «sermos os primeiros a disparar as nossas armas dependia da receção atempada da ordem para iniciarmos operações de combate [...] Estávamos à espera da mensagem a qualquer hora».

Na ausência de ordens de Moscovo, e num mar fustigado pelo furacão *Ella*, os submarinos sintonizaram estações de rádio americanas para saberem notícias. No B-36, o comandante Dubivko ouviu na rádio [de Miami] que «o presidente Kennedy tinha anunciado um bloqueio da ilha de Cuba e avisado o seu povo sobre a possibilidade de um conflito termonuclear com a União Soviética; que os americanos estavam a preparar-se para uma grande invasão de Cuba; que os nossos mísseis com ogivas nucleares e o seu pessoal de serviço já se encontravam em Cuba; que estavam a ser construídos campos para prisioneiros de guerra russos na península da Florida». Segundo Ketov, «tudo o que eu soube e tudo o que eu fiz decorreu do que ouvi Kennedy dizer».

Na Casa Branca, o ExComm, um grupo de assessores de topo reunido por Kennedy para lidar com a crise, sabia da possibilidade de os soviéticos tentarem furar o bloqueio com submarinos. Uma força de mais de cem navios — incluindo unidades de países sul e centro-americanos aliados dos EUA — entrou em ação para intercetar navios e caçar submarinos soviéticos. Assim que as condições meteorológicas o permitiram, aviões P-3 Orion foram enviados do Maryland para largarem centenas de boias-sonar nas rotas para Cuba.

Uma transcrição da reunião do ExComm em 24 de outubro mostra que Kennedy receava que a interceção dos submarinos pudesse desencadear uma guerra. «Se o submarino não vier à superfície ou se entrar em ação, para auxiliar um navio mercante, vamos atacá-lo na mesma?», perguntou Kennedy ao secretário da Defesa, Robert McNamara. «Em que altura vamos atacá-lo? Julgo que não devemos decidir isso hoje. Não queremos começar por atacar um submarino soviético.»

«O plano é... fustigar o submarino com helicópteros de luta antissubmarina», retorquiu McNamara. «Têm armas e dispositivos que podem danificar o submarino. Ou seja, o plano é pressionar o submarino, obrigá-lo a sair da área devido à possibilidade de ser destruído, e depois intercetá-lo. Mas isto é só um plano e há muitas, muitas incertezas.» Segundo Robert Kennedy, o debate sobre a forma de obrigar os submarinos soviéticos a virem à superfície foi «a altura mais preocupante para o presidente. Levou a mão ao rosto, tapou a boca e cerrou o punho. Tinha os olhos tensos, quase cinzentos, e nós olhámos uns para os outros».

McNamara e o chefe do Estado-Maior da Marinha conceberam um sistema de sinais não letais com cargas de profundidade de exercício. No dia 25 de outubro, a Casa Branco enviou à embaixada soviética um «Aviso aos Capitães», no qual detalhou os procedimentos da Marinha americana para intercetar navios suspeitos de furarem a «quarentena» de Cuba. Na secção intitulada «Procedimentos de Identificação e Emersão de Submarinos», a Marinha americana avisou que os seus navios lançariam quatro ou cinco dispositivos sonoros de baixa potência explosiva, em conjunto com um sinal de código internacional de sonar: «Subir à superfície.» O aviso incluiu a garantia de que todos os dispositivos de sinalização eram inofensivos. No entanto, Moscovo não tinha forma de comunicar com submarinos submersos.

Quando o Mar dos Sargaços acalmou e a termoclina sob a qual os submarinos se podiam esconder desapareceu, os contratorpedeiros americanos localizaram o B-36 e começaram a bombardeá-lo com as cargas de profundidade e o sonar. «O nosso sonar podia ser usado como uma arma ofensiva», disse o tenente Gary Slaughter, o oficial das comunicações do USS *Cony*. «É como ter cinco homens musculosos a baterem num bidão. Põe os submarinistas malucos... Eram tantas armas, tantos sonares — o submarino era como um coelho dentro de uma pequena jaula com quinze cães de caça no lado de fora e quinze falcões por cima. É a morte do coelho.»

Segundo o oficial de armas submarinas do USS *Cony*, o tenente Andrew Bradick, as ordens foram «caçar [os submarinos] até à exaustão. Mantínhamos o contacto com o submarino e ele tinha de vir à superfície porque começava a ficar sem baterias». Os navios americanos mantiveram-se permanentemente em cima dos submarinos. «Nós sabíamos que eles estavam havia muito tempo sob uma pressão enorme», disse Slaughter. «Estava muito calor dentro do submarino, eram condições miseráveis. Procurámos administrar uma tortura passiva.»

O imediato do B-36, o capitão-tenente Anatoly Andreyev, descreveu o suplício dos sonares no seu diário, sob a forma de uma carta à mulher. «Nos últimos quatro dias, nem sequer nos deixaram subir à cota de periscópio. Tenho a cabeça a rebentar do ar abafado [...] Hoje desmaiaram outra vez três praças por causa do calor [...] Navegamos com o risco de nos afundarmos seis mil metros — é a água que temos por baixo [do submarino]. A renovação do ar não está a funcionar bem e o teor de dióxido de carbono está a aumentar, e as reservas de energia elétrica estão a diminuir. Os que não estão de quarto ficam sentados, imóveis, a olharem para um ponto fixo [...] A temperatura nos compartimentos ultrapassa os 50 °C. No compartimento do *diesel* [*sic* — queria referir-se ao compartimento do motor elétrico], é 61 °C.»

No dia 27 de outubro, às nove da manhã, quando a esquadra americana estava a perseguir o B-36 no Mar dos Sargaços, um avião espião U-2F da CIA, pilotado pelo major Rudolf Anderson, descolou da Base Aérea de McCoy, perto de Orlando, na Califórnia. Três horas depois, quando sobrevoava instalações russas em Cuba, o avião foi abatido por um míssil antiaéreo S-75 Dvina perto de Banes, no noroeste da ilha. Quando Kennedy foi informado da primeira baixa mortal da crise, disse: «Foi derramado sangue.» A ordem de disparo foi dada por um oficial soviético que agiu por iniciativa própria.

Khrushchev, aterrorizado com a possibilidade de a situação se descontrolar, disse ao comandante soviético em Cuba, o general Issa Pliyev, para ordenar às baterias que não disparassem contra os aviões americanos. Kennedy decidiu sensatamente não reagir, mas o irmão enviou uma dura mensagem pessoal ao embaixador Dobrynin para lhe dar a entender que a paciência da Casa Branca estava a esgotar-se. Foi a fase crítica da crise. «Vocês foram os primeiros a derramar sangue», escreveu Robert Kennedy. «O presidente decidiu, contra opiniões em contrário [...] não reagir militarmente ao ataque, mas ele [Dobrynin] ficava a saber que se fosse abatido mais algum avião [...] nós destruiríamos todas as baterias de mísseis e antiaéreas [...] E isso seria quase de certeza seguido de uma invasão.»

Minutos depois de os destroços do UF-2 pilotado por Rudolf Anderson caírem na parte oriental de Cuba, o USS *Bache* fez contacto com um segundo submarino soviético ao largo da costa norte da República Dominicana, o B-59. Os contratorpedeiros USS *Bache*, *Beale*, *Cony*, *Eaton* e *Murray*, apoiados pelo porta-aviões USS *Randolph*, aproximaram-se do B-59 e atacaram com sonares e cargas de profundidade, como vinham fazendo com o B-36 há dias.

O comandante do B-36, Alexei Dubivko, suportou o bombardeamento sónico americano sem considerar a utilização da arma especial, mas o comandante do B-59, Valentin Savitsky, tinha um temperamento diferente. Savitsky decidiu que as detonações eram um ataque e não uma forma de sinalização agressiva. «Há um sinal específico, são três explosões e temos de fazer superfície», disse o segundo-navegador do B-59, Viktor Mikhailov. «Mas o sinal dos americanos não foi três explosões.»

O oficial das comunicações do B-59, Vadim Orlov, disse que «os americanos atacaram-nos com algo mais potente do que granadas — terão sido cargas de exercício. E nós pensámos — pronto — é o fim. Depois do ataque, Savitsky, que estava totalmente exausto e que ainda por cima não podia comunicar com o comando naval, ficou furioso. Convocou o oficial encarregado do torpedo nuclear e ordenou-lhe que o montasse. "Se calhar, a guerra já começou, e nós aqui em baixo às piruetas!" — gritou Valentin Savitsky, a justificar a sua ordem. "Vamos rebentar com eles! Vamos morrer, mas afundamo-los a todos, não vamos ser a vergonha da esquadra"».

Savitsky ordenou ao oficial cuja única responsabilidade era cuidar da arma especial que a montasse e armasse, e exigiu a metade da chave de Maslennikov para o fazer. Mas não deu ordens para carregar a arma nem para inundar o tubo.

O que aconteceu a seguir lê-se nas entrelinhas das memórias dos sobreviventes. Orlov, o oficial das comunicações, não estava no diminuto centro de operações do B-59 aquando do tenso confronto entre Savitsky e o comandante da esquadrilha, Arkhipov, mas as suas recordações são o mais próximo que temos de um relato presencial do impasse. «Não disparámos o torpedo nuclear, Savitsky conseguiu conter a sua raiva», disse Orlov. «Depois de consultar o comandante Vasily Aleksandrovich Arkhipov e o oficial político, Ivan Semenovich Maslennikov, decidiu fazer superfície.» Olga Arkhipova contou que o marido lhe tinha dito que «sabia que disparar um torpedo com uma ogiva nuclear era uma loucura... [e] não hesitou em dizer não».

O que Orlov descreve diplomaticamente como sendo a «consulta» de Savitsky com Arkhipov deve ter sido um choque de autoridades muito tenso. Savitsky comandava o submarino. Nas palavras de Ketov, «A bordo de um submarino, o comandante está a seguir a Deus». A segunda chave estava, em conformidade com os regulamentos, na posse do representante superior do Partido Comunista a bordo, o oficial político Maslennikov. Arkhipov, enquanto comandante da esquadrilha, não desempenhava nenhuma função executiva na cadeia de comando do B-59. No entanto, apesar de Savitsky e Arkhipov terem a mesma patente, a autoridade de Arkhipov era superior — e ele teria de consentir formalmente no disparo da arma especial. No B-36 e no B-130, o comandante e o oficial político poderiam ter disparado os respetivos torpedos nucleares. No B-59 e no B-4, que tinha a bordo o comandante de brigada Vitaliy Agafonov, a decisão carecia do consentimento de três oficiais. O facto de a beligerância do exaltado Savitsky ter sido contestada e anulada por Arkhipov — inspirado pelo seu terror às armas nucleares — foi pura sorte, uma coincidência que salvou o mundo de uma guerra nuclear.

Enquanto Arkhipov e Savitsky discutiam, estava a anoitecer em Washington. «O sol está a pôr-se. Pode ser o último ocaso a que assistimos», disse McNamara ao secretário de Estado, Dean Rusk, segundo recordou John Stoessinger, um dos assessores da Casa Branca. «Foi aí que fiquei com medo.»

Depois do aviso final aos soviéticos por causa da destruição do U-2, no mesmo dia, a crise dos mísseis estava a um incidente violento de fugir ao controlo de Kennedy e de Khrushchev. Um ataque nuclear de um submarino soviético a um porta-aviões americano e outros navios na noite de 27 de outubro teria resultado, sem sombra de dúvida, numa retaliação em larga escala ordenada por Kennedy.

O crepúsculo astronómico no Mar dos Sargaços ocorreu às 18h18. Pouco mais de uma hora e meia depois, o B-59 e o B-36 vieram finalmente à superfície e foram enquadrados pelos holofotes do *Beale*, do *Bache* e do *Cony*. Na coberta do *Bache*, uma banda estava a tocar *jazz* para sublinhar as intenções pacíficas dos americanos. Os submarinos não responderam aos sinais, mas as guarnições foram autorizadas a respirar o ar puro em grupos. Cerca de quatro horas depois, com as baterias a meia carga, os submarinos mergulharam e rumaram a casa.

O papel de Arkhipov ao evitar uma catástrofe nuclear não lhe serviu de muito quando a esquadrilha regressou a Polyarniy. Os submarinos tinham sido descobertos e forçados a subir à superfície, algo que o comando da Esquadra do Norte da Ordem da Bandeira Vermelha considerou ser quase uma capitulação. Os comandantes receberam ordens para apresentarem um relatório sobre as incidências da missão ao vice-ministro da Defesa, o almirante Andrei Grechko. Grechko ficou furioso por os comandantes não terem mantido o silêncio rádio depois de os americanos os terem forçado a subir à superfície. Segundo um dos oficiais presentes, «Grechko tirou os óculos e atirou-os contra a mesa num gesto de fúria, partindo-os aos bocadinhos, e saiu da sala».

«Mais valia que nos tivéssemos afogado todos», disse Arkhipov, segundo a sua mulher. «Por isso é que ele não gostava de falar naquilo. Eles não deram valor ao que ele passou.»

Arkhipov não voltou a receber nenhum comando operacional, mas chegou a vice-almirante e passou à reserva honrosamente, em 1985. Faleceu em 19 de agosto de 1998, com setenta e dois anos. Em 2002, ao recordar a Crise dos Mísseis de Cuba, Robert McNamara disse que o mundo tinha estado «muito próximo» de uma guerra nuclear, «mais próximo do que soubemos na altura». Um dos assessores de Kennedy, Arthur M. Schlesinger Jr., disse que o impasse de outubro «não foi apenas o momento mais perigoso da Guerra Fria. Foi o momento mais perigoso da história humana».

Na sede da CIA, em Langley, na Virgínia, há uma sala com o nome de Arkhipov, mas é uma magra homenagem ao homem que salvou o mundo de uma guerra nuclear. Este livro é dedicado à sua memória.

— *OM*
Wytham Abbey, Oxfordshire, 13 de agosto de 2020

Bibliografia Recomendada

OLEG PENKOVSKY

DUNS, Jeremy, *Dead Drop: The True Story of Oleg Penkovsky and the Cold War's Most Dangerous Operation*, Londres, Simon and Schuster, 2013.

PENKOVSKY, Oleg, *The Penkovsky Papers*, Londres, Collins, 1965.

WYNNE, Grenville, *The Man from Moscow: The Story of Wynne and Penkovsky*, Londres, Hutchinson, 1967.

CRISE DOS MÍSSEIS DE CUBA

ALLYSON, Graham, e ZELIKOW, Philip, *Essence of Decision: Explaining the Cuban Missile Crisis*, Nova Iorque, Longman, 1999.

BLIGHT, James, *The Shattered Crystal Ball: Fear and Learning in the Cuban Missile Crisis*, Savage, MD, Rowman and Littlefield, 1990.

FURSENKO, Alexander, e Timothy Naftali, *One Hell of a Gamble: Khrushchev, Castro and Kennedy, 1958–1964*, Nova Iorque, W. W. Norton, 1997.

GARTHOFF, Raymond, «New Evidence on the Cuban Missile Crisis: Khrushchev, Nuclear Weapons, and the Cuban Missile Crisis», *Cold War International History Bulletin 11*, 1998.

GRIBKOV, Anthony, e SMITH, William, *Operation Anadyr: U.S. and Soviet Generals Recount the Cuban Missile Crisis*, Edition Q, 1994.

HUCHTHAUSEN, Peter, *October Fury*, Hoboken, NJ, John Wiley, 2002.

A ESQUADRILHA DE SUBMARINOS DE CUBA

ANDREYEV, Anatoly, diário, *in* Nikolai Cherkashin, *Povsednevnaya Zhizn' Rossiiskikh* [A vida diária dos submarinistas russos], Moscovo, Molodaya Gvardiya, 2000.

BLANTON, Thomas S., e BURR, William, «The Submarines of October: U.S. and Soviet Naval Encounters During the Cuban Missile Crisis», *National Security Archive Electronic Briefing Book 75*, 31 de outubro de 2002, https://nsarchive2.gwu.edu/NSAEBB/NSAEBB75/.

DUBIVKO, Alexi, «In the Depths of the Sargasso Seas», *in On the Edge of the Nuclear Precipice*, Moscovo, Gregory Page, 1988.

MOZGOVOI, Alexander, *Kubinskaya Samba Kvarteta Foxtrotov* [O samba cubano do Quarteto Foxtrot], Moscovo, Voennyi Parad, 2000.

SAVRANSKAYA, Svetlana V., «New Sources on the Role of Soviet Submarines in the Cuban Missile Crisis», *Journal of Strategic Studies*, 2005, 28:2.

Agradecimentos

Muitas pessoas ajudaram este livro na sua viagem até às páginas, em especial o meu dedicado e brilhante editor, Robert Bloom, da Doubleday, que trabalhou incansavelmente para dar forma ao texto e poli-lo. Sem o meu agente, Toby Mundy, eu nunca teria encontrado Rob nem pensado em fazer de Aleksandr Vasin o herói de uma trilogia. E sem o encorajamento dos meus amigos, eu nunca teria pensado em escrever o meu primeiro *thriller*. Agradeço, em particular, a Lisa Hilton, Jonny Dymond, Andrew Jeffreys e Charles Cumming pela sua ajuda e apoio durante a escrita do livro, e a Xenia, Nikita e Teddy por terem aturado um escritor em casa, o que não é fácil. E, finalmente, faço uma vénia ao verdadeiro Aleksandr Vasin, meu tio, já falecido, que quando era um jovem comandante de tanques soviético ficou sem uma perna nos arredores de Smolensk, em 1944, e que, apesar da sua incapacidade, chegou a vice-ministro da Justiça da URSS, e foi um marido carinhoso e sensato da minha tia Lenina.

Acerca do Autor

Owen Matthews foi correspondente nos conflitos da Bósnia, do Líbano, do Afeganistão, da Chechénia, do Iraque e da Ucrânia, e entre 2006 e 2016 foi chefe da revista *Newsweek* em Moscovo. É autor de *Black Sun* (2019), o primeiro livro de uma série de *thrillers* políticos protagonizados por Aleksandr Vasin, major do KGB, e de vários livros de não ficção, incluindo *Filhos de Estaline*, *Glorious Misadventures* e *O Espião Perfeito*.

Outras Obras de Owen Matthews

Ficção
Black Sun

Não ficção
O Espião Perfeito
Glorious Misadventures
Filhos de Estaline